KB271671

주제 통합 수업

교사와 학부모가 함께 읽는

주제 통합 수업

발행일	2013년 2월 8일 초판 1쇄 발행
	2015년 6월 15일 초판 3쇄 발행
지은이	김정안 외
발행인	방득일

발행처	맘에드림
주 소	서울시 도봉구 창동 9-1 대성빌딩 902호
전 화	02-2269-0425
팩 스	02-2269-0426
e-mail	nurio1@naver.com

ISBN 978-89-97206-09-4 13370

주제통합수업

맘에드림

수업은 예술이다

"수업은 기술이 아니라 예술이다."라는 이 한마디는 교사 시절 나에게 큰 울림을 주었던 말이었다.

예술은 기술과 달리 고도의 자율성과 내면의 자기 성찰이 전제되어야 한다. 예술가처럼 복제하는 것을 부끄러워해야 하며 내면의 성찰에 기반한 창조성으로 충만해야 한다. 그러기에 '행복한 수업', '창조적 수업'은 늘 열정으로 충만하고 영감을 주게 마련이다.

훌륭한 예술 작품의 공통점은 끈질긴 예술혼과 다양성, 그리고 인류의 보편적 가치에 기반한 결과물이라는 점이다. 따라서 좋은 수업은 우리의 수업이 자신만의 것이 아니라 우리 모두에게 감동을 주는 보편적 가치에 기반한 창조적인 것이 되어야만 한다. 그러기 위해 우리는 교육과정을 책임 있게 재구성하고 수업을 새롭게 만들어야 한다.

교사는 수업기술이나 학급운영의 방법을 잘 익혀 무사안일의 교실에 안주할 것이 아니라 끊임없이 연구하며 도전하는 삶을 선택해야 한다고 생각한다. 이것을 혹자는 정원을 가꾸는 삶이라고 표현했다. 정원을 가꾸는 사람은 몰아치는 폭풍우와 끊임없이 변화하는 계절에 맞서 싸우지만, 그의 삶에 위대한 모험이 함께하기 때문이다.

정원을 일구는 사람들은 서로를 알아본다. 그들은 식물 한 포기, 한 포기의 역사 속에 온 세상의 정성이 깃들어 있음을 안다.

'좋은 수업'에 목말라 하는 교사들에게 이 책을 권한다.

서울상원초등학교 교장

이용환

'나와 우리' 3월 주제 통합 수업 - 낭원초등학교

놀이로 배우는 '갈등과 평화'

1. 드라마처럼 연결되는 '평화' 수업을 위해

주제 중심 교육과정을 어떻게 준비했는가?

교육과정을 재구성하는 것이 처음인 만큼 너무 과한 욕심은 내지 않으려 했다. 국어, 사회, 도덕 등에서 비슷한 주제를 묶었고 단원 목표에 따라 제재를 조금씩 바꾸고 활동을 좀 더 넣었다. 내용적인 측면에서는 우리 학교 아이들 주변의 이야기를 끌고 와 흥미를 더하고, 배운 내용을 실생활에 적용할 수 있는데 중점을 두었다.

이런 조금의 변화에도 아이들의 학습 태도는 몰라보게 달라졌다. 교과마다 비슷하게 반복되는 주제를 하나로 묶어 진행을 했더니 교과 주제를 다루는 시간이 늘어나면서 보다 여유롭고 깊이 있는 수업이 가능하였고, 아이들의 수업 집중력도 많이 향상되었다. 교육과정 재구성의 장점을 눈으로 직접 보면서 자신감을 갖게 되었고 2012년에는 6학년을 맡으면서 한발 더 나아가보기로 하였다.

2011년에 교과를 통합하여 교육과정을 재구성하면서 부딪힌 어려움 중 하나는 주제와 통합하기 좋은 교과와 단원이 있어도 그것이 교과전담 교사가 가르치는 과목이면 통합하는 것에 한계가 있다는 것이었다. 그래서 6학년 교과전담 선생님과 협의하여 교과전담 교사는 특정 과목을 맡는 대신 통합 교육과정의 주제 중

하나를 맡기로 하고 함께 교육과정을 구성하였다. 다만 기존 교과의 내용을 주제 중심 교육과정에 최대한 통합하되 통합되지 않은 단원에 대해서는, 국어·도덕·사회·체육·미술을 담임교사가, 과학·실과·음악은 교과전담 교사가 맡기로 하였다[1].

또한 2012년에는 생활교육과 교과교육을 분리하지 않고 통합하는 의미에서 덕목 중심으로 주제를 정하고 그 주제에 맞게 통합하고자 하였다. 주제 덕목은 혁신학교 목표와 6학년 교과별 목표 등을 고려하여 인권, 노동, 진로, 생태, 평화, 다문화, 통일, 사랑 등을 선정하였고, 주제 덕목을 정한 후에는 교과별 단원 목표를 살펴 통합할 교과와 단원을 선정하였다. 수학과 영어를 제외한 나머지 교과는 최대한 통합하기로 하였으며, 진도보다는 주제를 잘 전달할 수 있는 단원을 선정하기 위해 노력하였고, 그 결과 서로 다른 주제에 같은 교과의 같은 단원이 중복되기도 하였다.

그리고 수업에 필요한 자료로는 기존 교과서에 주제와 맞는 지문이 있으면 교과서 지문을 사용하였지만, 주제와 맞지 않는 지문의 경우는 주제에 맞는 신문 기사나 창작 동화 등으로 대체하였다. 현장 체험 학습도 주제에 맞춰 진행하여 교실에서 배운 것을 직접 보고 느낄 수 있는 기회가 되도록 노력하였고, 배우고 생각한 것을 글로 표현하는 방법을 가르치고자 하였다. 그리고 새로운 주제를 시작할 때는 배경지식을 쌓기 위해 관련 도서 목록을 만들어 주제 학습을 진행하는 동안 도서실에서 읽도록 하였다.

---

1. 이 부분에 있어서는 교과전담 선생님과 협의가 필요할 것 같다. 본교 교과전담 선생님은 교과 통합 재구성에 동의하고 교육과정 재구성에 참여하였기에 가능한 부분이라 생각한다.

마지막으로 교육과정을 구성할 때 가장 중요하게 생각한 점은 교육이 단순히 시험 점수를 높이는 데 있지 않고 학생의 올바른 발달을 이끌어야 한다는 것이었다.[2] 이를 위해 수업을 차시별로 단절시키지 않고 드라마처럼 계속 이어지는 흐름으로 구성하고자 하였다. 수업이 이처럼 프로젝트 식의 긴 흐름으로 바뀌다 보니 평가 역시 이것을 할 수 있느냐 없느냐 하는 결과에 머무르지 않고 수업 과정 중 아이들이 얼마나 발전하는지 발달 관점으로 평가를 바꾸게 되었다.

'평화'를 주제로 2학기 교육과정 만들기

1학기를 마친 후, 교육과정을 운영하면서 나타난 몇 가지 단점을 보완하여 2학기 교육과정을 재구성하였다. 프로젝트가 너무 길 경우 중간에 지치는 아이들을 고려하여 자신의 활동 결과를 볼 수 있는 작은 프로젝트로 구성하고 그러한 작은 프로젝트를 큰 프로젝트로 연결하였다.[3] 수업 형태도 다중지능을 고려하여 신체활

---

2. 어떤 개념을 정확하게 이해했다면 평가 점수도 높게 나오지만, 반대로 시험 점수가 높다고 그 개념을 정확하게 이해했다고 보기는 어렵다(사교육걱정없는세상, 『아깝다 학원비』, 비아북, 2010, pp. 18~23 참고).

3. 예를 들면, 세계에 대해 배울 때 작은 프로젝트로 다른 나라에 대한 '편견 깨기', '대륙별 나라 조사', '세계의 민속의상과 건축물 만들기', '세계 여러 나라 음식 만들어 나눠 먹기' 등을 진행하였고 큰 프로젝트로 세계문화박람회(3학년 대상으로 세계 각 국 문화 체험)를 열었다.

동, 게임 등 조금 더 다양하게 구성하기로 하였다.[4]

2학기 주제는 '평화'로 정하고, 소주제를 '교실과 학교의 평화', '우리나라의 평화', '세계 평화'로 나누어서 소주제 범위가 점차 확대되도록 구성했다. 또한 각 소주제는 아이들이 친근하게 받아들일 수 있도록 각각 제목을 붙였다. 평화로운 학교 만들기는 '평화가 뭐에요?', 우리나라의 평화는 '평화롭게 지켜야 할 우리나라', 세계 평화는 '다양한 세상 따뜻한 마음으로 여행하기'와 '지구 마을에 평화를 부르자'로 선정하였다.

위키백과를 검색해보면 평화는, 좁은 의미로는 '전쟁을 하지 않는 상태'이지만 현대 평화학(平和學)에서는 평화를 '분쟁과 다툼이 없이 서로 이해하고, 우호적이며, 조화를 이루는 상태'로 정의한다고 나와 있다. 또한 평화는 신체와 마음, 영혼의 상태로도 해석된다.

아이들에게 '평화'라고 하면 대부분 '세계 평화', '평화 통일'같은 거창한 것만을 이야기한다. 그리고 이런 개념들은 내가 어떻게 할 수 없는, 나와는 왠지 거리가 먼 것으로만 느끼기 쉽다. 사실 평화는 우리 삶 가까이에 있고, 우리 삶에서 매우 중요한 가치란 것을 알려주고 싶었다.

그래서 첫 소주제 제목을 '평화가 뭐에요?'로 정하고 교실과 학교에서 평화를 깨뜨리지 않는 바람직한 의사소통 방법을 알려주

---

4. 교사가 수업을 구성할 때는 교사 자신의 강점 지능을 중심으로 구성하기 쉽다. 교사와 강점 지능이 같은 학생과 다른 학생은 학습 능률에서 차이가 나게 된다. 그러므로 교사는 의도적으로 본인과 강점 지능이 다른 학생을 고려하여 수업을 구성할 필요가 있다.

고자 하였다. 수업 기간은 전체 2주로 잡았으며 첫 주는 '의사소통 방법', 두 번째 주는 '갈등 해결'에 대해 배우는 것으로 잡았다. '의사소통 방법'은 비언어적 의사소통과 언어적 의사소통으로 구성하였고, 국어 2단원 '정보의 해석', 4단원 '마음의 울림', 도덕 4단원 '서로 배려하고 봉사하며', 9단원 '평화로운 삶을 위해', 체육 4단원 '느낌 따라 표현이 술술' 단원을 통합하였다. '갈등 해결'은 국어 6단원 '생각과 논리', 1단원 '문학과 삶', 도덕 8단원 '공정한 생활', 9단원 '평화로운 삶을 위해', 미술 9단원 '상상 표현'을 통합하였다. 또한 같은 시기에 진행한 체육 3단원 '네트형 경쟁활동'에 주제학습에서 배운 평화로운 의사소통을 적용[5]하도록 하였다.

다음은 주제 학습을 진행하기 위해 교과별 단원을 통합하면서 주제에 맞게 수정한 교육 목표를 [표 1]로 정리한 것이다. 교육 목표를 통합할 때는 국가수준교육목표의 교과별 목표에 벗어나지 않는 한도 안에서 조금씩 단원 목표를 수정하였다. 또한, 다른 주제학습에서 같은 단원이 반복될 수 있으며 그 때는 역시 그 주제에 맞게 교육 목표를 조금씩 수정하였다.

---

5. 단체 경기를 하다보면 실수를 한 팀원들에게 화를 내는 경우가 많으며 상대팀과 갈등이 생기기도 한다. 같은 편의 실수가 나왔을 때 폭력적인 대화 대신 격려나 응원을 하도록 지도하였더니 문제점들이 많이 개선되었다.

[표 1] 교과서 단원별 교육 목표 재구성

과목 및 단원	교과서 단원별 교육 목표	주제에 맞게 수정한 교육 목표
국어 1단원	문학 작품에 나오는 인물 간의 갈등 이해	인물 간의 갈등 이해
국어 2단원	면담의 절차와 방법을 알고 면담 글에 나타난 글쓴이의 관점이나 의도 파악	말하는 이의 관점이나 의도 파악하기
국어 4단원	읽는 이의 마음을 고려하면서 축하하는 글쓰기	상대방의 말을 공감하며 듣기 상대방에 공감하는 말하기와 글쓰기
국어 6단원	선거 유세를 듣고 주장하는 말의 적절성 판단	주장하는 말의 적절성 판단
도덕 4단원	배려의 의미와 중요성을 알고 일상생활에서 배려하고 봉사하는 삶 실천	- 공감적 이해, 관심, 친절한 행동을 통한 배려 익히기 - 배려의 의미와 중요성 알고 배려를 실천할 때 필요한 점 알기
도덕 8단원	공정의 의미와 중요성을 알고 일상생활에서 공정한 삶을 실천하려는 자세	공정한 생활에 관한 바른 판단하기
도덕 9단원	평화의 의미와 중요성을 알고 평화로운 세상을 만들기 위해 노력하는 자세	- 평화로운 생활을 하기 위해 지녀야 할 태도 - 생활 속에서 실천할 수 있는 평화 만들기
체육 4단원	신체 활동의 표현 요소를 이해하고 표현 활동에 필요한 다양한 표현 방법을 습득하여 바르게 감상	개인의 생각과 감정을 표현할 수 있는 신체 활동 꾸미기
미술 9단원	- 자유로운 상상의 세계를 다양한 방법으로 표현 - 재료를 보고 떠오르는 생각을 표현	떠오르는 생각을 자유롭게 표현

2. 비언어적 의사소통

[표 2] 비언어적 의사소통의 교육 목표와 대표적인 수업 활동

과목 및 단원	교육 목표	수업 활동
국어 2단원	말하는 이의 관점이나 의도 파악하기	애벌레 게임
도덕 4단원	- 공감적 이해, 관심, 친절한 행동을 통한 배려 익히기 - 배려의 의미와 중요성 알고 배려를 실천할 때 필요한 점 알기	아이스 브레이킹 함께 그림 그리기
체육 4단원	개인의 생각과 감정을 표현할 수 있는 신체 활동 꾸미기	말없이도 통해요

심리학자 앨버트 메라비언[6]에 의하면 의사소통에서 말의 내용이 차지하는 비율은 7%밖에 안 된다고 한다. 나머지 93%는 목소리 톤(38%)과 보디랭귀지(55%)로 전달되며, 만약 말의 내용과 목소리 톤이나 보디랭귀지가 일치하지 않을 때 상대방은 비언어적 커뮤니케이션의 형태가 더욱 명확하게 받아들여진다고 하였다. 이럴 경우 말하는 사람의 의도와 다르게 오해가 생기고 갈등으로 발전할 수 있으므로, 아이들에게 비언어적 의사소통의 중요성을 알려주고 게임 형태로 연습을 해보았다. 비언어적 의사소통은 총 2시간, 4가지 활동으로 계획[7]하였다.

---

6. Albert Mehrabian, *Silent Messages* (Belmont, CA: Wadsworth, 1971)

7. 아이들 반응에 따라 활동을 축소하거나 늘리는 융통성이 필요하다. 매주 6학년 협의회 시간을 이용하여 이번 주 활동에 대해 이야기를 나누고 잘 된 점과 잘 안 된 점을 나누며 다음 주 교육 활동을 조정하였다.

아이스 브레이킹(Ice breaking) – 마음 열기

개학 후 첫 시간은 2학기 주제 학습을 안내하고, 그 다음 시간에 '아이스 브레이킹'을 진행하였다. 개학 후 들뜬 마음을 억누르고 책상에 앉아있게 하기보다 친구 간에 스킨쉽을 통해 서로 친해지도록 하고, 여러 게임을 통해 서로에게 관심 있는 시선을 갖도록 하였다. '아이스 브레이킹'으로 '인간 매듭 풀기', '손잡고 등 쳐주기', '박수 전달하기', '5초만의 변신' 활동을 준비하였다.

〈인간 매듭 풀기〉[8]

① 두 명씩 마주보고 손을 엇갈려 잡는다. 오른손 위, 왼손 아래로 자기 손을 X자 형태로 놓고 상대 손을 그대로 잡는다.
② 잡은 두 손을 놓지 않고 엇갈린 손을 푼다.
③ 둘이 성공하면 네 사람이 도전한다. 손을 X자 형태로 엇갈려 옆 사람과 잡는다.
④ 역시 손을 놓지 않고 엇갈린 손을 풀어본다.
⑤ 먼저 해결한 조는 아직 해결하지 못한 팀을 도와준다.
⑥ 이번에는 남자아 여자로 나눠 원을 만든다.(반 인원이 많으면 6명이나 8명으로 한 번 더 진행해도 좋다.)
⑦ 원으로 둘러서서 손을 엇갈려 잡은 후 매듭을 풀도록 한다.
⑧ 마지막에는 반 전체가 매듭 풀기에 도전한다.

---

8. 전교조 서울지부 인권평화교육 프로젝트, 『인권이 숨쉬는 평화로운 교실 3월호』 (전교조, 2012), p.45

<인간 매듭 풀기 변형 1>

① 3명, 5명, 7명 등 홀수의 인원으로 구성한다.
② 손을 엇갈려 잡지 않고 그대로 잡되 한 사람 건너씩 손을 잡는다.
③ 인간 매듭 풀기와 마찬가지로 진행한다.

<인간 매듭 풀기 변형 2>[9]

① 두 명은 처음의 인간 매듭 풀기와 같이 진행한다.
② 둘이 성공하면 네 사람이 도전한다. 네 명이 가운데로 손을 내밀어 무작위로 손을 엇갈려 잡는다.(왼손과 오른손이 서로 다른 사람의 손을 잡아야 한다).
③ 손을 놓지 않고 몸을 돌리거나 위치를 바꿔가며 매듭을 푼다.
④ 네 명이 성공하면 남녀로 나눠 도전한다.(학생 수가 많으면 중간에 8명 도전 과정을 넣을 수 있다).
⑤ 원 가운데로 손을 내민 후 무작위로 손을 잡는다. 두 사람이 서로 맞잡거나 원의 모든 사람이 하나로 이어지지 않으면 몇몇 사람이 손을 바꿔 하나로 이어지게 한다.
⑥ 마찬가지로 손을 놓지 않고 몸을 돌리거나 위치를 바꿔가며 매듭을 풀어나간다.
⑦ 마지막에는 반 전체가 원을 만든 후 첫 번째 인간매듭풀기 방법으로 진행한다.(변형 2는 사람이 너무 많으면 진행이 어렵다).

친구들과 꼬인 손을 풀기 위해 의논하는 과정에서 자연스럽게 협력과 의사소통이 이루어지며 스킨쉽을 통해 서로 친밀해지는

---

9. 매듭 풀기는 스카우트 등에서 많이 하는 활동으로 자리를 바꿔가며 풀어야 하므로 시간이 많이 걸리고 쉽지 않다. 대신에 더 많이 의견을 나누고 스킨쉽이 많이 일어나므로 시간의 여유가 있다면 추천한다.

효과가 있다. 또한 이 게임에서 먼저 매듭을 푼 조는 아직 매듭을 풀지 못한 조를 도움으로써 팀 간에서도 경쟁보다는 협력을 유도하였다.

〈손잡고 등 쳐주기〉

① 인간 매듭 풀기를 끝내고 하나의 원이 만들어지면 서로 등 뒤로 손을 내밀어 한 사람 건너씩 손을 잡는다.
② 서로 손을 잡고 옆 사람의 등을 가볍게 쳐준다.
③ 위아래로 움직이며 등 전체를 골고루 안마해준다.

이 활동은 게임이 아니라 미션을 성공한 것에 대한 보상 차원의 활동으로, 역시 스킨십을 통해 서로 마음을 여는 간단한 활동이다. 인간매듭풀기와 박수 전달하기 활동을 자연스럽게 연결하기 위해 넣었다.

〈박수 전달하기〉

① 원이 만들어진 상태에서 그대로 앉는다.
② 교사 역시 원 사이에 들어가 같이 앉는다.
③ 먼저 교사가 왼쪽에 있는 학생과 마주보고 박수를 친다. 이때 학생은 교사와 같이 박수를 쳐야 한다.
④ 교사에게 박수를 받은 학생은 다시 자신의 왼쪽에 있는 학생과 마주보고 박수를 전달해야 한다. 전달할 때는 역시 전달받는 학생도 전달하는 학생과 같이 박수를 쳐야 한다. 결국 박수는 계속 두 사람이 같이 치게 된다.
⑤ 왼쪽에서 박수를 받은 다음, 오른쪽으로 박수를 전달하다 보

면 마지막에 교사에게 박수가 돌아온다.

⑥ 이때 이야기는 하지 않으며 미션이 성공하면 미션 성공에 대해 박수로 축하한 후 다시 본 게임에 들어간다.

⑦ 이번에는 교사가 박수를 보낸 후, 잠시 후 다시 왼쪽 학생에게 박수를 또 보낸다. 학생이 쳐다보지 않고 있으면 가볍게 터치하여 주의를 돌린 후 눈빛 등으로 신호를 보낸 후 박수를 보낸다.

⑧ 이런 식으로 박수를 5번 내외로 전달하여 교사에게 박수가 몇 번 돌아오는가 헤아린다.

⑨ 교사가 보낸 횟수가 정확하게 돌아오면 성공이다. 실패하면 다시 도전한다.

처음에는 박수가 적게 돌아오든지, 오히려 더 많이 돌아오든지 하여 미션을 성공하기 힘들었다. 미션이 실패했을 때, 아이들에게 박수 수가 달라진 이유에 대해 생각해보게 하였다. 다른 사람에게 주의를 집중하지 않으면 상대가 전하고자 하는 것을 정확하게 받을 수 없으며 전달하려고 하는 내용이 사라지기도 하고 때로는 엉뚱한 이야기가 덧붙여지기도 한다는 점을 이야기해 주었다. 그리고 다시 한 번 미션에 도전하여 성공하면 전체가 다시 한 번 박수로 축하해 주도록 했다. 간단한 게임이지만 아이들은 미션에 성공한 후 성취감에 모두 활짝 웃을 수 있었다.

<h3 style="text-align:center">〈5초만의 변신〉</h3>

① 먼저 팀을 문제를 내는 팀과 문제를 풀어서 답을 말해야 하는 팀 둘로 나눈다.

② 문제를 낼 팀은 변신할 친구들과 그 친구들을 변신시키는 친

구들로 나눈다.

③ 변신할 친구는 한 가지 자세로 움직이지 않고 1분을 서 있도
   록 한다.

④ 변신을 시킬 친구들은 모여서 어떻게 변신시킬 것인지 의논
   을 한다. 상대팀은 그 친구의 모습을 세심하게 관찰하고 기억
   해둔다.

⑤ 상대팀은 뒤로 돌아 서있고, 5초 동안 변신을 시키는 친구들
   이 변신할 친구들을 변신을 시켜준다. 변신하는 친구는 혼자
   서 움직일 수 없다.

⑥ 변신은 상대방이 눈치 채지 못하도록 자그마한 부분을 (단추
   를 하나 살짝 풀어놓는다든지, 바지 단을 살짝 접는 식으로) 변
   화시킨다.

⑦ 5초 후, 상대팀은 돌아서서 친구들의 모습에서 1분 안에 달라
   진 모습을 찾아내야 한다.

⑧ 미션이 끝나면 역할을 바꿔서 진행한다.

5초만의 변신은 친구에 대해 관심을 표현하는 놀이로, 친구에
게 깊은 관심을 갖도록 하는 것이 목표이다. 그러므로 변신할 친
구는 친구들 사이에서 주도적인 역할을 하는 친구보다 조금 소극
적인 친구들이 더 좋다.

말없이도 통해요 - 감정을 몸으로 꾸미기

이 활동은 보디랭귀지로 서로의 의사를 빠르고 정확하게 전달
하는 게임으로 말 없이도 생각을 전달할 수 있음을 아는 것과 동

시에 학생 간에 친밀감을 높이는 데에도 효과가 있다.

〈말없이도 통해요〉

① 먼저 남녀를 섞어 두 팀으로 만든다.
② 첫 번째 미션은 생일별로 줄서기로, 생일이 빠른 순서부터 늦
  은 순서로 줄을 선다.
③ 이때 말을 포함한 어떤 소리도 낼 수 없으며, 표정·손짓·몸
  짓 등으로 서로의 의사를 전달한다.
④ 순서에 따라 정확하게 줄을 서는 팀이 승리한다. 두 팀 다 정
  확하게 줄을 섰을 경우에는 빨리 줄을 선 팀이 이긴다.
⑤ 첫 번째 미션이 끝나면 다음 미션을 제시한다.

생일 순으로 줄을 서는 미션을 마친 후에는 좋아하는 계절별로 줄서기, 혈액형별로 줄서기, 좋아하는 운동별로 줄서기 등을 할 수 있다. 이때 줄에 들어가는 순서는 상관없으며, 같은 혈액형, 좋아하는 계절이나 운동이 같은 사람끼리 모여 있으면 성공이며, 같은 혈액형이나 운동이 따로 떨어져 있으면 실패가 된다. 생일별로 줄서기에서는 아이들이 손가락 등을 이용해서 숫자를 나타내 조금 쉽게 줄을 섰으나 혈액형과 운동에 따라 줄서기에서는 좀 더 다양한 보디랭귀지를 사용하는 모습이 나왔다.

이 활동에서 재미있는 현상을 하나 볼 수 있었는데, 한 팀에 1학기 때 회장도 하고 6학년 전체에서 주도적인 친구가 끼어 있었다. 그 팀은 아이들이 줄을 알아서(각자 예상하는 대로) 선 후에, 주도적인 친구와 손짓 발짓을 주고받으며 일대일로 위치를 수정

했고, 다른 팀은 중구난방 아이들 전체가 모여 서로 손짓 발짓 하느라 정신이 없었다. 주도적인 친구가 있는 팀이 훨씬 질서정연한 모습을 보여주었고, 그래서 더 빨리 설 것처럼 보였으나 정작 더 정확하고 빠르게 선 팀은 아이들 전체가 서로 의견을 나눈 팀이었다.

활동이 끝난 후 결과에 대해 아이들과 이야기를 나누었다. 결국 첫 번째 팀은 우수하다고 생각한 한 명에게 자연스럽게 의존을 했고, 다른 팀은 그러한 인물이 없다보니 서로 활발하게 의견을 나눌 수밖에 없었다. 자연스럽게 1학기 때 배운 민주주의까지 이야기를 나눌 수 있었다.

애벌레 게임

〈애벌레 게임〉

① 앞의 게임이 끝난 상태에서 각 팀을 다시 둘로 나눠 모두 네 팀으로 만든다.
② 각 팀은 앞 사람 어깨에 왼손을 얹고 맨 뒷사람만 빼고 모두 안대를 하고 게임을 진행한다.
③ 각 팀은 '앞으로 가', '왼쪽', '오른쪽', '멈춰' 등의 신호를 정한다. 대체로 오른손으로 오른쪽 어깨를 치면 오른쪽으로, 왼쪽을 치면 왼쪽으로, 가운데를 치면 앞으로 가는 식으로 정하였다.
④ 모든 팀이 신호가 정해지면 가지고 있던 안대를 착용한다.
⑤ 맨 뒷사람은 애벌레의 눈이 되며 말을 할 수 없다. - 다른 사람들은 말은 할 수 있으나 눈 역할을 맡은 아이가 대답할 수는 없다.

⑥ 출발 소리와 함께 맨 뒷사람은 왼손을 얹은 채로 오른손으로
  앞 사람에게 방향 신호를 보낸다. 신호를 받은 앞 사람은 다시
  같은 신호를 앞으로 전달하며 맨 앞 사람까지 전달되면 애벌레
  가 움직이게 된다.
⑦ 이때 신호는 한 번만 보내는 것이 아니라 끊임없이 계속해서
  보내야 한다. 즉, 앞으로 가다가 왼쪽으로 꺾어야 할 때는 '앞
  으로 가' 신호를 한 번 보낸 다음 가다가 왼쪽 신호를 보내는
  것이 아니라 앞으로 '가' 신호를 계속 보내다 왼쪽으로 꺾을 때
  가 되면 원하는 만큼 다 꺾을 때까지 왼쪽으로 가라는 신호를
  보낸다. 그리고 원하는 만큼 꺾어지면 다시 앞으로 가 신호를
  보내면 된다.
⑧ 애벌레가 서로 부딪히거나 장애물에 닿지 않도록 주의하면서
  움직인다.

이 게임의 미션은 총 5개를 준비했으며 한 미션이 끝난 다음에
는 눈 역할을 했던 사람이 맨 앞으로 오고, 뒤에서 두 번째 섰던
사람이 애벌레의 눈이 되었다.

첫 미션은 다른 애벌레와 부딪히지 않고 자유롭게 돌아다니기,
두 번째는 활동실 각 코너에서 출발하여 다른 애벌레와 부딪히지
않고 대각선 반대쪽에 도착하기, 세 번째는 두 번째 미션에 장애
물을 밟지 않는 미션을 추가하는 등 조금씩 미션의 난이도를 높
였다.

맨 앞에 선 아이들은 앞이 안 보이고 뒤의 신호를 잘 믿지 못해
앞으로 잘 나가지 못하였으며, 맨 뒤의 아이는 자신이 보내는 신
호가 잘 전달되지 않는 것을 답답해했다. 중간의 아이들은 눈이

안 보여 긴장을 해서 그런지 신호를 전달하지 않거나 엉뚱한 신호를 보내는 경우도 있었다. 평소 소극적이고 말이 없던 한 친구는 초반에 뒤에서 신호를 보내도 앞으로 잘 전달하지 않아 그 팀 전체가 움직이지 못하는 사태가 발생하기도 하였다.

우리 반 아이들에게 매우 호응이 좋은 활동이었다. 아이들은 자신이 느낀 소감도 매우 활발하게 나누었다. "맨 앞에 섰을 때 너무 무서웠다", "아이들이 내 신호에 따라주지 않아서 답답했다", "나는 앞으로 가라고 신호를 보냈는데 중간에서 정확하게 신호를 보내지 않아 왼쪽으로 신호가 바뀌었다", "처음에는 겁이 났는데 나중에는 재미있었다" 등 다양한 이야기가 나왔다.

이 활동의 장점 중 하나는 응용이 자유롭다는 것이다. 야외에서 할 때는 교사가 호루라기 등으로 새소리를 내거나 실제 새소리가 들렸을 때 전체가 주저앉아 죽은 척 하기 등의 활동도 넣을 수 있으며 단순한 이동뿐 아니라 바닥에 놓인 물건을 찾아가 잡는 것과 같은 복잡한 활동도 할 수도 있다.

원래 이 활동 후에 '함께 그림 그리기' 활동이 있었으나 아이들의 반응이 워낙 좋아서 우리 반의 경우는 '함께 그림 그리기' 활동을 생략하고 '물건 찾기' 미션을 추가하여 진행하였다.[10] 난이도를 높여 남자 대 여자 두 팀으로 만들어(인원이 많을수록 난이도가 높아진다.) 여자가 먼저 하고, 뒤이어 남자가 하기로 하였다. 이때는 신호를 더 정해서 '앉아', '일어서', '주변을 더듬어서 찾아'를

---

10. 뒤에서 조정해서 물건을 찾는 게임은 스카우트에서는 '잠수함 게임'이라고 한다.

추가했으며 모두 눈을 가린 다음에 종이컵을 놓고 맨 앞 사람이 찾아내는 시간을 체크하였다.

아이들이 줄을 서서 만든 애벌레의 출발점은 활동실 한가운데로 잡았다. 먼저 하는 팀은 맨 뒷사람(눈 역할) 바로 뒤에 종이컵을 놓았다. 바로 옆에 있으나 말을 할 수 없고 맨 앞사람이 물건을 잡아야 하니 애벌레가 한 바퀴를 돌아야 한다. 그러나 인원수가 많다 보니 조정이 전보다 더 어려웠고 헤매는 모습을 구경하던 남자 아이들은 웃음을 터뜨렸다.

다음 도전 팀은 종이컵을 다른 곳에 놓고 시작하였다. 시작 전에 먼저 팀의 기록을 깰 수 있는지 물어보았더니 매우 자신만만해 하였다. 그러나 이번에는 아이들이 위치를 잡고 앉으면 살짝 옮겨놓고 다시 일어나서 종이컵 있는 곳으로 가면 발로 차서 다른 곳으로 보내기도 하였다. 물론 이때 눈 역할을 맡은 아이나 지켜보는 아이들에게 어떤 경우에도 말을 해서는 안 된다는 것을 강조하였다. 눈을 가린 남자 아이들은 눈 역할을 맡은 아이에게 조정을 잘 못 한다고 투덜거렸고, 눈 역할을 맡은 아이는 말을 못하니 답답해하면서 교사를 살짝 흘겨보기도 했다. 나중에 사실을 안 친구들은 승패와 상관없이 모두 웃을 수 있었다.

3. 경청하기 - 공감하며 듣기

과목 및 단원	수업 목표	수업 활동
국어 4단원	상대방의 말을 공감하며 듣기 상대방에 공감하는 말하기와 글쓰기	- 잘 들어봐 - 공감하며 들어보기
도덕 4단원	- 공감적 이해, 관심, 친절한 행동을 통한 배려 익히기 - 배려의 의미와 중요성 알고 배려를 실천할 때 필요한 점 알기	- 잘 들어봐 - 공감하며 들어보기
도덕 9단원	- 평화로운 생활을 하기 위해 지녀야 할 태도 - 생활 속에서 실천할 수 있는 평화 만들기	- 귓속 말 전달하기 - 잘 들어봐 - 공감하며 들어보기

비언어적 의사소통 활동이 끝난 후에는 언어적 의사소통 활동에 들어갔다. 이때 중요하게 여긴 것은 상대방의 말을 정확하게 듣기 위한 경청이었다. 모든 의사소통은 말하기가 아닌 듣기에서 시작함을 강조하였고 경청하여 듣기 위해서 앞에서 배운 비언어적 의사소통이 중요함을 알려주었다.

'경청하기' 활동은 80분 블록 수업으로 계획하였고, 교과는 국어 4단원과 도덕 4단원, 9단원을 통합하였다. 교육 목표는 국어 듣기·말하기·쓰기 4단원 '마음의 울림'에서 '상대방의 말을 공감하며 듣기'[11], 도덕 4단원 '서로 배려하고 봉사하며'에서는 '배려의 의미와 중요성 알고 배려를 실천할 때 필요한 점 알기'. '공감

---

11. 교과서의 원 교육 목표는 '읽는 이의 마음을 고려하면서 축하하는 글을 쓴다.'이다. 우리는 상대의 마음을 공감하며 듣고, 상대방이 공감할 수 있는 글쓰기로 이어지도록 하였다.

적 이해, 관심, 친절한 행동을 통한 배려 익히기'를, 9단원 '평화로
운 삶을 위해'에서는 '평화로운 생활을 하기 위해 지녀야 할 태도',
'생활 속에서 실천할 수 있는 평화 만들기'로 두었다.

귓속말 전달하기

〈귓속말 전달하기〉

① 4팀으로 나누고 각 팀은 한 줄로 선다.
② 맨 앞사람은 나와서 1분 정도 예문을 본다.
③ 시간이 되면 각 팀으로 돌아가 귓속말로 다음 사람에게 이야
   기를 전달한다.
④ 차례대로 전달한 후, 맨 뒷사람은 전달받은 이야기를 기억해
   서 말하거나 종이에 써서 낸다.
⑤ 뒷사람에게 이야기를 전달하기 시작한 뒤에는 앞사람에게 다
   시 물어볼 수 없다.

활동이 끝난 후에는 맨 앞사람이 뒤로 가고 두 번째 사람이 예
문을 보는 역할을 맡았다. 정말 다양한 대답이 나왔으며 전혀 엉
뚱한 이야기로 바뀌어서 아이들이 매우 즐거워한 활동이었다. 활
동이 끝난 후에는 서로 느낀 점을 이야기하고 왜 이렇게 엉뚱한
이야기로 바뀌었을까 생각해보게 하였다. 또한 소문의 문제점과
경청의 중요성에 대해 다함께 이야기를 나눠보았다.

수업에서 제시한 예문은 다음과 같다.

애들아, 너희들 화장실에 조심해서 다녀라.
지민이가 조심하지 않고 가다가 넘어져서 바지를 다 버렸어.
아이들이 오줌 쌌다고 놀리니 그만 말도 못하고 울고 있잖아.

— 윤태규, 『선생님 나 집에 갈래요』, 보리, 2002

나팔꽃집보다 분꽃집이 더 작다
해바라기꽃집보다 나팔꽃집이 더 작다
해바라기꽃집은 식구가 많거든요.
제일 작은 채송화 꽃이 말했다.

— 권정생 시 「나팔꽃집보다 분꽃집이 더 작다-꽃밭」,
『바보처럼 착하게 서 있는 우리 집』, 보리, 2010

자꾸만 땅이 죽어간다
이러다간 배추 심을 땅도 없고 고추 심을 땅도 없겠네
한 십년, 아니 이십년쯤 뒤엔,
배추 공장 고추 공장 콩 공장이 생겨 라면처럼 봉지에 담긴 채소
를 먹게 되는 걸까?

— 백창우 노래 〈땅〉, 『꿈이 더 필요한 세상 - 백창우 동시에 붙인 노래들 2』,
보림, 2005

나는 시계 바늘에게 물었다. 정확해진다는 게 뭐지?
시계바늘이 말했다. 그건 갇힌다는 거란다.
나는 요즘 정신을 차릴 수 없을 정도로 바빠.
내가 말했다. 나도 그래

— 안도현, 『사진첩』, 거리문학제, 1998

잘 들어봐 게임

〈잘 들어봐〉

① 짝을 정해, 한 명은 말을 하는 팀이 되고, 다른 한 명은 듣는 팀이 된다. 짝을 정할 때는 쪽지로 뽑을 수도 있고, 시간이 부족하면 그냥 앉은 짝으로 해도 무방하다.

② 말을 하는 팀만 교실 밖으로 데리고 나와 미션을 준다. 말을 하는 팀의 미션은 주제에 대해 자신의 의견을 잘 설명하는 것이다. 미션 설명이 끝난 후 무엇을 말할 것인지 정리할 시간을 1분 준다.

③ 듣는 팀은 교실에 남아있지만 듣는 팀에게도 미션을 준다. 이때 말하는 팀이 눈치 채지 못하도록 해야 한다.[12] 듣는 팀의 미션은 상대방이 무엇에 대해 설명하던지 건성으로 듣기이다.

④ 말을 하는 팀의 준비가 끝나면 교실로 들어와 서로의 미션을 수행한다.

⑤ 2~3분의 시간을 준 후 상대가 한 말이 무엇인지 기억하는 사람이 있는지 확인한 후 다시 말하는 팀을 교실 밖으로 데리고 나온다. - 확인만 하고 소감 나누기는 활동 마지막에 한 번에 한다. 당연한 이야기지만 기억하는 사람이 없는 것이 정상이다.

⑥ 말하는 팀에게 다시 한 번 도전할 기회를 준다면서 새로운 주제를 제시한다. 이때 듣는 팀의 미션은 상대방의 말을 경청하기이다.

⑦ 다시 말할 내용을 정리할 시간을 1분을 주고 준비가 끝나면 교실로 들어와 상대방에게 주제에 대해 이야기한다.

---

12. 말하는 팀이 말할 내용을 생각하는 시간에, 교실에서 조용히 시키는 척 하면서 미션이 적힌 화이트보드를 꺼내 보여준다.

⑧ 활동이 끝난 후 느낀 점에 대해 서로 이야기를 나눈다.

첫 번째 주제는 '수학여행에 가서 지켜야 할 일 다섯 가지를 생각해서 설명하고 상대방이 그중 세 가지 이상을 꼭 기억하게 하는 것[13]'이었고 두 번째 주제는 '내 맘대로 쓸 수 있는 10만 원이 생기면 하고 싶은 일이나 사고 싶은 것에 대해 자세히 설명하기'였다.

아이들이 보기에는 말하는 팀에 미션을 주는 것처럼 보이지만 사실 이 활동은 듣는 팀에게 미션이 주어진 활동이다. 첫 번째 미션은 '무엇에 대해 설명하던지 건성으로 듣고 딴청을 피우라는 것'이므로 눈을 마주치지 않고 다른 곳을 본다던지, 건성으로 대답하고 손장난을 하는 등 상대방의 말에 전혀 귀 기울이지 않는 것이다. 말하는 팀은 열심히 전달하려 하나 듣는 팀은 들을 생각을 안 하는 상황이 벌어졌다. 첫 주제가 끝나고 말하는 팀을 교실 밖으로 데리고 나왔을 때 아이들은 상대편 태도에 매우 불만을 늘어놓았다. 아이들에게 다시 한 번 미션을 줄 테니 이번에는 상대방을 잘 설득해보라고 하였다. 듣는 팀의 두 번째 미션은 '친구가 말하는 것을 경청하며 듣기'로 눈을 마주치고 고개를 끄덕이며 맞장구를 쳐주도록 하였다. 또한 상대방의 말에 대해 성의 있는 질문[14]을 하도록 하였다.

두 미션을 끝낸 후 느낀 점을 발표하였다. 우선 첫 번째 때는

---

13. '평화가 뭐에요' 소주제가 끝난 후 바로 수학여행이 잡혀있어 아이들에게 **수학여행**은 큰 관심사였다. 학교 상황에 맞춰 아이들의 관심사와 관련하여 미션을 수정하면 될 것이다.

14. 언제부터 그걸 사고 싶었니? 무슨 색깔이 있어? 꼭 그 일에 돈을 쓰고 싶었던 이유는 뭐니? 등

“화가 났다.”, “도망을 다녀서 도저히 설명할 수 없었다.”(우리 반에는 듣지 않고 돌아다니는 아이도 있었다.), “때려주고 싶었다.” 등의 부정적인 답변이 나왔고, 두 번째 미션에 대해서는 “상대방이 잘 들어주니 정말 고마웠다.”, “이야기가 술술 나왔다.” 등의 긍정적인 답변이 나왔다. 아이들은 두 번째 미션에서 상대편의 태도가 달라진 것을 보고 상대방에도 미션이 주어진 것을 알았지만 그럼에도 매우 기분이 좋았다는 답변이 나왔다. 우리가 일상에서 상대방의 말을 잘 들었을 때와 잘 듣지 않았을 때 경험도 이야기 나눠본 후, 경청의 중요성을 말하고 다음 활동으로 넘어갔다.

공감하며 들어보기

공감하며 듣기 수업은 의사소통 중 듣기의 정리 단계로 PPT 자료로 진행되었다. 방금 전 활동을 돌아보며 공익광고 ‘마음의 리모컨’[15]을 시청한 후, 듣기의 다섯 가지 단계를 설명해주었다.

1단계는 상대의 말을 무시하는 단계로 전혀 듣지 않는 ‘무시’를 말한다. 2단계는 대충 맞장구를 쳐주며 듣는 척 하는 것으로 ‘가짜 듣기’라 할 수 있다. 3단계는 대화에서 어떤 특별한 부분만 듣는 것으로 ‘선택 듣기’이며 4단계는 상대의 이야기에 귀 기울이고

---

15. 2010. 공익광고협의회. 이 광고가, 갈등을 해결하는 것이 아니라 숨겨야 하는 것처럼 보이며 갈등을 무조건 나쁘게만 받아들일 수 있다고 문제를 제기하는 사람들도 있으나 우리는 이 광고에서 ‘상대방의 말을 듣지 않고 무시하는 태도’에 주안점을 두었다.

집중해서 듣는 '경청'이다. 그리고 마지막 5단계는 상대방을 이해하려는 마음을 갖고 듣는 '공감적 듣기'라 하였다. 각 단계 설명 후에는 4단계와 5단계의 차이점이 무엇일까 생각하도록 하였다. 그리고 지금까지 활동들이 몇 단계에 속하는 지. 나는 몇 단계의 듣기 태도를 가지고 있는지 생각하는 시간을 가졌다. 그리고 적극적인 듣기 요령 안내로 수업을 마무리하였다. 아이들에게 알려준 듣기 요령 안내는 다음과 같다.

[표 3] 공감하며 듣기 요령 안내

언어적	비언어적
- 그렇구나, 그랬구나, 아하, 우와, 네, 진짜? 등 맞장구를 쳐준다. - 잘 알아듣지 못하는 부분이 있으면 이해를 구하고 질문한다. - 따지는 질문이 아니라 이해를 하기 위한 질문을 한다. (닫힌 질문 vs 열린 질문) - 바꾸어 말하기 예) 그러니까 네 말은 ~~~~~라는 뜻이니?	- 말하는 사람에게 시선을 집중한다. - 말하는 사람 쪽으로 상체를 기울인다. - 말하는 사람과 눈을 마주친다. - 이야기 내용에 따라 적절한 표정을 보인다. - 공감이 가는 내용은 고개를 끄덕인다.

4. 평화로운 대화 연습하기

'평화로운 대화 연습하기'는 1주차의 마지막 단계로 상대방의 말에 공감하며 듣기에 이어 평화적으로 대화하는 방법을 연습하는 시간을 가졌다. 총 3차시로, '평화로운 대화 연습하기' 1시간, 게임형 활동 2시간(블록 수업)으로 구성하였다.

　교과는 국어 2단원과 4단원, 도덕 4단원과 9단원을 통합하여 운영하였다.

과목 및 단원	수업 목표	수업 활동
국어 2단원	말하는 이의 관점이나 의도 파악하기	평화로운 대화하기
국어 4단원	상대방에 공감하는 말하기와 글쓰기	- 평화로운 대화하기 - 완두콩 게임 - 평화를 만드는 말
도덕 4단원	공감적 이해, 관심, 친절한 행동을 통한 배려 익히기 배려의 의미와 중요성 알고 배려를 실천할 때 필요한 점 알기	- 평화로운 대화하기 - 평화를 만드는 말
도덕 9단원	평화로운 생활을 하기 위해 지녀야 할 태도 생활 속에서 실천할 수 있는 평화 만들기	- 평화로운 대화하기 - 완두콩 게임 - 평화를 만드는 말

평화로운 대화 연습하기[16]

　먼저 개그 콘서트 '불편한 진실' 동영상을 보고 평화로운 대화를 방해하는 요소를 찾아보도록 하였다. 개그의 내용은 부부가 싸움을 한 후, 서로 직접 이야기하지 않고 딸을 통해서 말을 주고

---

16. 마셜 B. 로젠버그, 『비폭력 대화』, 한국 NVC센터, 2004. 초등학생에게 비폭력이라는 단어가 어려울 것 같아 '평화로운 대화'로 바꿔 사용하였다.

받는다. 그러다 서로 감정이 격해지면서 결국 아빠가 화를 내며 집 밖으로 나가버리고, 딸이 "아빠 진짜 나갔어."하자, 엄마는 "그러면 누가 눈 하나 꿈쩍할 줄 알아!"하며 화를 내다, 갑자기 딸을 보고는 "너는 뭐 좋다고 여기 나와 구경하고 있어! 들어가서 공부 안 해!"하고 소리친다. 재미있는 개그를 통해 아이들의 흥미를 유발하면서 동시에 대화에 대해 공부할 것을 안내하였다.

그런 다음 PPT를 통해 관찰하기, 느끼기, 표현하기, 부탁하기의 4단계 대화를 배워보고 학습지에 나온 상황을 평화로운 대화로 바꿔보는 연습을 하였다.

우선, 1단계는 관찰하기 단계로 성급하게 평가하거나 판단하지 않고 있는 그대로를 관찰하여 말하도록 한다. 단, 관찰해서 사실이라도 상대방이 상처받을 말은 하지 않는 배려가 필요하다. 예를 들자면, "교실이 왜 이렇게 지저분해? 이게 돼지우리지, 사람 사는 곳이야?"라고 이야기하면 아이들은 "제가 안 버렸는데요?"하고 변명부터 나오기 쉽다. 관찰한 사실을 그대로 말한다면 "바닥에 휴지가 떨어져 있구나."로 바꿀 수 있겠다.

2단계는 느끼기 단계로 관찰한 것에 대한 내 느낌을 표현해야 한다. 단, 여기서도 나의 생각과 느낌은 구별을 해주어야 한다. "나는 내가 따돌림 당하는 느낌이야."는 사실 느낌이 아니라 나의 생각인 것이다. 이 경우 느낌은 외로움이 될 것이다.

3단계는 표현하기[17] 단계로 내 마음을 중심으로 내가 바라는 것

---

17. '비폭력 대화'에서는 이 단계를 '욕구를 의식함으로써 자신의 느낌에 대해 책임지기'라고 나온다. 느낌을 인식하고 거기서 바라는 자신의 순수한 욕구를 의식하고 그것을 표현하라는 것이다.

을 정확하게 표현하는 것을 말한다. 느낌과 연결하여 내가 진심으로 바라는 것이 무엇인지 정확하게 전달해야 한다. 예를 들어 교실 청소를 시켰는데 마음에 안 든다고 "이게 뭐야? 왜 청소 하나도 안 했어?"라고 한다면 바라는 것은 다시 깨끗하게 청소하는 것이지만 상대방은 자신을 비난한다고 생각하게 된다.

4단계는 부탁하기 단계로 상대가 해주기 바라는 것을 부탁하는 단계이다. 단, 이때 부탁과 강요는 구별되어야 하는데, 이 둘은 상대방에게 거절당했을 때 나의 태도를 보면 쉽게 알 수 있다고 한다. 상대방의 거절에 "우리 사이에 그것도 못 해주니?" 등의 비난을 보낸다면 그것은 부탁이 아니라 강요일 수밖에 없다.[18]

학습지는 모둠별로 5종류를 준비하였고, 빨리 끝낸 모둠은 다른 모둠과 같은 학습지를 주어 모둠끼리 생각을 비교해보도록 하였다. 사실 이 활동은 우리 아이들이 생각보다 더 어려워하여 좀 더 많은 시간을 투자했으면 어땠을까 하는 생각이 들었다.

완두콩 게임

완두콩 게임 역시 대화법을 익히는 놀이로, 대화를 단절시키는 단답형의 대답을 하지 않도록 하는 활동이다.

---

18. 상대방을 설득하지 말라는 뜻이 아니라, 상대가 나의 부탁을 들어줄 수 없을 때 상대방을 이해할 수 있어야 강요가 아니라 부탁이라는 뜻이다.

<완두콩 게임>

① 모든 사람에게 완두콩(바둑알로 대체)을 5알씩 준다.
② 대답을 할 때 "응.", "아니.", "몰라." 등의 단답형 대답을 하면
   상대방에게 완두콩 한 알을 주어야 한다. 즉, 완두콩을 빼앗기
   지 않으려면 상대방의 질문에 최대한 자신의 답을 구체적으로
   말해야 한다.
③ 다른 사람에게 할 질문 몇 가지를 생각하도록 1분의 시간을
   준다.
④ 게임이 시작되면 자유롭게 돌아다니다 다른 사람과 1대1로
   만나서 인사를 나눈 후 서로 질문을 주고받는다.
⑤ 정해진 시간이 다 되면 자리에 앉게 하고 누가 가장 많이 획득
   했는지 알아본다.

이 활동을 할 때는 분위기를 좋게 하기 위해 음악을 살짝 틀어
놓았다. 끝나는 시간은 자연스럽게 음악이 끝나는 시간으로 하였
고 아이들에게는 너무 친한 사람과만 대화하지 않고 제한 시간 내
에 될수록 많은 사람과 만나도록 하였다. 시간이 다 된 후 완두콩
을 많이 획득한 사람과 많이 잃은 사람의 이야기를 들어보고, 그
외에 몇몇 친구들의 느낌도 들어보는 시간을 가졌다.

평화를 만드는 말

평화로운 대화 연습하기와 완두콩 게임을 통해 생각하고 느낀 것

을 학습지[19]로 정리하도록 하였다. 학교에서 친구와 주고받는 말 중 서로 기분이 좋은 말, 기분이 나쁘거나 싫었던 말과 행동을 찾아 적어보았다. 그리고 문제 상황[20]을 주고 지금껏 배운 평화로운 대화로 내가 할 말을 적도록 하였다.

자신이 싫어하는 말과 행동을 발표하고 친구들이 싫어하는 말이나 행동과 공통점을 찾도록 했다. 그리고 기분 나쁜 말과 행동에 맞서 화를 내지 않고 해결하는 방법을 찾아보도록 하였다. 이 활동들을 간단히 해본 후에 위의 문제 상황을 평화롭게 해결하는 역할 놀이를 진행하였다. 이 상황에서 평소 공감 능력이 조금 부족한 친구들은 평화로운 해결 방법을 찾는 데 많은 시간이 걸렸으며, 그 방법 역시 평화로운 방법과 거리가 먼 경우가 많았다. 그런 경우는 친구들과 의논하여 다시 평화로운 방법으로 해결해보도록 하였다.

이때 교사는 학생들을 잘 관찰하여 도움이 더 필요한 학생들을 찾아 도와줄 수 있으며, 폭력적 언어에 대응하는 연습이 오히려 폭력적 언어를 학습하는 기회가 되지 않도록 주의를 기울여야 하겠다. 그러므로 폭력적인 말은 가능한 단순화시켜, 주객이 전도되지 않도록 한다.

---

19. 전국교직원노동조합 서울지부 인권평화교육 프로젝트, 『인권이 숨 쉬는 평화로운 교실』 3월호, 전국교직원노동조합, 2012, p. 11, p. 13 참고.

20. 제시한 문제 상황 : ○○이는 멍청해. 야, 이 돼지야!(멸치야!), 싫은 사람과 짝이 되었을 때, 내가 읽는 책을 말없이 뺏어갈 때(같은 책, p. 13)

'관찰하기-느끼기-표현하기-부탁하기'의 4단계가 잘 드러나게
역할극 대본을 완성해 보세요.

모둠원 (   )

상황 1 - 급식 배식 중에 일어난 갈등	상황 1 - 갈등해결의 4단계 대화법 활용
배식 중 앞에 있는 여자아이는 고기를 3개 받고, 뒤에 받은 민호는 고기를 2개 받았다. 민호 : 남자랑 여자랑 차별 하냐? 고기하나 더 줘! 경수 : <u>욕심은 많아가지고.</u> 쟤는 작은 고기 3개고, 너는 큰 거 두 개거든? 민호 : 뭐? 이 자식이...	배식 중 앞에 있는 여자아이는 고기를 3개 받고, 뒤에 받은 민호는 고기를 2개 받았다. 민호 : 남자랑 여자랑 차별 하냐? 　　　고기하나 더 줘! 경수 : <u>(관찰하기) (　　　　　　　)</u>니? 민호 : 응. 경수 : <u>(느끼기) 나는 공평하게 주려고 너는 큰 거 2개 주고, 쟤는 작은 거 3개 준건데, 네가 (　　　　　)</u>하니까 (　　　　)해. (표현하기) 내가 (　　　　　　) 것을 너도 알아줬으면 (　　　　). 민호 : 내가 보기엔 공평하지 않은 것 같아서 그랬어. 경수 : 그랬구나. <u>(부탁하기) 그럼 (　　　　)</u>까? 민호 : 응, 고마워.

〈잠깐! 아래 문장을 참고하세요.〉

〈관찰을 나타낸 문장의 예〉	〈표현을 나타낸 문장의 예〉
▶소라는 텔레비전을 보면서 손톱을 물어뜯고 있다. ▶너는 회의시간에 내 의견을 묻지 않았다. ▶민수는 내게 노란색 옷이 어울리지 않는다고 말했다. ▶동원이는 내가 문자를 세 번이나 보냈는데도 답이 없다. ▶내 친구는 이번 주에 세 번 숙제를 안 냈다. ▶나는 엄마가 공부하라고 해서 싫다고 말했다.	▶내가 하고 싶은 것을 하면서 편히 쉬고 싶어. ▶<u>따뜻하게 말해줬으면 해.</u> ▶<u>작은 소리로 말했으면 좋겠어.</u>
〈느낌을 나타낸 문장의 예〉 슬프다./ 실망했다./ 섭섭하다./ 기운이 솟아./ 마음이 답답해. 속상해./ 당황스러워./ 불쾌해./ 기분이 좋아./ 싫어./ 화가 나. 힘이 빠져./ 기뻐	〈부탁을 나타낸 문장의 예〉 ▶<u>말해줄 수 있니?</u> ▶<u>가져올 수 있겠니?</u> ▶<u>과자는 조금만 먹는 게 어떠니?</u> ▶<u>3분 안에 끝내줄 수 있겠니?</u> ▶<u>비켜줄래?</u>

등 놀이터

[사진 1] 의사소통 게임 활동 후 느낀 점 나누기

'등 놀이터'는 모든 활동이 끝난 후, 다시 한 번 친구들과 스킨십을 통해 친밀감을 나누기 위해 준비하였다. 강물이 되어 2인 1조로 서로의 전신을 계속 타고 넘어가려고 계획했는데 활동실에 20명이 서로 뒹굴기에는 조금 좁아서 남녀로 나눠 일부는 엎드려있고 다른 아이들은 굴러서 친구들 몸을 지나가는 것으로 바꿔보았다. 아이들이 자신감 있게 몸을 쭉 펴고 구르면 괜찮지만, 과감하게 구르지 못하고 몸을 구부리면 무릎 등이 등에 닿아 밑에 엎드린 아이들이 아파하는 경우기 있었다. 만약, 이 활동을 적용한다면 넓은 강당에서 2인 1조로 진행하는 것을 추천한다.

'등 놀이터'가 끝난 후 의사소통을 배우고 난 후 느낀 점을 간단히 발표한 후 글로 표현하게 하였다. 실제로는 그 자리에서 글로 쓰기에는 시간이 모자라 과제로 제시하였다.

5. 갈등 짚어보기

‘평화가 뭐에요?’ 2주차에는 1주차 의사소통에 이어 갈등 해결에 대해 공부하였다. 1주차 마지막 부분에서 이미 갈등 상황에서 평화로운 방법으로 해결하는 것에 대해 다루었으며 2주는 본격적으로 갈등이 무엇인지, 갈등을 해결하기 위한 합리적인 방법은 무엇인지를 다루려 하였다.

그런 의미에서 갈등 해결의 첫 단계로 갈등이 무엇인지 갈등에 대해 정확하게 짚어보는 시간을 가졌다. 총 3차시 수업으로, 미술(교학사) 9단원 ‘상상 표현’ 단원을 적용하여 떠오르는 생각을 자유롭게 표현하도록 하였다.

과목 및 단원	수업 목표	수업 활동
국어 4단원	상대방에 귀 기울여 듣기	눈 감고 소리로 짝 찾기
미술 9단원	떠오르는 생각을 자유롭게 표현	갈등 이미지 그리기

눈 감고 소리로 짝 찾기

마음 열기 활동으로 짝의 소리에 집중해서 듣고 짝을 찾아가는 활동을 준비하였다.

〈눈 감고 소리로 짝 찾기〉

① 먼저 2명씩 짝을 정하고 두 사람의 신호가 될 소리를 약속한다.
② 신호를 보낼 사람과 짝을 찾아 갈 사람으로 나눠 양쪽 벽으로
　서로 멀리 떨어져 선다.
③ 짝을 찾을 사람은 안대로 눈을 가린다.
④ 안대로 눈을 가린 후에 반대쪽 짝들은 서로 위치를 바꾼다.
⑤ 교사의 신호와 함께 짝들은 각자 약속한 소리를 내고 안대를
　가린 사람들은 소리를 듣고 자신의 짝을 찾아 움직인다.
⑥ 교사는 학생들이 부딪히지 않게 관찰하고 소리의 강약을 조절
　하도록 도와주며, 모두 짝을 찾은 후에는 역할을 바꿔 한 번 더
　진행한다.

처음에는 모든 소리가 섞여 짝을 잘 찾지 못할 것 같았지만, 결국 모두 짝을 찾는 데 성공함으로써 아이들은 성취감을 느낄 수 있었다. 목소리가 작은 친구가 짝인 경우는 처음에는 소리가 잘 들리지 않으나 아이들이 한 명씩 짝을 찾고 소리를 멈추면 결국 찾아낼 수 있었다. 때로 장난기 많은 학생들이 자기 짝을 만난 후에는 친구들을 방해하려고 옆에서 같은 소리를 내는 경우가 있었는데 이런 경우는 활동에 방해가 되므로 주의를 줄 필요가 있겠다.

갈등에 대한 이미지 그리기

마음 열기 활동이 끝난 후 이번 주는 갈등에 대해 배울 것임을 안내한 후 갈등의 뜻이 무엇일지 자유롭게 이야기를 나누었다.

갈등은 갈(칡)과 등(등나무)이 서로 얽혀 있는 모습을 나타낸 말로 일이 복잡하게 얽혀 있는 상태를 말한다. 우리말 사전에는 '견해나 이해관계 등의 차이로 생기는 불화', '한 개인의 마음속에 두 가지 이상의 욕구가 동시에 일어나 갈피를 못 잡고 괴로워하는 상태'라고 나와 있다.

이렇게 갈등이란 말을 이해하고 있는지 확인한 후에는 각자 떠오르는 장면이나 이미지에 대해 모둠 내에서 이야기하고 모둠별 종이에 자유롭게 적도록 하였다. 모둠별로 종이에 다 쓰면 칠판에 모두 붙이고 다른 친구들은 어떤 생각들을 하고 있는지 공유한 후에, 각자 개인별로 주어진 도화지에 갈등에 대한 이미지를 상상하여 그리도록 하였다.

[사진 2] 갈등에 관한 생각 나누기

[사진 3] 갈등 이미지 그림으로 표현하기

이것은 갈등을 이미지로 그리는 것이므로 한 장면 또는 한두 가지 모양이나 사물 등으로 나타내게 하였으며, 몇 컷 만화 형식의 그림은 지양하였다.

그림이 완성되는 대로 앞 칠판에 붙이고 서로 느낀 점을 자유롭게 이야기하였다. 이때 교사는 갈등에 대해 부정적인 이미지가 많지만 갈등을 잘 해결하면 오히려 훨씬 행복하고 자신의 마음이 자랄 수 있다는 방향을 제시하였다.[21]

---

21. 본교 교사들이 공유한 평화적 갈등해결의 기본적 관점은 다음과 같다. 첫째, 갈등은 자연스러운 삶의 일부이다. 둘째, 인간은 누구나 존엄하며 인간이기에 존중받아야 한다. 셋째, 인간은 스스로 문제를 풀어갈 지혜가 있다. 넷째, 갈등 해결의 답은 하나가 아니다. 다섯째, 협동하고 존중하는 민주적 의사소통과정으로 갈등을 해결할 수 있다.

부분과 전체 그리기

〈부분과 전체 그리기〉

① 모두에게 A4 용지 한 장씩을 나눠준 후 세로로 네 등분하여
  접게 한다.
② 먼저 맨 위에 내가 생각한 동물의 1/4을 그린다(동물의 앞부
  분이나 윗부분).
③ 내 칸에 다 그린 후에는 다음 칸에 내가 그린 그림과 이어지는
  선을 0.2~0.3cm를 그리고 내 칸을 접어 이어지는 선만 보이
  게 한 후 옆 사람에게 돌린다.
④ 나 역시 같은 모둠 사람에게 받은 후 이어지는 선을 보고 어떤
  동물일까를 상상하여 이어 그린다.
⑤ 마찬가지로 다 그린 후에는 이어지는 선을 표시하고 내 칸을
  접어 옆 사람에게 돌린다.
⑥ 이렇게 모든 동물이 다 완성될 때까지 돌려서 그리고, 다 그리
  게 되면 멈춘다. 마지막에 나에게 그림이 돌아오게 되고 모둠
  당 4장의 그림이 동시에 완성된다.

완성된 그림을 펴서 자신이 원래 그리고자 하는 동물의 모습과 비교해보고 왜 동물의 모습이 이렇게 그려졌는지 이야기를 나누었다. 갈등은 이렇게 우리가 상대방에 대해, 또는 어떤 일에 대해 전체적으로 이해하려고 하지 않고 부분만 바라보기 때문에 일어나는 경우가 많다는 걸 느끼게 하고 모둠원과 함께 그린 특이한 동물에 각각 이름을 붙이고 그 이름을 붙인 이유를 간단히 적은 후 교실 게시판에 게시하였다.

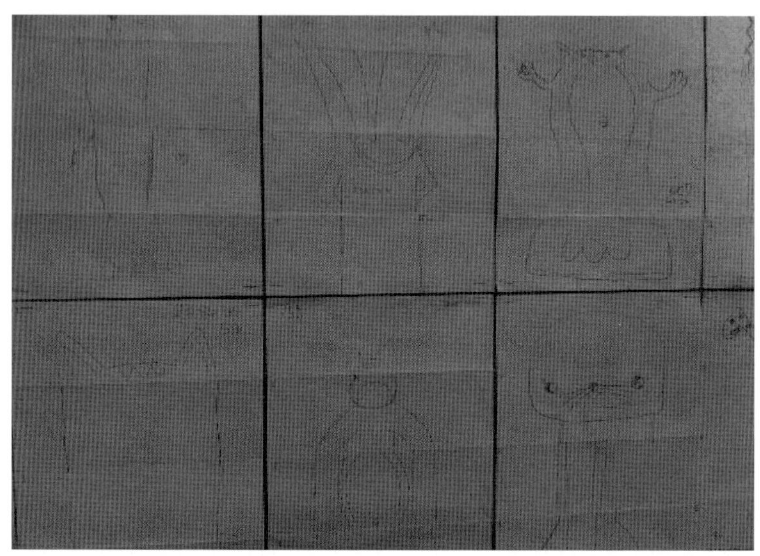

[사진 4] 부분과 전체 그리기(1)

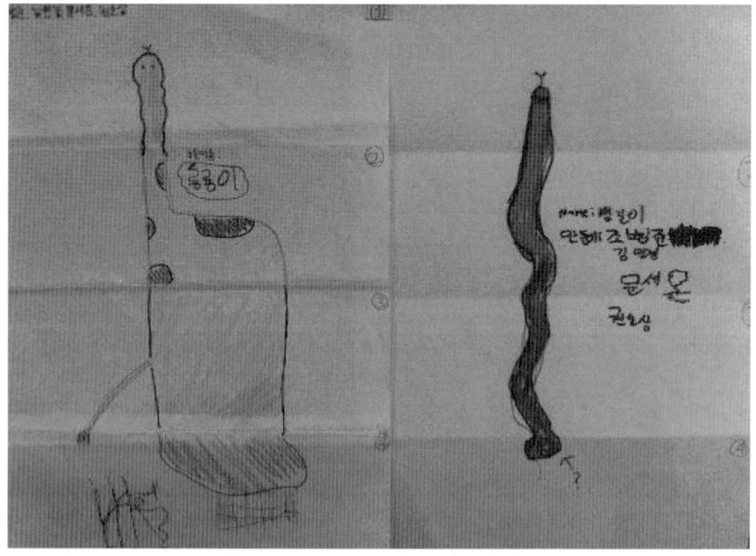

[사진 5] 부분과 전체 그리기(2)

6. 갈등 해결 접근하기

과목 및 단원	수업 목표	수업 활동
국어 1단원	인물 간의 갈등 이해하기	- 갈등 분석하기 - 천사와 악마 - 연필 게임
국어 6단원	주장하는 말의 적절성 판단하기	- 천사와 악마 - 연필 게임
도덕 9단원	- 평화로운 생활을 하기 위해 지녀야 할 태도 - 생활 속에서 실천할 수 있는 평화 만들기	- 갈등 분석하기 - 연필 게임

갈등이 무엇인지 이해한 다음에는 갈등이 발생하는 상황에서 어떻게 갈등 해결에 접근해야 하는지에 대한 수업을 준비하였다.

교과는 국어 읽기 1단원 '문학과 삶', 듣기·말하기·쓰기 6단원 '생각과 논리', 도덕 9단원 '평화로운 삶을 위해'를 통합하였고 교육 목표는 '인물 간의 갈등 이해', '주장하는 말의 적절성 판단', '설득하는 말하기', '평화로운 생활을 하기 위해 지녀야 할 태도'로 선정하였다. 수업 시수는 블록 수업 2번, 총 4시간으로 구성하였다.

갈등 분석하기

본격적인 수업에 들어가기 전, 먼저 EBS 〈지식채널e〉 '눈의 착각'을 시청하였다. 내가 보는 것이 진짜가 아닐 수도 있고, 내 판

주제통합 수업 / 평화가 뭐에요?

— 갈등해결 ⇒ 욕구 찾기—　　　　　이름 :

⊙ 욕구(바라는 것, 열망, need)

우리가 하는 모든 행동은 어떤 욕구를 충족하려는 시도이다. 여기서 말하는 욕구는 나이나 성별, 지역을 떠나서 누구나 가지고 있는 바램이다.

나의 욕구를 표현하고, 상대의 욕구를 이해하면, 욕구 차원에서 연결과 유대가 생기고 이를 통해 다른 사람들과의 이해, 연민의 마음을 유지하며 소통할 수 있다. 욕구를 충족시키기 위한 수단/ 방법은 사람/ 문화권마다 다를 수 있다.

(예시1)　욕구 : 재미, 놀이
—욕구를 충족시키는 수단/ 방법 : 산책, 영화, 운동, 여행, 게임, 화초 가꾸기 등등

(예시2)　아이의 장래 희망은 가수인데 부모는 의사가 되길 바란다고 할 때
—아이의 욕구 : 자신의 꿈을 선택할 수 있는 자유, 존중, 지원, 자기구현, 행복한 삶,
　성취감
—부모의 욕구 : 안정된 생활, 기여, 성취, 행복

느낌은 우리의 욕구가 충족되었는지 여부를 알려준다. 느낌이 욕구에서 나온다는 것을 알게 되면 우리는 자신의 느낌에 책임을 지게 된다.

⊙ 연습하기 / 다음의 표현 안에 들어 있는 욕구를 찾아보세요.

1. "복도에서 떠들고 싶다. 복도에서 공차고 술래잡기를 하고 싶다!"
⇒

2. '앞에 나가서 발표할 때 떨리면 어떡하지!'
⇒

3. '수학 시간에 공부가 재미없다.'
⇒

4. "학급회의 시간에 친구를 차별하는 말을 하면 안 된다는 규칙이 있어야 해"
⇒

5. "우리 반 애들은 나보다 다 잘 할 거야"
⇒

6. "우리 반 애들은 다 쌀쌀맞고 이기적이다."
⇒

욕구 분석 학습지 뒷면

※ 다른 사람을 다음과 같이 비판하거나 비난할 때 충족되지 않은 나의 욕구는 무엇일까요 ?

(1) "저 아이는 답답한 아이야. 말이 안 통해."
　(　　　　　　　　　　　　　　　　　　　　　　　　　　　　　　　　)

(2) "우리 선생님은 너무 무서워."
　(　　　　　　　　　　　　　　　　　　　　　　　　　　　　　　　　)

(3) "너는 자꾸 수업시간에 떠들어."
　(　　　　　　　　　　　　　　　　　　　　　　　　　　　　　　　　)

(4) "너는 친구 중에 제일 시끄럽고 잘난체하는 얘야."
　(　　　　　　　　　　　　　　　　　　　　　　　　　　　　　　　　)

(5) "네가 하자고 했으니까 네가 잘못이 있지 우린 하자고 안했어."
　(　　　　　　　　　　　　　　　　　　　　　　　　　　　　　　　　)

(6) "너가 모둠장이라고 너가 하라는 것만 해야 하냐."
　(　　　　　　　　　　　　　　　　　　　　　　　　　　　　　　　　)

(7) "우리가 1등 못한 것은 모두 너의 잘못이야."
　(　　　　　　　　　　　　　　　　　　　　　　　　　　　　　　　　)

※ 빈칸을 채우며 연습해 봅시다.

(1) 내가 (　　　　　)을(를) ________________ 하다고 비난했을 때 나의 충족 되지 않은 욕구는 ________________ 이다.

(2) 나는 ____________________________ 한 사람이 싫다.

(3) 나에게 중요한 욕구는 ____________________________이다.

단이 확실한 것 같지만 틀릴 수도 있다는 것을 알려준 후 이런 것
이 갈등의 원인이 됨을 이야기하였다. 그 다음 PPT를 통해 두 가
지로 보이는 그림들을 보여주면서 똑같은 상황에 대해 상대방은
내가 보는 것과 반대의 것을 볼 수도 있다는 것, 즉 우리가 사물이
나 사람에 대해 쉽게 오해할 수 있는 존재라는 것에 대해 생각해
보는 시간을 가졌다.

〈지식채널e〉와 PPT를 본 후에는 양파 모형으로 갈등을 분석해
보았다. 양파 모양으로 원을 세 개 그린 후 바깥쪽은 '입장', 가운
데 원에는 '이익과 손해', 가장 안쪽에는 '욕구'를 적은 후 여러 갈
등 상황을 놓고 분석해보는 활동을 하였다. 예를 들어 민식이와
세온이가 "쟤는 못된 아이야!"라고 서로 욕하고 있는 경우를 다음
과 같이 분석하였다.

	민식	세온
입장	세온이는 정말 못된 아이다.	민식이는 진짜 못된 아이다.
이익과 손해	세온이는 내가 말을 걸었는데 몇 번이나 무시했다.	민식이가 팔을 쳐서 그리던 그림을 망쳤다.
욕구	세온이가 내가 하는 말을 무시하지 말고 들어주면 좋겠다.	민식이가 그림을 망친 것에 대해 사과를 받고 싶다.

천사와 악마 게임

내적 갈등을 다루는 활동으로 딜레마에 빠져 있는 상황에서 천사

와 악마가 나타나 사람을 설득한다. 악마는 개인의 이익, 천사는
사회에서 도덕적 관념을 주장하게 된다.

<천사와 악마>

① 반 전체를 3인 1조로 만든다. 3인씩 짝이 안 맞는 경우 가운데
  사람을 둘로 놓는다.
② 세 명 중 한 명은 사람이 되어 중간에 앉고, 나머지 두 사람은
  양 편에 선다. 오른편 사람은 천사 역을, 왼편 사람은 악마 역
  을 맡는다.
③ 교사가 토론의 주제 상황을 설명한 후에 천사와 악마는 서로
  반대되는 입장에 서서 사람을 설득한다. 단, 천사와 악마는 중
  간의 사람이 자신을 쳐다볼 때에만 이야기를 할 수 있으며 천
  사와 악마 둘이 서로 토론할 수는 없다.
④ 중간의 사람에게 질문을 할 수 없으며 딱 한 번만 중간의 사람
  을 움직여 자신을 쳐다보게 할 수 있다(찬스 개념). 이때 천사
  와 악마가 찬스를 쓰면 30초는 꼭 이야기를 들어주어야 한다.
⑤ 중간의 사람은 원래 자기 생각을 버리고 천사와 악마의 이야
  기를 잘 들은 후 둘 중에 자신을 더 잘 설득한 사람의 손을 들
  어준다.

 조별로 천사와 악마의 승패가 정해지면 사람 역할을 했던 학생
에게 결정의 이유를 듣고 서로 이야기를 나누었다. 이야기 나누
기가 끝나면 천사, 악마, 사람 역할을 바꿔서 진행하여 모든 역할
을 한 번씩 해보도록 하였다.

〈토론 주제상황 예시〉

① 할아버지가 위독하셔서 병원 응급실로 실려 갔습니다. 하지만 당신보다 먼저 응급실에 와서 차례를 기다리는 위독한 사람들이 많이 있습니다. 그런데 의사 선생님 중에 당신과 친한 분이 계시네요.

천사 모두 위독한데 내 가족이라고 순서를 어길 순 없지. 내 순서를 기다리자.
악마 내가 사랑하는 할아버지를 빨리 치료해야지. 친한 의사 선생님께 부탁해서 순서를 무시하자.

② 친한 친구가 운전하는 차에 함께 타고 가다가 친구가 과속(40km 구간인데 80km로 운전함)을 해서 사람을 치었다. 사고를 당한 사람은 크게 다쳐 중환자실에 있고 사고 당시 목격자, CCTV, 블랙박스는 없었다. 사고 이후 경찰에서 조사를 받고 있는 친구의 변호사가 찾아와 친구가 중대한 처벌을 면하기 위해서 친구가 제한속도를 어기지 않았다고 증언해 달라고 부탁한다.

천사 친구가 어려운 상황이지만 원칙대로 해야지! 다친 사람은 지금 중환자실에서 아파하고 있는데 아무리 친구가 소중해도 그런 거짓말을 해 줄 수는 없어!
악마 다른 목격자도 없는데 어때, 친구가 중형을 받으면 곤란하잖아. 친구와의 우정을 생각해서 거짓말로 증언해 주자!

③ 당신은 결혼을 하기로 약속하고 사귀는 남자친구가 있는 여성입니다. 하루는 남자친구가 오더니 자신의 마지막 소망을 이야기하고 결혼하자고 프로포즈를 했습니다.

"사랑하는 자기, 내 마지막 소망은 결혼 후에 내가 가정에서 살
림하는 남자가 되고 싶어. 자기도 알다시피 나 요리도 잘하고
청소도 빨래도, 모든 집안 일을 잘하잖아. 자기를 생각하면서
장 봐서 저녁 만들고 자기가 퇴근하는 것 기다려서 안마해주고
아침에는 깨워주고 맛있는 아침 차려서 출근시켜 줄게. 자기가
벌어 오는 돈 낭비 안하고 저축도 잘 할 수 있고 아기가 태어나
면 정말 잘 돌봐줄게. 정말 잘해줄 테니까 우리 결혼하자."

천사 이렇게 나를 사랑하고 잘 해주겠다는데 꼭 남자가 가장이
란 법 있어? 내가 열심히 일하면 되니까 사랑하는 남자친
구의 청혼을 받아들이자.
악마 남자가 집안 살림을 하겠다고? 말도 안 돼. 대부분의 다른
집처럼 남자가 가장 노릇을 해야지. 그동안 사랑하기는 했
지만 이건 받아들일 수 없어. 이만 헤어지자.

연필 게임

연필 게임은 사람 가의 갈등을 협상으로 해결하는 게임이다.

〈연필 게임〉

① 준비물 : 깎지 않은 연필 3자루, 연필깎이, 이면지 30장
② 반 전체를 세 그룹으로 나눈 후 뽑기로 가져갈 물건(연필, 연
필깎이, 이면지)을 정하다.
③ 각 그룹의 임무는 종이에 연필로 동그라미를 쳐서 가능한 많
이 가져오는 것으로, 이를 위해 협상을 하게 되며 나눠준 준비

물 이외에 다른 물건은 사용할 수 없다.

④ 어떻게 하면, 이길 수 있는지 10분간 작전 시간을 준다.

⑤ 신호를 하면 10분 동안 다른 그룹과 협상을 한 후 미션을 수행
한다.

1등을 하는 조에게는 원하는 간식을 사주기로 약속하였고, 공동 1등은 인정하지 않기로 하였다. 대신, 이 게임은 반별로도 순위가 정해져 전체가 가장 많이 미션을 수행한 반은 모두에게 수학여행 때 ABC 초콜릿 하나씩을 나눠주기로 하였다. 반 순위는 공동 1등도 인정하기로 하였다.

작전 회의 시간에 아이들은 서로 다른 그룹보다 많이 표시하기 위한 작전을 세웠고, 모든 팀이 이길 수 있다는 자신감을 표출하였다. 그러나 실제 협상이 시작되자 각자 생각한 대로 협상이 잘 이뤄지지 않았다.

사실 이 게임은 답이 정해져 있다. 1등을 하기 위해서 경쟁만 하면 가진 것을 서로 나눠 갖지 않을 것이며, 같이 이기기 위해서는 3팀이 연필 한 자루, 이면지 10장씩 나눠 갖고 연필깎이로 연필을 다 깎아줘야 한다.

협상 시간이 끝나면 그동안 표시한 종이를 내게 하고 결과 발표와 게임의 의미를 이해할 수 있도록 전체 토의 시간을 가졌다. 결론부터 이야기하자면 우리 반은 단 한 장의 미션도 완수할 수 없었다. 서로가 이기기 위해 양보를 하지 않은 결과는 참담했다. 처음 작전 회의에서 전략을 짤 때는 서로 자신들이 이길 수 있는 좋은 아이디어를 모았지만, 그 아이디어는 상대 그룹이 받아주지 않

았고 아이들은 내가 1등을 못할 바에 다른 팀이 이기게 할 수는 없다는 입장을 보였다. 반대로 옆 반의 경우는 1등을 못하면 작은 초콜릿이라도 먹자는 생각으로 모두 똑같이 나눠가졌다. 종이 30장 그룹은 10장과 연필 하나를 바꾸었고, 다시 연필을 깎으면서 종이 10장을 주었다. 연필 그룹은 종이 10장과 연필 하나를 바꾼 후, 남은 연필을 연필깎이 팀에게 주고 자신들의 연필을 깎을 수 있었다.

이 게임을 통해 협상이란 zero-sum 방식이 아니라 win-win이 될 때 갈등을 해결하고 합의에 도달할 수 있다는 것을 알게 하였다. 교사는 학생들 전체 협상 과정을 잘 관찰하였다가 협상이 잘 이루어지지 않은, 또는 협상이 잘 이루어진 상황을 짚어서 이야기하였다.

[사진 6] 연필 게임 : 협상 작전 짜기 – 종이 보유 모둠

[사진 7] 갈등해결을 위한 협상하기

- 연필을 깎아주는 대가로 연필과 종이 10장을 받았다

7. 합리적 의사결정 방법 익히기

갈등 상황에서 토의를 통해 가장 합리적인 방법을 찾는 연습을 하였다. 우선순위 정하기와 동전 내놓기를 통해 합리적인 의사결정이란 무엇일까를 생각해보도록 하였으며 나아가 상담 방법 중 하나로 쓰이는 또래 중재까지 도입해보려 하였다. 다만 또래 중재의 경우 본교 상담 선생님이 5, 6학년을 대상으로 또래 상담 프로그램을 기획하고 운영하기로 한데다 조금씩 활동이 늦어져 실

제 수업 단계에서 생략하였다.

총 2차시의 블록 수업이 진행되었으며 단원은 국어 1단원과 6단원, 도덕 8단원과 9단원을 통합하여 하였으나 또래 중재 활동을 생략하는 바람에 실제로는 국어 6단원 활동만 이루어졌다. 원래 진행하려 했던 또래 중재와 관련한 도덕 8단원의 경우, 1학기에 8단원을 다루었으므로 2학기에 생략하여도 큰 문제는 되지 않았다.

과목 및 단원	수업 목표	수업 활동
국어 1단원	인물 간의 갈등 이해하기	또래 중재
국어 6단원	주장하는 말의 적절성 판단하기 설득하는 말하기	위기 탈출
도덕 8단원	공정한 생활에 관해 바르게 판단하기	또래 중재
도덕 9단원	평화로운 생활을 하기 위해 지녀야 할 태도 생활 속에서 실천할 수 있는 평화 만들기	또래 중재

위기 탈출, 바다에서 살아남기

위기 탈출, '바다에서 살아남기'와 '사막에서 살아남기' 두 가지를 준비하여 각 반에서 마음에 드는 활동을 골라 진행하였다. 학습지를 보고 위기에서 살아남기 위해 개인별로 우선순위를 작성한다. 개이이 자신의 우선순위를 모두 작성하였으넌 보둠별 토의를 통해 모둠 우선순위를 정하고 정답과 비교하여 생존 가능성이 몇 %인지 알아보았다. 활동이 끝난 후, 우리 모둠에서 그렇게 결정했던 이유, 느낌, 생각 등을 서로 나누었다.

〈위기탈출, 바다에서의 조난!〉

※ 여러분은 지금, 바다에서 조난이 됐습니다. 꼭 가지고 나갈 물건을 5개만 골라 보세요^^

성냥 작은 한상자, 초콜릿 한 상자, 봉지 라면 한 상자, 소형 라디오, 고무 튜브, 낚시 도구, 가스버너, 라이터, 나침반, 주변의 해양도, 생수(1.5리터), 돋보기, 모기장, 나일론 줄(10m), 화장용 거울, 석유(2리터), 담요, 플라스틱대야, 볼펜

☞ 내 의견 (중요도에 따라 1위부터 5위까지 순위를 매기세요)

가지고 갈 물건	이 유
1)	
2)	
3)	
4)	
5)	

〈위기탈출, 바다에서의 조난!〉

모둠이름 :

사 회 자 :

성냥 작은 한상자, 초콜릿 한 상자, 봉지 라면 한 상자, 소형 라디오, 고무 튜브, 낚시 도구, 가스버너, 라이터, 나침반, 주변의 해양도, 생수(1.5리터), 돋보기, 모기장, 나일론 줄(10m), 화장용 거울, 석유(2리터), 담요, 플라스틱대야, 볼펜

---

1. 모둠에서 사회자를 한명 정합니다.
2. 모둠원들이 각자 내가 가지고 갈 물건 1~3위를 돌아가며 이야기 합니다.
   ("제가 고른 1위는 ~입니다. 그 이유는 ~ 때문입니다. 제가 고른 2위는 ~입니다. 그 이유는 ~ 때문입니다. 제가 고른 3위는 ~입니다. 그 이유는 ~ 때문입니다.")
3. 사회자가 의견을 정리합니다.
   ("모둠원들의 의견을 모두 들었습니다. 그러면 꼭 포함되어야 하는 물건은 무엇이라고 생각하십니까?")
4. 서로 의견 차이가 날 경우, 사회자가 갈등을 조정합니다.
   (갈등이 일어난 모둠원이 다른 모둠원들을 설득시키고, 다수결로 결정합니다.)

☞ **우리 모둠에서 모은 의견**

가지고 갈 물건	이 유	점 수

최고점수 :

동전 내놓기

　동전 내놓기는 내가 그 의견에 동조하는 만큼 동전을 내놓은 후 동전의 합이 가장 높은 의견을 선택하는 것으로, 단순한 다수결의 단점을 보완한 의사결정 방법이라 할 수 있다. 동전은 10, 50, 100 중에 한 의견에 한 개만 낼 수 있다. 의사결정을 위한 과제로 수학여행에서 지켜야 할 규칙에 대해 세부사항을 정하도록 하였으며 모둠에서 의사를 결정한 후에는 반 전체 의사를 결정하였다.

또래 중재

〈또래 중재의 방법과 절차〉	관련 서식
1. 중재에 동의하기	중재 신청서
2. 관점 모으기	갈등 양식 적기
3. 갈등분석 후 해결방안 만들기	양쪽의 갈등 양식 읽어주고 해결방안 의논
4. 해결 방안 평가 및 선택하기	
5. 합의 하기	합의서

　협상이 갈등이 발생했을 때 제3자의 개입 없이 갈등 당사자들이 직접 득실을 따져가며 해결 방법을 만들어가는 합의 과정인 것에 비해, 중재는 갈등 당사자들의 자발적 동의하에, 이해관계가 없는 중립적인 제3자가 개입하여 당사자들 스스로 해결 방법을 찾아가도록 돕는 과정을 말한다.

　학교에서의 또래 중재란, 중재자가 갈등 당사자들의 또래 학생이라는 점, 다시 말해 함께 공부하는 학생들 스스로가 체계적 훈련을 통해 중재자가 되어 학생들 사이의 문제 해결 과정을 돕는 것을 말한다.

학생들에게 다음과 같은 사항을 안내할 필요가 있다.

① 또래 중재란? 서로 갈등하는 친구들이 화해하는 방법을 찾도록 중재하는 것.

② 또래 중재는 재판이나 판결이 아닙니다.

③ 중재자는 해결책을 찾아주는 사람이 아닙니다.

④ 중재자는 당사자들이 문제 해결책을 최대한 찾게 지원합니다.

⑤ 중재자는 공정한 해결책을 찾게 합니다.

⑥ 또래 중재는 단절된 두 사람 사이에 행복의 다리를 놓는 것입니다.

⑦ 또래 중재는 문제해결을 위해 함께 노력하는 것입니다.

8. 평화로 한 걸음 더

과목 및 단원	수업 목표	수업 활동
도덕 9단원	생활 속에서 실천할 수 있는 평화 만들기	평화 그물 만들기

갈등 해결 수업의 마지막 단계로 음악 시간을 이용하여 '살람

알레이쿰(글, 곡 : 백창우)[22] 노래를 배우고 마지막 활동으로 들어갔다. 마지막 활동에서는 갈등과 평화를 관계망으로 보고 이를 다시 생태계에 비유하여 활동을 기획하였다. 이를 위해 3시간을 배정하였는데 시간이 부족한 반의 경우, '평화 그물 만들기 1' 활동을 생략하고 생태계에 대해 간단히 설명한 후, 우리 반도 복잡한 생태 그물처럼 관계망을 만들어보려 한다고 설명하며 바로 '평화 그물 만들기 2'로 전개하였다.

---

22. 백창우의 동요세상(2004.1.26). 미국의 이라크 전쟁을 반대하는 모임에서 이라크 말로 만든 짤막한 노래를 만들어 불렀다.

평화 그물 만들기 1 – 털실로 만든 생태계

모든 생물들은 서로 관계를 맺으며 살아간다는 것을 알게 하기 위한 활동이다. 반 전체를 두 그룹으로 나눠 한 그룹은 육지 생태계, 다른 한 그룹은 바다 생태계가 된다. 생산자에 해당하는 종이 여러 개이고 이를 먹이로 할 수 있는 1차 소비자가 여러 종이라면 생산자에 해당하는 사람들은 여러 개의 털실을 잡고 소비자들이 이를 한 가닥씩 잡게 한다.

이런 방식으로 인간을 포함한 참가자들이 정한 모든 생물종의 먹고 먹히는 관계를 끈을 이용하여 연결해 본다(학생들 사이로 연결된 망은 마치 그물처럼 보인다). 그중에 종을 하나 빼거나 혹은 끈을 가위로 잘라줌으로써 하나의 먹이 관계가 파괴[23]되는 것을 설명한다. 설명 후에는 연쇄적으로 어떤 영향을 미치는지에 대해서 이야기해본다. 먹이 관계가 순차적으로 파괴되며 결국 인간도 살아남을 수 없다는 것을 보여주는 것이 생태계 그물이다.

평화 그물 만들기 2 – 우리 반 공동체

생태 그물처럼 우리도 서로 관계를 맺고 영향을 줌을 알게 하기 위한 활동이다. 먼저 한 학생의 이름을 부르고 털실의 시작을 잡

---

23 농약을 심하게 뿌려서 식물이 다 죽었다. 태풍 때문에 식물 뿌리가 다 패였다 등

게 한다(아니면 이름 뽑기로 해도 좋다. 우리 반의 경우 이름 뽑기로 진행하였다). 이름이 불린 학생은 털실을 잡고 다른 학생의 이름을 부른다. 이렇게 이름이 불릴 때마다 털실을 잡고 계속 그물을 이어간다. 이 과정에서 모두 털실을 잡고 복잡하게 얽혀있는 그물망의 모습을 살펴보게 한다. 그리고 현재 우리가 잡고 있는 털실이 우리의 '관계'를 나타내며 서로의 거리가 가까운 것은 관계가 잘 형성되어 있음을 나타낸다.

먼저 한 학생이 쪽지를 뽑는다.[24] 쪽지를 뽑은 학생은 관계망에서 떠나고 나머지 학생들은 털실이 절대 느슨해지지 않게 자리를 이동한다(손에 감아서 팽팽하게 하면 안 된다).

같은 방법으로 관계망에서 상처를 받아 떠나는 학생의 수가 점점 늘어나고, 그럼에도 불구하고 털실은 계속 팽팽하게 유지해야 한다. 남은 학생의 수가 얼마 되지 않을 때 질문한다. "현재 관계망이 맨 처음 모두가 함께 있을 때와 어떻게 다른가?"

결국 공동체에서 소외되는 학생이 늘어날수록 남은 학생의 관계의 거리는 끈끈해지는 것이 아니라 오히려 멀어지게 됨을 알게 한다. 관계망이 가장 팽팽하면서도 가까운 때는 모든 학생이 관계망 속에 포함되어 있을 때임을 기억하여 누구도 소외되지 않고 관계망을 유지하는 상태가 평화와 가장 가까운 모습임을 알려준다.

---

24. 학생 이름을 뽑은 후 적당한 이유를 들려주며(예 : "친구들이 당신에 대한 험담을 지속적으로 해서 당신은 마음에 큰 상처를 입었다. 이 상처를 견디기 힘들어서 당신은 이 관계의 그물망을 떠나려고 한다.") 관계망에서 떠나게 할 수도 있다.

이 모든 활동이 끝난 후에는 우리 반 평화는 어느 정도인지 체크리스트(68쪽 참조)를 작성하게 하였다. 우리 반에서 잘되는 부분은 무엇이 있는지, 조금 부족하여 앞으로 더 노력해야 할 부분은 무엇인지 생각하며 주제 학습을 정리하였다.

9. 선생님들께 드리는 제안

혁신학교가 무엇이냐고 물어본다면, 결국 교육 본래의 모습을 찾기 위한 운동이 아닌가 싶다. 교육 본래의 모습을 찾기 위해 가장 기본적이고, 또한 가장 중요한 것이 수업이라 생각하며, 그 수업이(보여주기 위한 공개수업처럼) 하나씩 동떨어지지 않고 큰 흐름을 이이갈 수 있도록 하는 것이 교육과정이라 생각한다.

2012년 교육과정 재구성이 나에게 준 선물은 아이들의 눈빛이 살아있는 수업, 또한 교사로서 보람과 행복이었다. 물론 작년 한 해 지내는 동안 예상하지 못했던 돌발변수도 많았고 그때마다 다시 교육과정을 수정하는 일을 반복했지만, 한 학기의 방향을 미리

---

25. 본교에서 실시한 자율연수 '인권이 숨쉬는 평화로운 교실' 강사 이영주 선생님이 제공한 자료 활용

우리가 만든 평화 체크리스트

작성자 (   ) 모둠 이름(   )

※ 점수란에 ∨를 하세요.

구분	항 목	점 수
1	우리 반은 많이 웃습니까?	5 4 3 2 1
2	우리 반은 친구들과 친하게 지냅니까?	5 4 3 2 1
3	우리 반은 친구들 사이에 왕따가 없습니까?	5 4 3 2 1
4	우리 반은 친구들에게 양보를 잘 합니까?	5 4 3 2 1
5	우리 반은 친구들과 협동을 잘 합니까?	5 4 3 2 1
6	우리 반은 남녀평등이 잘 이루어지고 있습니까?	5 4 3 2 1
7	우리 반은 싸울 때 대화로 해결합니까?	5 4 3 2 1
8	우리 반은 다른 친구들의 입장을 먼저 생각합니까?	5 4 3 2 1
9	우리 반은 욕 대신 친절하게 말합니까?	5 4 3 2 1
10	우리 반은 모두를 위해 좋은 일을 많이 합니까?	5 4 3 2 1
11	우리 반은 친구들이 싸울 때 싸움을 막으려고 합니까?	5 4 3 2 1
12	우리 반 친구들은 모두 건강(튼튼)합니까?	5 4 3 2 1
13	우리 반 친구들은 복도에서 뛰지 않고 걸어다닙니까?	5 4 3 2 1
14	우리 반 친구들은 선생님에게 예의를 잘 지킵니까?	5 4 3 2 1
15	우리 반은 쉬는 시간에 교실에서 차분하게 활동합니까?	5 4 3 2 1
16	우리 반은 수업 시간에 집중을 잘 합니까?	5 4 3 2 1
17	우리 반은 아침 활동을 잘 합니까?	5 4 3 2 1
18	선생님은 아이들의 자유를 보장해 줍니까?	5 4 3 2 1
19	선생님은 칭찬을 잘 하십니까?	5 4 3 2 1
20	선생님은 아이들의 의견을 존중합니까?	5 4 3 2 1

잡아놓았기에 큰 흔들림 없이 행복한 한 해를 보냈던 것 같다.

물론 우리가 만든 교육과정이 정답일 수 없다고 생각한다. 학생의 특성, 지역의 특성, 교사의 특성을 고려하여 각 학교, 각 학년, 각 교실에 맞는 교육과정을 만드는 작업이 필요하다고 생각하며, 이 글을 쓰고 있는 지금도 내년 6학년 교육과정을 다시 수정하여 만드는 작업에 들어갔다. 작년 괜찮았던 부분을 살리고 부족했던 부분을 고치는 작업은 계속되어야 한다고 생각한다. 올해에는 프로젝트 활동을 좀 더 강화하여 학생 스스로 계획하고 활동하는 부분을 늘리려 계획 중이며, 주제의 흐름도 조금 수정하려 하고 있다.

혹시 일반 학교 선생님 중 교육과정 재구성에 관심이 있는 선생님이 계신다면 같은 학년에 다른 선생님을 설득하여 2~3명이 함께 재구성하라고 말씀드리고 싶다. 사람은 누구나 가진 장점이 다르다고 생각한다. 혼자는 막막하고, 어려움에 부딪혔을 때 해법이 생각나지 않으며, 아이디어에 한계가 있을 수밖에 없다. 학교 문화는 경쟁이 아닌 협력이어야 한다. 협력하여 함께 갈 때 흔들림 없이 서로 격려하며 끝까지 갈 수 있을 것이다.

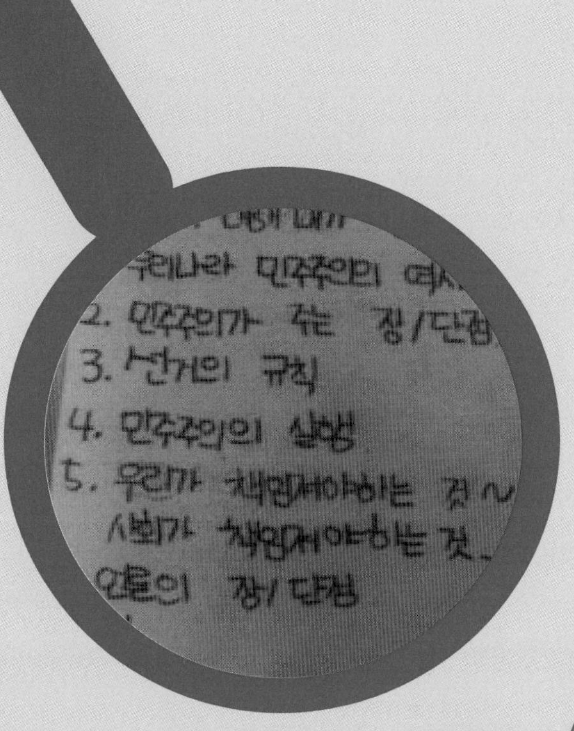

아! 민주주의

원당초
하늘초
상원초
남정중
북녀울중
휘봄고
삼각산고

1. 가치 중심으로 초등 교육과정 다시 짜기

교과서를 가르칠 것인가, 교육과정을 가르칠 것인가?

교과서를 중요한 수단으로 가르치는 교사에게는 어쩌면 교과서의 내용은 절대적이라 할 수 있겠다. 교과서는 교육과정을 보다 쉽게 가르칠 수 있도록 구현된 중요한 도구이긴 하나, 유일하고 절대적인 것은 아니었기에 이를 넘어서기 위한 교사의 다양한 노력은 계속 되어 왔다. 어떤 방법이든 교사는 가르치면서 학생들이 정말 잘 이해하고 있을까 확인할 것이다. 나는 더 나아가 학생이 배움을 통해 '성장하고 있을까?' 생각도 해 본다. '단순히 지식을, 또한 지식에 접근하는 방법을 가르치는 것만이 교사가 해야 할 일일까?' 고민하기 때문이다.

● 교사는 지식의 전달자인가? 가르치는 것에는 어떤 고민이 필요할까?

● 나는 학생들에게 '지식'을 외우는 것을 넘어 '사유'하도록 배움의 장을 열어주고 있을까?

● '앎'을 통해 학생 나름의 '시각'을 가지게 하여 '주체적인 인간'으로 설 수 있도록 좋은 배움의 공동체를 만들어주고 있을까?

● 학생들은 '생각하는 사람'이어야 할까? 아니면 지식을 '믿는 사람'이어야 할까?

  따뜻하고 좋은 공동체 안에서 학생이 사유하도록 배움의 장을 열어주기 위해 선택한 방법은 '가치'라는 주제를 중심으로 교육과정을 재구성하는 것이었다. 물론 정답이라고는 볼 수 없다. 그러나 한국 교육에 부족한 인문학적 교양을 주제 중심 교육과정 재구성을 통해 구현해본다는 거창한 생각을 가져본다면 답이 조금은 될까? 적어도, 가치 측면에서 보면 학습하는 지식은 어떤 무게를 가질까 학생 스스로 가늠하도록 고민할 수 있는 기회는 될 것이다.

  전인적 발전을 꾀하는 초등학교 단계에서는 각 교과의 독립적인 지식을 가르치는 것도 필요하겠으나, 점진적으로 교과를 통합해 가르치면서 통합적 사고를 하도록 꾀할 필요가 있다. 지식의 효용 시기가 갈수록 짧아지는 21세기에는 지식 그 자체보다는 지식을 넘어서고 지식을 관통하는 철학적인 고민이 필요하기 때문이다. 지식 자체가, 건조한 '앎'이 평화를 파괴하는 무기가 될 수도 있기 때문이기도 하다. 논리의 이성적 지식으로서 자신의 차가운 마음을 숨기는 인간을 '교육'을 통해 기를 수는 없을 것이므로 결국 지식과 신성한 앎은 인문사회학적 고민에서 출발한다. 단순히 보더라도 교육과정 상의 성취 기준을 파악한 후 그에 맞게 교사가 교육과정을 재구성하면 보다 깊이 그리고 효율적으로 가르칠 수가 있다.

  여기서 고민해봐야 할 부분이 있다. 가치 중심으로 교육과정을 재구성하기 때문에 수업에서 가치의 개념이나 가치 갈등과 관련된 학습을 많이 계획하게 되는데, 이때 교사의 역할은 어떠해야 할까 하는 것이다. 객관적인 지식은 그 자체를 학생에게 별 고민 없이 가르칠 수 있으나, 이를 바라보는 관점에 대한 수업에서 교사의 역할은 매우 조심스러울 수밖에 없다. 학생은 계몽의 대상이 아니기 때문이다. 수업에서 결국 지향하는 것은 학생 스스로 지식을 바라보는 관점, 어떻게 지식을 선택하고 입장을 취해야 하는지 생각하는 힘을 기르는 것이기 때문에 교사는 충분히 수업을 계획하되 항상 신중할 수밖에 없다.

가치 학습에서는 결과적으로 논쟁 문제를 다루게 되는데, 켈리(T. H Kelly)는 제기된 논쟁 문제에 대하여 논쟁 문제를 학교에서 다루어야 할 것인가, 다룬다면 교사가 그 논쟁 문제와 관련하여 어떤 가치 입장을 가질 것인가에 대하여 논쟁 문제를 다양한 시각에서 가르치되 교사가 교육적으로 바람직하다고 생각하는 방향에서 지도하는 '신념을 가진 공정형'이 논쟁 학습에 있어 가장 바람직한 교사 유형이라고 보고 있다.

또한, 교사의 입장을 배제하긴 했으나, 하우드(D. Hawood) 역시 교사와 학생이 다양한 시각을 토론하되 교사가 자신의 의견을 말하지 않는 '공정한 의장형'을 가장 바람직한 교사 유형으로 보았다.[1]

결론적으로 가치 논쟁 학습에서 다양한 시각을 경험하게 하는 교사의 공정함을 요구하고 있다. 현대의 다문화, 다가치 사회에서 가치의 일방적인 정답은 있을 수 없다. 물론, 인류가 경험한 극

---

1. 사회 6-1 교사용 지도서, 2011. 3. 1, p. 31

악의 폭력인 홀로코스트와 같은 제노사이드에 대해서 교사가 옹호할 수는 없다. 적어도 폭력적이거나, 도덕적으로 문란한 문제에 대해서는 교사가 경계하고 선을 분명히 그어 입장을 표명할 수 있으나, 민주 시민을 육성하는 교사로서는 그 외에 사회에 혼재되어 있는 가치의 다양성에 대해 어떤 입장을 취할 것인지 그리고 학생들과 민주적으로 소통하는 가운데 이를 표명할 것인지는 그 다음으로 고민해봐야 할 문제일 것이다. 그러나 적어도 사회에는 다양한 시각이 있음을 학생들이 알고, 이를 선택하는 힘을 기르게 하기 위해 교사는 다양한 입장에 따른 자료를 충분히 준비해야 할 수고스러움은 있겠다.

이런 맥락에서 고민하기 시작했고 준비한 후 시작한 하늘초등학교 6학년 선생님 네 명이 주제 중심으로 교육과정을 재구성한 과정은 다음과 같다.

구체적인 교육과정 재구성이 과정

① 교과별 단원별 성취 기준 정리하기

각 교과 지도서에는 해당 학년, 학기에 학생이 도달해야 하는 성취 기준을 제시하고 있다. 혼자 정리하기에는 벅차므로, 함께 1년을 꾸려갈 같은 학년 선생님과 함께 작업을 하면 좋다. 협력적인 관계에서 힘께 교육할 내용을 고민하고 노력한나면 훨씬 큰 힘과 아이디어도 얻을 수 있을 것이다. 따라서 학기 초 또는 방학을 이용하여 같은 학년 선생님들과 교과를 나누어 지도서에 있는 성취 기준을 정리하면 훨씬 수월하다.

② 교과서 중요 지문 정리하기

중요한 교육 자료인 교과서 글 등의 내용이 무엇이 있는지 함께 정리할 필요도 있다. 교육과정을 재구성하다보면 교과서 이외의 자료를 많이 찾게 되지만, 교과서 내용도 훌륭한 것이 많기 때문에 눈여겨보며 정리할 필요가 있다. 교과서도 훌륭한 자료임을 잊지 말자.

③ 시기를 고려해야 할 것 찾기

학생이 배워야 할 시기를 고려하는 것도 중요하다. 학기 초에는 으레 학급이나 전교 임원 선거를 하므로 단원 순서대로 학습한다고 한다면 1단원에서 관련 내용을 배워야 할 것이나, 실제 교과서 단원 배열은 그렇지 못하다(대표적으로, 학기 초 임원 선거가 지난 한 참 후에 듣기·말하기·쓰기 '6단원. 생각과 논리'에서 선거에 대한 내용을 학습한다). 따라서 학교 교육활동 시기와 맞게 교육 내용의 시기를 조정할 필요가 있다. 이렇게 하면 학생들에게는 실제 자신들의 삶과 일치하게 되므로 훨씬 자연스럽고 재미있게 배울 수 있게 된다. 학년, 학교의 특별한 교육활동이 있다면 이와도 연계해가면서 교육과정을 재구성하는 것도 중요하다. 더 나아가 교육과정을 재구성하면서 연계된 교육활동을 창의적으로 만들어보는 것은 훨씬 의미 있다 하겠다.

④ 교육 내용의 위계를 고려해야 할 것 찾기

교육 내용의 위계가 있다면 이 또한 고려 사항이 된다. 6학년 사회과의 경우 2단원에서 세계 여러 나라의 자연과 문화를 배운 후 이를 바탕으로 3단원에서 세계화와 세계 평화를 배울 필요가 있기 때문에 교과서 단원 순서를 그대로 따랐다. 또한 다른 문화에 대한 존중은 인권 의식에서부터 출발하기 때문에 맨 처음 1단원에서 민주주의와 인권의 개념을 학습하는 것이 좋다는 합의를 하였다.

⑤ 가치를 중심으로 함께 묶을 수 있는 단원 찾기

교육과정 상의 성취 기준과 교과서 내용이 정리가 되고 시기와 위계가 고려되었으면 함께 가르치면 좋을 유사한 내용이 무엇이 있을까 살펴보고 이를 '묶는 작업'을 한다. 물론 유사한 성취 기준끼리 묶을 수도 있으나, 너무 벅찬 과정이라 생각한다. 가장 간단히 하는 방법은 단원끼리 묶는 것이다.

실제사례 : '배려하는 삶'-6학년 1학기

가) 관련 교과

[표 1] '배려하는 삶' 교육과정 관련 교과와 단원

도 덕	국 어	사 회	미 술
4. 서로 배려하고 봉사하기	읽기) 4. 나누는 즐거움 읽기 * 듣 · 말 · 쓰) 6. 타당한 근거	3. 환경을 생각하는 국토 가꾸기	4. 관찰 표현 3 . 시각문화 환경과 미술 (디자인 교과 통합)
- 공동체 뿐만 아니라 자연까지 확장된 큰 배려	- 환경에 대한 가치 평가 - 타당한 근거로 표현하기	- 인간, 지구 모두 고려한 지속 가능한 발전	- 자연의 아름다움 관찰 - 모두를 배려한 디자인 (유니버설 디자인) - 환경을 고려한 디자인

나) 주제 개관

배려하는 삶의 주제 선정 배경은 도덕과의 4. 서로 배려하고 봉사하기에 제시된 배려 개념을 대인 관계 능력 향상을 위한 개념으로의 배움과 함께, 더 나아가 사회과 3. 환경을 생각하는 국토 가꾸기 단원과 국어과 읽기 4. 나누는 즐거움에서 자연에 대한 인간의 배려 필요성으로 범위를 넓혀 확산적 사고를 이끌어내고자 재구성하였다. 또한 환경 문제를 지속가능한 발전 개념으로 생각하면서 갈등상황에 따른 문제 해결 방법을 모색해보고 내 의견을 국어과에서 배운 논리적인 언어 표현으로 글을 쓰고 연설하는 활동까지 나아간다. 이러한 표현 활동은 미술과에서 생활과 공간을 주변 환경과 어울리게 꾸며보는 활동까지 나아갈 수 있도록 재구성하였다. 장애 인권을 생각하는 4월이라 계기 교육도 겸하였다.

배려의 가치는 봉사를 통해서 실천하는데 그 의미가 크므로 배려적 가치가 담긴 봉사 활동이 될 수 있도록 내 주위 타인과 환경까지 고려한 실천 계획을 세우고 실천하도록 꾸준한 활동이 이어져야 할 것이다.

다) 2주제 목표

인간과 환경에 대해 배려 깊은 사고를 하면서 자신의 생각을 다양한 방법으로 표현한다.

● 주변 환경과 어울리는 마을을 만들어보고 주변 공간을 아름답고 쾌적하게 꾸밀 수 있다.

● 참여를 요구하는 글을 읽고 글쓴이가 추구하는 가치를 이해하고 평가할 수 있다.

● 문제에 대한 자신의 관점과 해결방안이 잘 드러나게 연설문을 쓸 수 있다.

● 배려의 의미와 중요성을 알고 일상생활에서 배려하고 봉사하는 삶을 실천할 수 있다.

● 인간이 자연 생태계를 구성하는 일부분임을 이해하고 자연과 공존할 수 있는 방향으로 국토 개발이 이루어져야 함을 이해할 수 있다.

● 다양한 방법으로 관심 주제에 관한 정보를 수집, 정리하여 여러 가지 빙법으로 나타내고 산입 활동의 입지 선정과 지역의 문세 해결 과정에서 합리적인 의사 결정을 할 수 있다.

●환경을 존중하는 자세를 기르고 국토 개발과 환경 보전에 대한
균형적인 사고를 할 수 있다.

●국토 가꾸기와 환경 문제에 대하여 미래 지향적인 관점과 태도
를 가질 수 있다.

●자연 환경을 자세히 관찰하여 표현하고 환경을 고려한 시각 조
형물을 만들 수 있다.

●공동의 학습과제 해결을 통해 다른 사람들과 협력하는 태도를
기를 수 있다.

라) 중점 활동

●미래의 자연 환경 변화에 대한 대비책을 세우고 경제적 가치와
사회적 가치의 상호 보완 관계에 대하여 설명하기

●환경과 배려의 가치를 담아 가치에 동참시키는 글쓰기

●배려와 봉사의 의미와 중요성을 알고 배려를 실천하기 위해
무엇을 어떻게 해야 하는지 바르게 판단하고 생활 속에서 실
천하기

●문제에 대한 자신의 관점과 해결방안이 잘 드러나게 연설문
쓰기

●장애인을 포함한 모두를 위한 디자인(유니버설 디자인)을 하며
공동체의 가치 생각하기

●자연 환경을 사랑하고 소중히 여기는 마음으로 세밀화 그리기

●자연 환경과 조화를 이루는 시각 조형물 만들기

[표 2] 하늘초등학교 6학년 2학기 주제 중심 교육과정

제 1 주제	아! 민주주의
제 2 주제	세상 엿보기
제 3 주제	다함께 만드는 미래
제 4 주제	졸업: 새로운 시작

마) 평가

- 환경과 배려의 가치를 이해하고 이를 자신의 관점과 해결 방안이 잘 드러나도록 연설문 쓰기
- 배려와 봉사의 의미와 중요성을 알고 배려를 실천하기 위해 무엇을 어떻게 해야 하는지 올바르게 판단하고 생활 속에서 실천하기
- 자연 환경을 사랑하고 소중히 여기는 마음으로 세밀화 그리기 (수행 평가)

이러한 일련의 과정을 거치며 1학기 4개, 2학기 4개의 주제를 정히 있다. 싱취 기준과 교과 내용을 살펴보면 겹치는 내용이나, 도덕과 같은 가치 덕목을 중심으로 묶을 수 있는 것들을 발견하게 된다. 주제 중심 교육과정을 활동에 따라 묶는 방법도 있겠지만, 고학년이다 보니 가치 덕목을 중심으로 자연스레 묶을 수 있었다. 그 내용은 [표2]와 같다.

학생들과 주제 학습 진행 과정

　주제에 들어가기 전에 학생들에게 주제에 대한 설명을 해야 했다. 학생이 함께 참여하는 교육과정이면 좋겠지만, 현실적으로 매우 어렵고 힘들기 때문에 교사가 정리한 내용을 학생들에게 설명시키고 학생들이 무엇을 알고 있는지, 무엇을 알고 싶은지 배움의 시작점을 파악한 후 함께 만들어가는 방법을 선택했다.

① 주제 구조 설명하기

　우선, 큰 주제에 대해 설명을 시작했다. 그러면서 관련 교과서를 들춰보면서 우리가 앞으로 어떤 공부를 하게 될 것인지 교과서에서 대략 살펴보게 했다. 이때 '생각 그물'이나 표를 이용하여 내용을 구조화시키면 더욱 좋다. 시각적 자료가 오랫동안 기억되기 때문이다. 주제에 들어갈 때는 학습하게 될 내용들을 잘 정리해 주어야 한다. 긴 시간 동안 배우는 것이기 때문에 흐름과 큰 그림을 모른다면 학생들에게 혼란을 가중시킬 수 있다. 그러므로 학생들이 계속 주제 학습을 인지하도록 여러 방법을 써야 한다. 큰 주제 아래 소주제로 나누었을 경우 칠판에 소주제가 진행될 동안 그 소주제 제목을 적어주거나, 주간 학습에도 적는 방법 등이 그 예이다.

② 배움의 시작점 확인하기

주제에 대한 구조화된 설명이 끝나면 학생들의 반응을 살펴야한다. 너무 어렵다거나 너무 쉬워하면 어느 부분에서 그렇게 생각하는지 들어보고 설명을 더 해주거나, 내용에 대한 수준을 조정해야 할 것이다. 이러한 점들을 수업에 반영하기 위해서 주제와 관련하여 학생들이 이미 알고 있는 것과 알고 싶은 것을 적어보게한다. 이는 학생의 배움의 출발 지점을 확인하고, 앞으로의 학습을 계획하는데 중요한 참고 사항이 된다. 그리고 매번 주제가 시작될 때마다 학생들에게 공책을 준비시켰다. 한 권의 공책에 주제에 따른 각종 배움의 결과나 교사가 준비한 자료, 숙제 등을 정리시켰다.

③ 주제와 관련된 책 찾기

주제에 따른 학습은 단원에 따른 학습에 비해 훨씬 깊이가 있다. 학교에서 배운 내용이 지속적으로 유지되고, 학습에 도움을 주기 위한 가장 좋은 방법은 주제 관련한 책을 읽는 것이다. 그래서 주제에 본격적으로 들어가기 전에 학교 도서관을 이용하도록 한다. 교사가 관련 책 목록을 뽑아주기보다는 주제에 맞는 책을 학생들 스스로 골라보도록 한다. 교사는 학생들이 가져오는 책들을 살펴보고 적합한 것인지 확인만 시키면 된다. 확인 결과 주제에 맞는 책이라면 책 제목과 지은이, 출판사를 작은 쪽지에 적어 제출하게 한다. 교사는 이를 표로 작성하여 인쇄한 후 주제 공책에 붙이게 하여 주제 공부를 할 동안 계속 독서시키면 된다.

학교 도서관 시설이 여의치 않다면, 학기 초에 보호자 분(흔히 말하는 학부모-인권적 측면에서 지양해야 할 말)들의 동의를 얻어 학생들이 책을 구입한 후 교실에 비치하고 1년 간 친구들과 함께 볼 수도 있다. 사실 교실에 항상 학생이 읽어야 하고 읽으면 좋을 책들이 구비되는 것이 가장 좋은 교육 환경이다. 학생들이 인터넷을 통해 검색하거나, 직접 서점에 가서 어른들과 책을 고르고 이 책을 가져와 친구들과 함께 읽어도 좋다.

④ 매일 주제 관련 책 읽기

우리 반 학생들에게 일기 쓰기 대신 매일 독서 숙제를 내주었다. 30분~1시간가량 책을 꾸준히 읽은 후 10분 동안 자신이 읽은 책을 상기시키며 글을 써오는 숙제였다. 사실 고학년은 글쓰기를 무척이나 싫어한다. 더군다나 학습의 무게가 예전보다 더 무거운 학생들이니까 더욱 그러할 것이다. 그러나, 글을 쓰며 사유하고 조금씩 '나'라는 조각을 맞출 수 있다. 주제 학습을 하면서 내면의 나와 만나는 소중한 시간이기 때문에, 또 주제 관련 책을 읽으며 덕목과 가치의 개념을 보다 명료하게 이해하고 세상과 어떻게 연결되는지 찾을 수 있으리라 본다.

1년 간 꾸준히 10분 글쓰기 과정을 거쳤는데 가정의 도움도 매우 크게 필요함을 느꼈다. 학생이 어떤 책을 읽는지 가정에서 좀 더 세심하게 살피며 대화하게 된다면 매우 큰 도움이 될 것이다.

한 해 동안 하는 과정이기 때문에 학기 초에 활동에 대한 충분한 안내가 필요하다. 그래서 한 가지 방법씩 일정 기간 동안 쓰도록 하면서 교사가 확인 지도해주어야 한다. 방법에 대한 이해를 충분히 하게 될 시점에 자유롭게 원하는 방법대로 쓰게끔 했다.

주제가 끝날 즈음, 내가 읽은 책 중 가장 인상 깊은 책으로 독후감을 쓸 때에도 평소에 쓴 '10분 글쓰기'[2]에서 발췌하여 수정만 하면 되므로 크게 힘들어하지는 않았다.

10분 글쓰기 공책

[책 자체를 읽기 - 1]

이름 :   / 글쓴이 :   / 출판사 :   / 출판연도 :

1) 인상깊은 부분 + 설명 2줄
2) 핵심 내용 + 설명 2줄
3) 기억할 문장 + 설명 2줄
4) 새로 안 내용 + 설명 2줄
5) 생각할 내용 + 설명 2줄

[책과 세상을 연관짓기 - 2]

6) 내용 소개 + 연관된 세상 일 이야기
7) 책과 관련해서 자신이 보거나 들은 이야기

[책과 자신을 연관짓기 - 3]

8) 책 내용과 연관된 자기 경험 적기
9) 자기 마음을 들여다보면서 이 책이 어떻게 읽혀졌는지 적기(특정 부분만 적어도 됨)
10) 자기가 아는 사람 중 책 속 등장 인물과 닮은 사람 찾아 적기

독서후 독후감 쓰기

- 1~3을 쓰면서 만든 이야기 조각 10개에서 3개를 골라 글쓰기
- 세 분야에서 1개씩 내용이 나오게 한다
- 이런 시도를 2~3회 한 후 그 중 가장 마음에 드는 것을 한 개 골라 1쪽 이상 쓴다.

---

2. 『송승훈 선생의 꿈꾸는 국어 수업』 참고.

⑤ **주간 학습으로 안내하기**

매주 나가는 주간학습에 통합 수업을 하는 내용을 안내하였다. 학생들은 1주일 간 공부하게 될 내용을 안내받고 준비하도록 하였다. 그리고 1주일 학습을 마친 후 정리하는 글을 쓰게 했다. 교사는 이를 읽어보며 1주일간의 교수·학습을 돌아보고, 학생들의 이해 정도를 살펴보면 된다. 특별히 안내가 더 필요할 때는 다음과 같은 양식을 뒷면에 넣기도 하였다.

[표 3] 주간 학습 안내 예시 (앞면)

월 일 ~ 월 일 (1주)			서울( )초등학교 6학년 반		
과 목		쪽수	학 습 내 용	차시	비고
아! 민 주 주 의 의	사 회 1. 우리나라의 민주 정치	6-17	단원 학습 내용의 개관 정치에서의 민주주의의 의미와 정신 알기 우리나라 민주화 과정의 교훈과 과제 알아보기	3	
	듣기, 말하기, 쓰기 3. 문제와 해결	47-61	단원의 개관 및 학습 안내, 뉴스의 사회적 기능 알기 뉴스 보고 사회적으로 관심있는 문제에 대해 토의하기	3	
그 외 과목에 대한 안내					
합 계					

시 간 표		월	화	수	목	금
	1					
	2					
	3					
	4					
	5					
	6					

알 리 는 글	1. 2학기가 시작되었습니다. 새로운 마음가짐으로 열심히 공부하고 즐겁게 지내는 2학기가 되길 희망합니다. 2. 본격적인 주제 학습이 시작됩니다. 1주제 학습은 '아, 민주주의'입니다. 관련 책을 열심히 읽으면 좋겠습니다. 　　※학교 및 학급 상황에 따라 시간표가 변경될 수 있습니다.

[표 4] 주간 학습 안내 예시 (뒷면)

'아, 민주주의' 1주차를 학습한 후 내 생각과 느낌

【*주제 *주차 돌아보기】

환경적 가치를 추구하는 글을 읽고 내용 파악 후 가치에 대해 고민하는 공부를 하였습니다.
환경 친화적 삶이 중요한 이유를 다양한 학습을 통해 찾아보았으며 실천 의지를 높였습니다.

	깊이 배운 내용	도움된 정도	공부한 정도
①	◎ 가치란 무엇일까? - 글쓴이가 추구하는 가치 파악하는 방법 알아보기 - 글쓴이가 추구하는 가치 파악하며 글 읽기 - 내가 생각하는 환경적 가치에 참여하기를 원하는 캠페인 만들기 - 참여를 원하는 글쓰기		

【*주제 *주차를 배우 후 생각】

— 새롭게 알게 된 것, 배우며 좋았던 점, 어렵거나 힘들었던 점 등 쓰기

매주 약간의 시간을 할애하면 학생들이 주제 학습의 흐름을 좀 더 명료하게 가질 수 있다. 학생들도 배운 것을 잊지 않고 정리하다 보면 보다 선명한 공부에 대한 그림을 그려가며 학습 욕구를 가질 수 있을 것이다.

학생들의 배움 확인하기

① 배운 것 함께 나누기

통합 수업을 하면 사실 시간적 효율을 기할 수 있다는 장점이 있다. 유사한 내용을 함께 통합하여 배우기 때문이다. 그래서 약간의 여유 시간이 생기면 그 주 수업에 대해 함께 이야기하는 시간을 갖는 것이 좋다. 적어도 주제 학습이 끝날 때는 주제 학습을 시작할 때처럼 학생들과 어떻게 배웠는지, 그에 대한 생각을 나누는 것이 필요할 것이다.

시간이 여의치 않을 경우에는 프레네에서 하듯 아침 자습 시간에 두런두런 이야기를 나눈 후 간단히 자유 글쓰기 활동을 하는 것도 한 방법이다. 이를 통해 학생들이 자신의 생각을 표현하고 친구들과 생각을 공유해볼 수 있을 것이다.

② 주제 학습 시험 후 주제 알림장 쓰기

통합 학습을 마친 후 각 교과의 평가를 개별적으로 하는 것은 다소 아쉬웠고, 이제 통합적인 사고를 하기 시작한 학생들에게 각 교과의 지식을 되물음으로써 다시 단절시키는 느낌이 들었다. 그래서 역량이 부족하긴 했지만, 학습했을 때처럼 통합적인 문제를 풀어보는 시험을 보기로 했다.

이러한 시험에 익숙하지 않은 학생들에게는 다소 어려운 시험이었을지도 모르겠다. 오히려 요즘의 학생들은 생각을 떠올리는 것을 무척이나 어려워하기 때문이다. 단순히 암기하는 내용은 그에 비하면 어렵지 않을 테니 말이다.

여건이 되면 미리 주제 학습에 들어가기에 앞서 시험 문제를 미리 만들어 놓는 것도 좋겠다. 수업 시간에도 시험에서 꼭 확인하고 싶은 내용이나 성취 기준을 깊이 다룸으로써 시험 따로 배움 따로 현상을 줄여주기 위해서이다.

평가가 끝나면 교사는 그 동안 학생들이 정리했던 과제물이나 공책 등을 보며 평가에 들어간다. 물론 수시로 평가하고 피드백을 했으면 훨씬 정리가 수월할 것이다. 덧붙여 마지막 시험을 통해 학생들이 얼마나 내용을 이해하고 생각을 통합적으로 하고 있는지 살펴보며 평가를 마무리한다.

정리한 내용들은 학생별로 주제 알림장을 작성할 수도 있다. 사실 어렵고 힘든 작업이긴 했다. 내용이 너무 많다 싶으면 짧게라도 학생이 어느 정도 성취했는지, 그리고 학생의 생각은 어떠한지를 알려줄 필요는 있을 것이다.

　　2학기 1주제는 '아! 민주주의'였습니다. 민주 시민을 육성하는 거창한 교육 목표를 위해, 아니 행복한 공동체 생활을 위한 민주 시민의 자세를 배우기 위해 사회과의 민주주의 단원을 중심으로 학습해보았습니다. 2학기 전교 임원 선거 즈음에 국어과에서 주장과 근거의 타당성과 적절성을 평가하며 유세자를 평가해보고 민주주의의 꽃인 선거의 중요성을 배우기도 하였습니다. 상반된 관점이 담긴 뉴스를 보고 올바른 관점에 따라 자신의 의견을 정해야 함을 알고 스스로 정리해보기도 했으며, 민주주의의 발전을 위해 사회의 공기인 언론의 중요성이 매우 크다는 것도 배웠습니다.

　　또한, 남과 다름을 인정하는 성숙한 자세 위에 대화와 타협의 평화로운 방법으로 공동의 문제를 해결해나가는 과정을 지속적으로 행하고 있습니다. 헌법 전문과 권리와 의무 부분을 실제로 읽어보며 법 철학과 그 밑에 뿌리내린 인권 의식도 함께 짚어보았습니다. 어린이 공동체 활동을 통해 실제로 학급 내의 문제를 고민해보고 해결해나가는 과정도 체험 중입니다. 더욱이 이 모든 것이 '책임' 안에서 이루어짐을 알고 지속적으로 개인의 책임, 공동체를 위한 책임을 실천 중에 있습니다. (중략)

선생님 말씀

나의 다짐

보호자 말씀

2. 교과서 안의 민주주의

대한민국이 추구하는 인간상은 어떤 모습일까? 교육과정 총론을 살펴보면 다음과 같다.[3]

우리나라의 교육은 홍익인간의 이념 아래 모든 국민으로 하여금 인격을 도야하고, 자주적 생활 능력과 민주 시민으로서 필요한 자질을 갖추게 하여 인간다운 삶을 영위하게 하고, 민주 국가의 발전과 인류 공영의 이상을 실현하는 데 이바지하게 함을 목적으로 하고 있다.

이러한 교육 이념을 바탕으로, 이 교육과정이 추구하는 인간상은 다음과 같다.

추구하는 인간상

가. 전인적 성장의 기반 위에 개성의 발달과 진로를 개척하는 사람
나. 기초 능력의 바탕 위에 새로운 발상과 도전으로 창의성을 발휘하는 사람
다. 문화적 소양과 다원적 가치에 대한 이해를 바탕으로 품격 있는 삶을 영위하는 사람
라. 세계와 소통하는 시민으로서 배려와 나눔의 정신으로 공동체 발전에 참여하는 사람

홍익인간의 이념 아래 민주 시민으로서 필요한 자질을 기르고

---

3. 초중등학교 교육과정 개정고시(2012. 3. 21) 별책자료 2012-3호, 3p

자 함을 알 수 있다.

그렇다면 가장 직접적인 교과라 할 수 있는 사회과 교육에서는 무엇을 목표로 하고 있을까?

1차적 목표 요소	2차적 목표 요소
●기초적 지식과 능력 ●기본 개념과 탐구 능력 ●우리 사회의 제반 특징 이해 ●다양한 정보 활용 능력 ●공동생활의 참여 능력	●기본 개념과 원리의 탐구 능력 ●우리 사회의 특징과 세계의 현실 이해 ●정보 활용과 문제 해결 능력 ●사회 참여 능력

【사회과 교육의 궁극적 목표】
개인의 발전 및 사회, 국가, 인류의 발전에 기여하는 민주 시민의 자질

2007년 개정 사회과 교육과정(교육과학기술부, 2011. 3. 1)

결국 사회과 교육의 목표는 민주 시민의 자질을 기르는 것이다. 〈2007년 개정 사회과 교육과정〉(교육과학기술부, 2011. 3. 1)에서는, '바람직한 민주 시민'을 '사회생활을 영위하는데 필요한 지식을 바탕으로 인권 존중, 관용과 타협의 정신, 사회 정의의 실현, 공동체 의식, 참여와 책임 의식 등의 민주적 가치와 태도를 함양하고, 나아가 개인적·사회적 문제를 합리적으로 해결하는 능력을 길러 개인의 발전은 물론, 사회, 국가, 인류의 발전에 이바

지할 수 있는 자질을 갖춘 사람'[4]이라고 정의한다. 요약하면 민주 시민은 사회, 국가, 인류의 발전을 위해서 지식, 기능, 가치·태도를 갖추고 합리적으로 문제를 해결하는 능력을 가진 사람으로 볼 수 있다. 사회과는 사회 인식의 결과로서 지식의 이해와 습득만을 목적으로 하는 것이 아니라 지식의 이해가 실제로 아동의 사회생활에 적용 가능하도록 기대하는 교과로서의 성격이 강하다. 6학년 사회 '1. 우리나라의 민주 정치'는 민주 시민의 자질을 기르기 위해 매우 중요한 단원이 될 것이다.

[표 6] 6학년 사회 1단원 1. 우리나라의 민주 정치

1) 우리 생활과 민주주의
2) 민주주의를 실현하는 기관
3) 생활 속의 법
4) 인권과 인권 보호

사회 1단원에서는 생활 속 정치의 의미에서 출발한 민주 정치의 의미를 시작으로 학습을 전개한다. 정치가 '사람들 사이에 발생하는 갈등과 다툼을 조정하고 여러 사람에게 영향을 미치는 공동의 문제를 해결해가는 활동'인 것을 감안하면 사실 우리의 삶은 정치와 밀착되어 있음을 발견하게 된다. 그러나 정치의 의미를 너무 관념적으로 생각하거나 또 형식적인 과정에 그친 점, 또 그

---

4. 사회 6-2 교사용 지도서, p. 6 (교육과학기술부, 2011. 3. 1)

깊은 의미에 대한 학습은 부족했기에 삶과의 괴리를 느끼는 것 같다. 그래서 사회 1단원에서 민주주의의의 개념과 체계를 학생들의 삶과 연결시켜가며 정립할 필요가 있다.

공동의 문제가 발생했을 때 갈등과 다툼을 조정하는 방식은 역사 이래 다양하게 있어왔다. 대표적으로 고대 그리스처럼 소수자에 의한 직접 민주주의에서 시작한 민주주의와 독재자에 의한 전제 정치 등이 있다. 정치, 사회적 개념으로서의 민주주의의 반대는 독재다. 갈등과 다툼을 '다수'가 '수평적 관계에서' '대화와 타협'으로 조정하는 것은 '민주주의'고, 힘 있는 '소수의 독재 권력'에 의해 '수직적인 관계에서' '일방적'으로 조정하는 방식은 '독재'인 것이다. 그래서 1단원 교과서 맨 처음인 8~9쪽에 두 나라 이야기: 독재 나라와 민주 나라 이야기로 민주주의의 반대가 독재임을 설명하고 있다.

그런데, 교과서에서는 민주주의의 의미를 갑자기 군주제와 비교하며 설명하고 있다(사회 교과서 12~13쪽). 교사가 잘 정리해 주지 않으면 학생들에게 잘못된 개념을 갖게 될 수도 있다. 소수의 권력자에게 정치 참여의 자유와 권력이 있었던 '군주제'의 반대 개념은 다수에게 권력이 분산되어 공공선을 추구하는 '공화제'이기 때문이다. 시대가 주는 한계는 있지만, 과거 조선시대의 군주 정치 체계, 특히 세종대왕 때를 보면 임금과 신하가 끊임없이 대화와 타협을 하며 국사를 논하고 결정하였다. 임금이 자기 뜻을 고수하면 신하들 반대가 거셌던 과거의 역사를 보면 조선시대에도 제도적, 철학적 뿌리는 부족하지만, 형식적이나마 민주주의 원칙이 살아있었던 것 아닐까? 따라서, 민주주의와 반대되는 개념으로 군주제를 설명하기 보다는 소수에게 집중되어 있던 권력이 시대가 변화하면서 모든 사람에게 이양된 공화주의 철학과 제도가 생겼으며 이에 자연스레 민주주의가 정착된 것이라 교사가 이해하고 접근하면 좋을 듯하다.

이전 6학년 사회 교과서에서는 삼권 분립 차원의 민주 정치 개념이 나왔다. 민주주의가 형식과 내용 모두를 갖추었을 때 비로소 빛이 나는 것을 안다면 단순히 정치 체계와 제도만을 말하는 것으로는 부족하다. 학생들은 민주주의의 의미와 정신이 무엇인지 알아야 하고, 이것이 합의를 거쳐 만들어진 제도가 무엇인지도 알아야 하는 것이다.

그런 맥락에서 현 교육과정에서는 이전 교육과정에서 다루지 않았던 한국의 민주주의 역사를 다루고 있다고 본다. 대한민국 정부 수립 이후 4·19 혁명과 5·18 민주화 운동, 그리고 현재의 헌법을 만들어낸 '6월 민주항쟁'까지 어느 것 하나 가볍다 말할 수 없다. 그래서 6학년 학생들에게는 다소 어려울 수도 있으나, 민주주의의 진정한 의미와 정신을 알기 위해서는, 또한 현재의 헌법 정신이 민주화 운동 이후에 정립된 것임을 감안한다면 학생들이 최대한 이해하기 쉽도록, 공부의 장을 열어줄 필요가 있다. 어렵고 무거운 한국 현대사 안에는 민주주의를 갈망해온 한국인의 높은 민주 시민 의식이 담겨있다. 그러나 학생들이 이를 이해하기 힘들기 때문에 교과서에도 있는 것처럼 당시 사회 모습을 간접적으로 상상하고 공감할 수 있는 시와 같은 문학 작품을 찾아 읽어

보게 하는 것도 좋겠다.

단원 1-1) '우리 생활과 민주주의'에서는 정치 참여의 다양한 방법을 소개하고 있으며, 민주적인 문제 해결 과정에 따라 해결해보도록 하고 있다. 다양한 정치 참여의 방법을 소개하고 자신과 집단의 이익만을 생각해서 정치에 참여하면 안 된다는 점을 말하고 있다. 학생들이 삶 속에서 민주적 문제 해결 과정을 직접 느끼고 시행하도록 교사는 학급의 문화를 바꿔야 할 것이다. 그래야 진정한 민주주의가 무엇인지 알 수 있을 테니까 말이다.

조금 더 나아간다면, 정치 참여의 방식을 바라보는 관점에 따라 사회 문제가 발생했던 적이 적지 않게 있었음을 감안할 때—이를테면 지하철 안에서 장애인 이동권(異動權) 보장을 위한 집회를 하고 있어 지하철 이용에 불편함을 겪는 시민이 있는 것처럼 집회(시위)를 통한 의사 표현 방식이 다수에게 불편함을 주는 상황—시간이 된다면 심화 과정으로 이에 대한 토론을 해보는 것도 좋을 것 같다.

또한 이전 교과서에는 없던 '인권'이 나온 것 또한 파격적이다. 1987년 6월 민주 항쟁을 통해 사회적 합의된 현재의 헌법 기저에는 '인권' 정신이 자리 잡고 있지만, 교육대학이나 사범대학에서 인권을 배우지 못한 교사가 이전 교육과정까지 학교에서 '인권'을 가르치지 않았던 아이러니를 생각해본다면, 교과서에 제시된 것 그 자체는 매우 고무적이다.

3. 우리 일상의 민주주의

소위 학기 초에는 학급의 평화를 위해 교사는 학생들을 '잡아야 한다'고 흔히들 말한다. 학기 초의 질서가 평화롭고 조용한 학급을 만들기 때문이다. 조용히 그리고 차분하게 학급을 안정시키고 교사가 학생들을 가르치는 것은 사실 공부와 생활 모든 면에서 필요하다.

허나, 우리는 과정을 건너 뛴 결과만을 놓고 '교육적'이라고 말하지 않는다. 설령 실패를 하더라도 과정 그 자체가 의미 있고 중요하다는 것이다. 더불어 결과까지 좋으면 훨씬 좋겠지만. 그래서 학기 초부터 새로운 공동체를 만드는 것은 결과만을 두고 평가할 수 없으며, 각기 다른 개성과 능력이 있는 사람들의 첫 만남부터 어떠해야 하고 어떤 과정을 거쳐야 하는지 은연중에 가르칠 필요가 있는 것이다.

사실 각기 다른 개성과 능력이 있는 학생들을 상대로 평화로운 학급을 만들기란 쉽지 않다. 그러나 학생들과 민주적으로 협의하며 공동체를 만들어가지 않으면 아무리 좋은 교육적 가치도 학생들 마음 깊이 내면화될 수 없다. 최고의 좋은 가치리고 해도 학생을 계몽시키는 것은 위험하다. 과정을 건너 뛴 채 결과만을 주입하는 것이기 때문이다.

결국 선택할 수밖에 없는 것은 학급 내 민주주의이다. '우리는 하나'라는 공동체 의식과 각자의 개성을 존중하는 평화적인 방법이 무엇인지 학생들 스스로 찾아 적극 참여하게 하는 민주적인 방식이 필요하다. 대화와 타협으로 천천히 해결해나가는 것 모두가 정치이므로 삶과 정치는 분리될 수 없다. 그러나 교실에서, 학교에서 학생들이 생활하며 겪는 갈등을 겪을 때 이를 조정하는 '정치'행위는 그야말로 형식적으로 그칠 때가 많다. 모둠 토론, 학급 회의, 전교 어린이 회의 등 지금껏 학생들이 해왔던 것들이 사실 모두 '정치 행위'였지만, 교과서에서의 개념이 학생들 삶으로 연결되지는 않았던 것 같다. 학생 스스로 문제를 발견하고 이를 해결해가는 과정 그 자체가 학생들이 내면화해야 할 민주주의이기 때문에 교과서에서 민주주의에 대한 개념 정리를 한 후에는 생활 속에서 지속적으로 이를 체득하도록 해야 할 것이다.

그러나, 민주주의를 고수할 때에는 불편함이 따라온다. 협의하는데 걸리는 시간이 길어지고, 합의해야 하는 방식에 대해 이견이 생길 수 있으며, 무엇보다 교사로서의 권위도 내려놓아야 하기 때문이다. 의도와는 다르게 학생들은 우왕좌왕할 수도 있다. 학급 내 민주주의가 정착이 안 되면 학생들은 혼란을 느끼게 되고 결국 강제된 것이라 해도 질서를 원할 수두 있다. 부드럽고 민주적인 교사를 우유부단하다 느끼고 오히려 강한 리더십이 있는 교사를 선호하게 될 수도 있다.

이런 불편함은 학급, 학교의 민주주의 정착을 위한 과정이라 할 수 있다. 아직은 교과서에서 배운 민주주의 정신이 차이는 있지만, 학생들과 교사 모두에게 뿌리내리지 못했기 때문이다. 삶에 영향을 미치고 삶을 바꿀 수 있을 정도의 학습을 모두가 하지 못했기 때문이다.

또한, 갈등 그 자체에 대해 다시 한 번 생각해볼 필요도 있다.

갈등은 왜 생기는 걸까? 갈등은 없어야 하는 걸까?

갈등이 없는 것은 한 마음으로 합의가 되었다는 아름다운 모습일 수도 있지만, 다른 측면에서 본다면 갈등이 드러나면 불편해지고 관계가 어려워지는 경직된 공동체이기 때문은 아닐까 살펴봐야 한다. 갈등이 없이 빠르게 한 마음으로 일이 진행된다면 좋겠지만, 부득이하게 갈등이 생긴다면 갈등을 불편하게만 여길 것이 아니라, 매듭을 천천히 푸는 여유 있는 마음으로 차근차근 대화와 타협으로 푸는 모습을 학생들에게 보여줘야 하고 또 그런 문화의 장을 열어 주어야 한다. 여러 사람이 모인 공동체에서는 당연히 갈등은 존재할 수 있다. 우리 반 학생들이 지적한 것처럼 갈등이 꼭 나쁘기만 한 것이 아니라, 갈등을 풀어가는 방식이 민주적이지 않을 때 나쁜 것이라는 것을 항상 상기할 필요가 있다.

이런 맥락에서 설령 과정에서 불가피하게 표출되기도 하는 불편함을 더 나은 평화 공동체를 만들기 위해 감수해야 하는 것이라 유연하게 생각하면 좋겠다. 발생하게 되는 갈등과 다툼을 '다수'가 '수평적 관계에서' '대화와 타협'으로 조정하는 것이 '민주주의'니까 말이다. 학생들에게 응당 교사가 가르쳐야 하는 태도도 있지만, 언제나 교사가 정답을 알려주고 지시하기만 하면 교육과정 총론과, 사회과에서 말하는 '민주 시민'의 자질을 육성할 수는 없다. 민주적이고 평화적인 문화의 장을 교사가 만들어주면 어느새 한 뼘씩 자라나는 학생들의 모습을 발견하게 될 것이다. 그렇게 변화하는 과정을 교육과정에서는 궁극적 목표로 하고 있으니 말이다.

그래서, 학기 초에는 교사가 학생들과 함께 1년간의 공동체 생활에 대한 큰 그림을 그려야 할 것이다. 학생들은 올바른 공동체적 가치를 교사로부터 배워야하지만, 만남 자체가 평화로워야 하고, 이런 공동체의 평화를 위해 어떤 철학이 필요한지는 교사의 안내에 따라 함께 찾아봐야 할 것이다.

문제 행동을 보이는 학생을 보며 교사가 항상 고민해야 할 지점은 교육적으로 스스로 알게 할 수 있도록 역량을 발휘해야 할지, 아니면 경찰의 역할처럼 죄를 추궁하여 벌을 내릴 지이다. 다시 말하면 문제 행동을 하는 학생에게 원인부터 살펴보고 필요한 도움을 주어야 할지, 행동 자체를 보고 벌을 가할지에 대한 문제인 것이다. 물론 다 필요한 모습이긴 하다. 그러나 언제나 원인부터 살펴본 후에 어떤 행동을 취해야할지 고민을 계속 해야 할 것이다. 무슨 이유에서 그런 행동을 했는지 묻지도 않은 상태에서 벌을 주는 것은 중요한 '소통'을 간과하고 있음을 자각해야 한다. 소통은 민주주의의 근간이기 때문이다. 학생들은 결과적인 지식도 학습하지만, 다른 사람과 평화롭게 공동체 생활을 하기 위해서는 어떤 과정을 거쳐야하는지 학습 모델이 있어야 할 필요도 있고, 또 보고 배우는 가운데 진짜 민주주의에 대한 배움이 시작되기 때문에 교사는 늘 노력해야 하는 건 아닐까? 이렇게 말하고 보니 사실 말한 것에 미치지 못하는 내 모습이 부끄럽긴 하다. 배우고 익히면서 노력해야 할 것이 너무나 많다.

4. '아! 민주주의' 교육과정

여름 방학 때 주제 중심 교육과정을 함께 하는 같은 학년 선생님들과 2학기 교과를 재구성하기 위한 작업에 들어갔다. 우선 함께 묶을 과목들을 정했다. 교과 전담 선생님이 담당하시는 과목을 제외한 나머지 과목 중 꼭 묶어야 하고 묶을 수 있는 과목들을 추려보니 국어, 사회, 도덕, 미술 과목이 남았다. 그리고 굳이 통합을 하지 않아도 되거나 통합하기 어색한 것은 빼기로 했다.

이런 합의 후 각각 한 과목씩 맡아 단원별 성취 기준과 교과서 글 중 중요한 내용, 교과서에 소개된 주요 활동을 단원 별로 붙임 종이에 적어 정리해오기로 했다.

주제와 관련된 주요 내용이 적힌 붙임 종이들을 큰 종이에 붙인 후 유사한 내용이나 함께 묶으면 좋을 내용들을 찾아 정리해나가기 시작했다. 교과별 이수 시수도 고려해가면서 한 주제에 너무 지나치게 긴 시간이 소요되지 않도록 배려도 하였다.

협의 결과 사회 교과의 순서대로 가르치면서 다른 교과들을 통합하는 것이 좋겠다는 결정을 하였다. 제일 처음 가르칠 주제는 사회 1단원이 중심이 되기 때문에 민주주의와 관련된 세목을 붙이면 좋겠다고 했고 그렇게 1주제 제목이 만들어졌다.

다음은 묶는 과정을 통해 1주제에서 가르치기로 한 내용이다.

[표 7] '아! 민주주의' 교육과정 교과별 주요 내용

사회	1. 우리나라의 민주정치
도덕	2. 책임을 다하는 삶 - 책임의 의미와 중요성 알고 일상에서 책임 있는 삶 실천
듣기 · 말하기 · 쓰기	6. 생각과 논리 - 선거 유세를 듣고 주장하는 말의 적절성 판단하기
읽기	6. 생각과 논리 - 논설문을 읽고 주장과 근거의 타당성과 적절성을 평가하기
듣기 · 말하기 · 쓰기	3. 문제와 해결 - 뉴스를 듣고 정보에 관점이 반영됨을 알기 - 문제 상황을 토의를 통하여 해결하기
미술	7-(3) 궁체 쓰기와 한글의 조형미

우선 학기 초였기 때문에 선거 유세를 듣고 적절성을 판단하는 내용이 우선 학습되어야 했다. 무릇, 선거는 민주주의의 꽃이기 때문에 당연히 민주정치와 통합되어야 했다.

그리고, 뉴스를 보고 사회적으로 관심 있는 내용에 대해 토의하면서 뉴스의 사회적 기능에 대해 살펴보는 내용은 민주주의와 관련지어 배울 수 있는 내용이었다. 사회의 공기이자, 제4의 권력이라 불려지는 언론이 민주주의 국가와 시민사회에 미치는 영향은 거대하기 때문이다

또한, 같은 사안에 대해 다른 관점으로 보도되는 뉴스 동영상을 살펴보고, 상반된 입장의 매체를 살펴보며 주장과 근거를 찾아보는 가운데 사회에는 다양한 입장이 있음을 발견하게 하는 것도 목표로 하였다. 그래서, 민주주의 단원에서 학습할 내용 중 쟁점 사안을 찾아 자신의 입장을 정한 가운데 민주주의의 근간인 대화와 타협으로 토론을 해보았다.

이러한 모든 사회적 토론이 가능해진 것에는 과거 민주주의의 발전을 위해 애쓰신 분들이 사회적 책임을 크게 느꼈기 때문이다. 그래서, 책임이란 무엇인지 도덕적 덕목의 개념을 살펴보고 민주주의와 관련하여 실제 체험도 하면서 보다 높은 의미의 책임을 느껴보게 했다. 마지막으로 주제 학습을 마무리하며 우리 반은 어떤 민주적 가치를 가진 반일까? 생각하면서 한글의 조형미를 살려 꾸미는 작업을 계획하였다.

꼭 위의 내용이 정답일 수는 없다. 민주 시민 의식은 다양한 덕목을 필요로 하기 때문이기도 하다. 그러나 도덕 교과에서 1학기 때 가르쳤던 내용을 빼고, 남은 2학기에 가르쳐야 할 도덕 덕목 중 가장 적합하다고 느낀, 도덕 교과의 '책임'을 사회 교과와 더불어 중심축으로 삼았다.

그 후 학습하면서 학생들의 활동 및 결과물을 평가할 평가 내용을 협의하였다. 1주제가 대략 한 달 여 간 진행되었기 때문에 긴 시간 동안 민주 시민 의식을 함양시킬 다양한 활동을 꾸준히 하면서 민주 시민 의식이 길러지길 바랐다. 단편적인 모습이나 활동의 결과로는 학생들이 배운 깊이를 평가할 수 없기 때문이기도 했다. 긴 시간 동안 친구가 하는 모습을 함께 보고 배우면서 나도 성장하는 시간이 되길 바라며 평가 내용도 구상하였다. 무엇보다 중요한 것은 큰 그림 안에 세세하게 그려질 교사의 계획을 같은 학년 회의에서 구체적으로 만들어보는 것이다. 매주 회의를 하면서 이번 주의 학습을 되짚어보고 다음 주 활동의 아이디어를 서로 나누어보면서 교사 자신도 성장하는 것을 느끼게 될 것이다.

5. '아! 민주주의' 수업 사례

교실 문화를 바꾸기 위한 시도

  학기 초 설레는 마음으로 학생들과 만났다. 새로움은 사실 긴장도 수반하기 때문에 자칫하면 경직된 시작이 될 수 있다. 어떤 만남이어야 할지 시작을 여는 모습도 학생들은 배워야 하기 때문에 교사는 서로를 이해하는 방법을 가르치고 갈등을 조율하는 문화를 만들어줘야 한다.

  6학년 1학기 국어(듣기·말하기·쓰기) '4. 나누는 즐거움'에서 인사말의 특성을 알고 구분하여 쓰는 학습을 하게 된다. 이를 재구성하여 평화로운 대화법(인사말)에 대해 우선 학습을 했다. 감정을 전달하는 다양한 방식인 말, 몸짓, 어조, 표정, 말의 빠르기, 목소리 크기의 중요성을 살펴보고 평화의 말 '나 메시지'/폭력의 말 '너 메시지'의 차이점을 알아보는 학습을 통해 상대방과 대화할 때 나의 의도와는 상관없이 상대방이 상처를 입을 수도 있다는 것을 알게 된 것 같았다.

  그리고 도덕 '3. 우리 함께 지켜요'에서 법과 규칙의 의미와 중요성을 알고 법과 규칙 지키기와 관련된 올바른 판단 연습한 후 학급에서 필요한 규칙 만들고 실천 다짐하는 내용을 학습할 때 학급의 규칙은 어떤 내용을 담아야 할지 학생들과 고민을 해보았다. 사실 학급의 규칙은 통제와 지시 위주로 가는 경향이 크다.

학급 내 질서도 필요하겠으나, 그 모습은 따뜻해야 한다. 그래서 법과 규칙의 중요성을 따지면서 법과 규칙만 강조했을 경우 일어날 수 있는 일을 상상함으로써 법과 규칙을 만들 때 먼저 생각해야 할 것들을 살펴보았다.

학생들은 우선 왕따 문제와 같은 폭력적인 모습과 학생 스스로 해야 할 일을 하지 않는 경우, 교사가 너무 무섭게 할 경우 등 교실 내 문제 상황을 찾았다. 문제 상황이 생겼을 경우 벌을 내려야 할지, 아니면 도움이 필요하기 때문에 도움을 먼저 줘야 하는지를 생각해보게 했다. 가령 숙제를 안 해 오는 것은 혼내야 하는 것인가, 숙제를 해오지 못하는 원인을 살펴보고 도와줘야 하는 것인가에 관한 문제이다. 바라보는 시각에 따라 처방은 달라짐을 학생들은 발견했다. 이 지점에서 법과 규칙의 존재 이유는 무엇인지 생각해보게 했다. 무엇보다 구성원 모두가 행복하기 위해서였다. 그런 입장에서 따뜻하고 큰 약속으로서 평화로운 공동체를 만들기 위해 단순한 상벌제를 지양하기로 했다. 행동주의적 관점에서 문제 행동에 따라 즉각 처벌하는 그런 관계보다는 우선은 도움을 주며 보다 점진적으로 나아가는 방향을 선택한 것이다.

물론 어려움이 많았다. 교사의 인내가 몹시 필요하기도 했다. 좌충우돌 학생들이 정한 책임을 다하지 않을 때도 있으나, 매 순간 학생들은 더 나은 관계를 만들기 위해 그래도 고민을 더 많이 하고 있다는 생각을 지속적으로 하게 되었다.

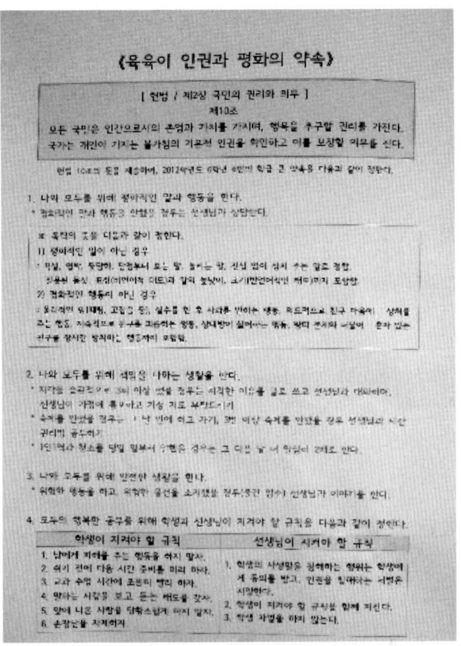

어린이 공화국 활동

  1학기에 학급에 대한 평화의 약속을 만들었지만, 이를 지키지 않을 때가 종종 있었다. 2학기에는 민주주의에 대한 주제 학습을 하면서 민주주의에 대한 이해가 높아졌기 때문에 이를 학급의 문화로도 정착을 시켜야겠다고 생각했다. 마침 사회과의 수행평가 항목 중에 기치 대도의 영역을 민주 시민 의식(나양한 정치 참여 방법을 이해하고 민주적 과정을 통해 공동체 유지에 기여하려는 태도를 가질 수 있다.)으로 정했기 때문에 삶에서 지속적으로 표출되어야한다고 보았다.

그래서, 우선 사회과에서 3권 분립과 인권단체에 대해 배우고 국어과에서 언론에 대한 내용을 배울 때 학급을 행정부, 입법부, 사법부, 언론, 시민단체로 모둠 구성을 하였다. 과제 학습으로 이들의 역할과 중요성에 대해 정리하게 한 후 친구들에게 발표하며 내용에 대한 이해를 더했다. 그리고 실제로 2학기 내내 역할 수행하는 것을 지속적으로 관찰하면서 평가하기로 했다.

우선은 평가의 기준을 학생들에게 미리 일러주었다. 지식적인 내용을 이해하는 것을 기본으로 하여 실제 활동도 능동적으로 하면서 책임을 다하는 가운데 민주 시민 의식이 싹트는 것을 목표로 했다.

【표 8 어린이 공화국 활동 과제와 평가 기준】

입법부 (국회)	행정부 (정부)	사법부 (법원)	언론기관	시민단체	인권단체
(학생 이름)					

자료 조사 (모둠-20점)	자료 설명 (10점)	배움 이해 (10점)	활동하기 (60점)
모둠 점수를 공헌도 따라 공정하게 나누기	친구가 이해하기 쉽도록 설명하기	설명 들으며 내용 정확하게 이해하기 (시험 합격 필수)	1. 아침 자습 시간에 활동 열심히 하기 2. 틈틈이 민주적으로 역할 수행하기 3. 매 활동 시 회의록 작성하기(붙임종이) 4. 다른 모둠 활동 방해하지 않기 5. 개인 책임과 사회적(학급) 책임 생각하며 활동하기 6. 중요한 결과 생기면 게시판에 붙이기

가급적 아침 자습 시간을 활용하여 학급 내의 문제 상황을 찾아보고 이를 해결하려는 모둠 토의를 했다. 일단 가장 활발하게 활동한 곳은 사법부였는데, 아무래도 소소하게 학생들 사이에 분쟁이 일어났기 때문일 것이다. 그래서 학습한 대로 사법부에서 문제를 우선 파악한 후 학생들이 판결을 내려 보고 필요한 경우 학급의 규칙을 바꿔야겠다는 의견도 국회 모둠에 제출하기도 했다. 재판을 하다 보니 실제 소장은 어떻게 생겼는지 나에게 물어보기도 했고, 이를 찾아 사법부 게시판에 붙이기도 했다. 또한 사건이 없을 때는 법과 관련한 미란다 원칙 등의 지식적인 내용을 친구들에게 안내하기도 하였다.

국회 모둠에서는 다른 부의 의견을 포함하여 자체적으로 학급의 약속을 바꿔야 하는 것 아닐까 고민하기도 했으며 실제로 반 학생들을 상대로 국민 투표 형식의 전체 투표도 실시하기도 했다.

언론기관에서는 다른 모둠이 회의하는 내용을 취재하면서 학급 내 어떤 일들이 있었는지 간이 신문을 내기도 했고, 학급 내 문제 상황을 동영상 뉴스로 제작하여 친구들에게 보여주기도 하였다.

실제로 자신들의 삶과 연관 시어 민주주의를 경험하며 익힌다는 장점이 있었던 것 같다. 그러나 다소 아쉬운 점은 학생들 삶 깊숙이 자리 잡은 것 같지는 않다는 것이다. 문제 상황이 벌어졌을 때 적극적으로 해결하려는 모습보다는 교사가 계속적으로 관여하는 가운데 학생들의 자치 활동이 이루어졌기 때문에, 사실 다소 안타깝기는 했다. 그러나 이런 경험을 하면서 공화제에 대한, 민주주의에 대한 이해를 높일 수 있었던 것 같아 장점이 역시 컸다.

[사진 4] 〈어린이 공화국 모둠별 활동 모습〉

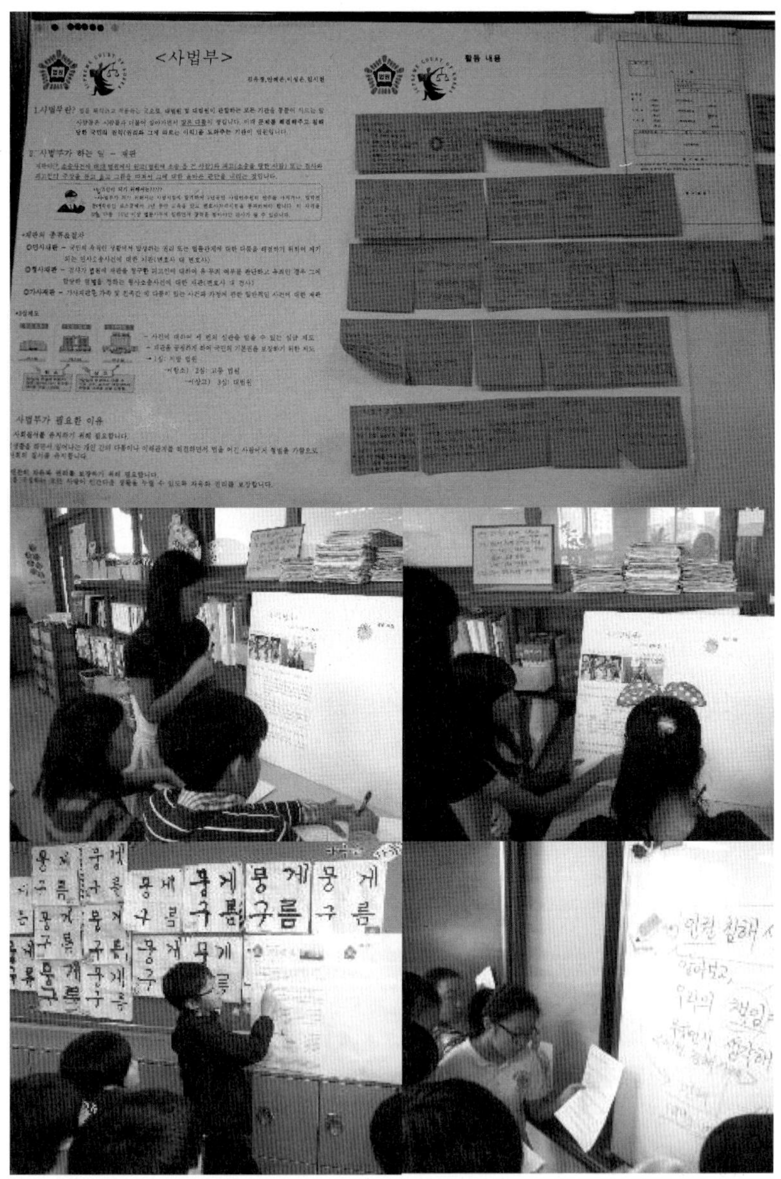

우리 손으로 뽑아요.

통합한 교과와 차시 내용

사회 1. 우리나라의 민주 정치

      1) 정치 참여의 중요성과 다양한 참여 방법 살펴보기

      2) 국회가 하는 일과 우리 생활과의 관계 알아보기

듣기 · 말하기 · 쓰기 6. 생각과 논리

      1) 선거 유세를 듣고 주장하는 말의 적절성 판단하기

통합 활동 내용 : 민주주의 국가에서 선거의 중요성 알고 방송을
통해 후보 적절성 판단하기

1) 정치 참여의 중요성 알고, 다양한 참여 방법 살펴보기

　주제 학습을 하면서 혹시나 각 교과에서 가르쳐야 할 기본적인 개념을 제대로 학습하지 못할 것이란 우려를 하기도 한다. 그런 우려를 불식시키려면 각 교과 학습을 위한 기본적인 개념은 우선 정확히 익힐 필요가 있다. 특히 사회과의 어려운 용어를 꼭 이해시키고, 국어 학습에 있어서도 낱말 뜻을 항상 정확히 알게 한 후 학습에 들어가야 한다. 그 후 통합이 가능한 내용들을 다양한 방식으로, 개념이 넘나들게끔 방법을 고안하여 학습의 장을 열도록 해야 할 것이다.

【표 9 정치 참여에 필요한 용어 학습】

예) 사회과 용어 학습	1	부당	이치에 맞지 않음
	2	선출	여럿 가운데서 골라내는 것(=뽑는 것)
	3	침해	사람에게 해를 끼침
	4	존엄성	감히 침범할 수 없는 높고 엄숙한 성질
	5	군국주의	국가의 가장 중요한 목적을 군사력의 발전에 두고 전쟁과 그 준비를 위한 정책을 최상위에 두는 이념

선거에 참여하여 투표를 하는 방법 이외에 기타 다양한 정치 참여의 방법을 살펴보고 정치 참여가 얼마나 중요한지를 생각해보는 학습을 진행하였다.

우선 선거에 참여하여 투표하는 것의 중요성을 일러주기 위해 단 한 표 차이로 당선자가 바뀐 사례, 역사가 바뀐 사례들을 이야기해 주었다. 그리고 현재 국민들이 직접 투표할 수 있게 된 것은 1987년 6월 민주 항쟁 때 많은 사람들이 희생한 대가였다는 것도 생각해보게 했다. 그 외에 1인 시위나 정당이나 시민 단체, 모임을 만들거나 직접 공직자가 되는 방법 등의 내용을 살펴보았다.

정치에 참여하는 다양한 방법들의 장단점을 함께 따져보았는데, 일단 인터넷 게시판에 의견을 제시하는 방법 등도 정치에 참여하는 방법임을 알고 다소 놀라워했다. 또한 초등학생이라도 크게 어렵지 않은 방법으로 진심으로 참여하면 불편함이 없어지기도 한다는 기사를 소개해주니 더 놀라워했다. 학생들에게 정치란 멀게만 느껴지는 것이 아님을 알게 된 눈치였다.

하지만, 그에 대한 책임에 대해 이야기하는 학생들도 있었다. 이를테면 인터넷 게시판에 성숙하지 못한 자세로 글을 올려 많은 사람들에게 상처를 주는 경우가 있기 때문에 우려가 된다는 것이다.

결국 정치 참여의 방법만 알아서는 안 되고 참여할 때의 마음가짐도 중요한 것임을 도덕적인 측면에서 정리하기는 했지만, 사실 구체적인 사건으로 들어가면 가치 갈등을 할 수밖에 없기 때문에 토론이 필요한 문제라고 보았다.

이에 대해 두 가지를 학생들이 찾았는데, 첫 번째는 누군가 집회나 시위를 하고 있지만 그 자체가 다른 사람에게 불편함을 줄 때는 어떻게 해야 할 것인가에 대한 것이고, 두 번째는 인터넷 악성 댓글에 대한 문제다.

첫 번째 토론은 사실 수업 시간에는 하지 않았다. 이미 1학기 때 '배려하는 삶'에서 장애인들의 이동권 보장을 주장하는 집회가 시민의 퇴근길 발목을 묶는 동영상(EBS 〈지식채널e〉, '어느 퇴근길')을 보며 전철 역 안에서 장애인들이 불편함을 호소하는 집회가 타당한지, 집회를 못하게 하고 퇴근길의 시민들이 지하철을 이동하는 것이 옳은지, 모두가 행복할 수 있는 방법은 없는지 토론을 해보았기 때문이다. 그때 생각해봤던 문제를 다시 상기시키기만 했다. 물론 예전에 이 문제를 토론할 때는 결과적으로 모두가 행복할 수 있는 건축물, 디자인(모두를 위한 디자인, 유니버설 디자인)이 필요하다는 귀결을 내긴 했지만, 사실 사회에서 많은 토론이 있었던 문제이기도 했기에 한 번 쯤은 고민할 지점이고 이번 공부와도 연관이 되기 때문에 다시 떠올려보게 했다. 역시나 생각이 나뉘어졌다.

토론 시 내가 각각의 입장이었다면 어떤 결정을 내릴까 생각해보게 한다. 직접적으로 경험이 없는 상태에서 관념적으로 너무 멀게만 느껴질 수도 있는 문제에 직면하면 누구나 깊이 고민하지 못하는 것은 아닐까 염려가 된다. 타인의 입장을 자신의 문제로 인식하면서 한 번 쯤 생각해본다면 우선은 지극히 주관적으로 자신의 입장을 정한다 하더라도 학교와 가정, 사회에서 배우는 더 큰 가치와 관계 속에서 더 고민해보게 된다고 믿는다.

또한 이 문제에서 중요한 것은 법에서 집회에 대해 어떻게 규정하고 있는지, 타인의 피해를 최소화할 수는 없는지, 타인의 피해가 예상된다면 법은 어떻게 정리하고 있을지 찾아봐야 하는 문제일 것이다. 결국 이 문제는 법을 따져보며 대화와 타협의 민주주의 원칙에 의해 조정될 수밖에 없는 것임을 상기시켰다.

두 번째 인터넷 악성 댓글 문제는 표현의 자유가 우선이라 무기명으로 할지, 악성 댓글로 상처받는 사람들이 있기 때문에 실명제로 해야 할 지에 대한 찬반토론이 필요한 문제다. 묵직한 무게였기 때문에 차후 헌법과 인권에 대해 공부할 때 국어과 주장하는 글과 통합하여 생각해보자고 했다. 관심은 꽤 높았지만, 결국 연관되는 문제이고 개념에 대한 이해도 선행되어야 하는 부분이었기 때문에 배울 때까지 곰곰이 생각해보라고 일러두었다.

정치 참여는 물론 중요하다. 그러나 정치 참여 방법에는 무엇이 있다 나열하고, 참여 시 필요한 자세에 대해 도덕적으로 귀결하는 것 이상의 더 나은 고민은 없을까 생각해봐야 할 것 같다. 내 문제라 생각하고 내가 해결할 수 있다고 생각할 수 있어야 정치에 관심을 가질 수 있을 테니까 말이다. 어쨌든, 이번 수업은 투표가 갖는 무게를 잊지 않도록 하면서 다양한 정치 참여 방법과 자세를 살펴보는 것으로 마감을 하였다.

2) 선거를 통해 선출되는 사람을 알아보고 선거 유세의 적절성 따지기

다음에 계획되어 있는 듣기 · 말하기 · 쓰기에서의 선거 시 후보자 연설의 적절성을 파악하는 학습과 연계하여 선거와 연관 지어 보며 선거의 중요성을 살펴보게 했다.

우선, 학기 초에 선거가 치러지는 것을 감안하면 1단원이 아닌 6단원에 배치된 것이 안타까웠다. 학습 시기를 조정해 교과서에서 선거 유세가 필요한 경우와 특징을 살펴보고 선거 유세 주장의 적절성을 파악하는 학습을 한 후 실제 선거에서 학생들이 자신들의 일꾼을 뽑는 과정에 활용한다면 삶과의 일치를 꾀할 수 있다고 보았다. 그래서, 재구성이 꼭 필요한 단원이었다.

이번 사회과 교과서에는 3권 분립에 대한 내용은 나와 있으나, 선거의 과정에 대해서는 나와있지 않기 때문에 이에 대한 간단한 학습을 먼저 했다. 그 후 후보자를 선택함에 있어서 가장 눈여겨

볼 것은 공약의 내용임을 살펴보았다. 그래서, 학교 곳곳에 있는 후보자들의 공약 내용을 오머가며 살피는 모습들이 엿보였다.

전교 임원 후보자 연설을 듣는 날, 그동안 배웠던 것을 상기하면서 실제로 유세의 적절성을 따져가면서 판단을 해보게 했다. 교과서에서 배운 내용들과 민주주의라는 주제 학습 때문인지 유세자를 선택하는데 있어서 단순히 내가 알고 있기 때문이 아니라, 재미보다는 내용에 보다 관심을 기울이게 된 듯 했다.

【표 10 전교 임원 선거 후보 평가 기준】

*	후보자	판단 근거				종합 ◎○ △×
		주장의 가치	주장의 실천 가능성	말하는 이의 신뢰성	주장에 따른 근거의 이치성	
회장 후보						

6. 마무리하며

지난 2년 간 학생들과 주제 중심 통합 수업을 하며 학생도 성장했지만, 교사도 함께 성장했음을 느낀다. 사실 어려움도 컸다. 포기하고 싶을 때도 있었다. 교과서도 훌륭한 교재이기 때문에 교과서의 친절한 안내를 따르고 싶은 달콤한 유혹도 있었다. 그렇긴 하지만, 주5일제로 인한 시수 축소와 각 교과마다 유사한 내용이 나오는 경우가 많고 시기를 조정해야 할 내용들이 있었기 때문에 자연스레 통합할 수밖에 없었다. 나는 그저 통합을 하는 가운데 한 번 더 깊은 고민을 하기 시작했던 것뿐이다.

처음 주제 중심 통합 수업을 시작했을 때에는 학생들이 다소 혼란스러워했다. 교과서를 왔다갔다 펴야 하고 교과서 내용과 비슷하지만 이를 대체하는 다른 내용을 학습했기 때문이다. 예전처럼 단원 순서대로 배우는 것이 잘못된 방법은 아니니까 학생들이 틀린 것은 아니다. 거부 반응을 일으키는 학생도 있었다. 그러나 첫 주제 학습을 배우는 가운데 학생들은 점차 깊은 배움 속으로 들어왔고, 한두 명을 뺀 거의 대부분의 학생들이 주제 통합 학습을 계속 배우고 싶어 했다. 심지어 예전처럼 단원 순서대로 배우고 싶다고 했던 학생도 21세기에는 이런 공부가 필요한 것 같다고도 이야기했으니 반 이상은 성공했다고 봐야 할까?

학생들 스스로 이전과는 배움의 깊이가 다르다고 했다. 특히나, 주제에 따라 어떤 학습은 학생들이 몹시 힘들어 했있음에도 불구하고 학생들은 그 시기의 공부를 가장 즐거워했고 오래 기억에 남는 깊은 배움이라고 말했다. 예상치 못한 반응을 지켜보며 학생들이 편하게 공부할 수 있도록 배려하는 것은 오히려 진짜 배움의 길로 인도하지 못하는 것일지도 모르겠다는 생각을 했다.

교육과정을 재구성하는데 어려움은 사실 많다. 가장 큰 난관은 교사 자신일지도 모른다. 재구성을 하면서 깊이는 깊어질 수 있지만, 그 자체가 교사의 욕심일 수도 있으니까 말이다. 학생이 어떻게 배우고 있을까 언제나 생각을 하지만, 빼는 작업보다 더하는 작업을 멈추는 것이 쉽지 않았다. 아무리 좋은 내용과 방법이라 하더라도 과하면 학생을 힘들게 할 뿐이다. 나부터도 잊을 때가 많아 언제나 노력해야 할 점이다. 그 것이 교사의 역량이라고도 생각한다. 완급을 조절하면서도 핵심은 놓치지 않고 감동을 주는 수업을 하는 것 말이다. 그런 고민이 계속 유지된다면 교육과정을 재구성하는 작업은 힘은 들지언정 학생의 발전과 더불어 교사에게도 뿌듯함을 안겨 줄 것이다.

요즘 학생들은 왜 생각하는 것을 어려워하고 회피하는 것일까? 주체적인 삶을 살지 못하는 이유 중 하나는 학교에서조차 지식을 이해하는 것으로 끝나는 경향이 크기 때문이다. 다른 나라 청소년이 젊었을 때 모험을 하고 싶어 하고, 인생의 방향을 곰곰이 생각하며 스스로를 단련시키고자 할 때, 한국 청소년은 좋은 결혼 상대를 찾고, 돈을 벌고 싶다고 하는 이야기는 무엇을 시사할까? 학생들의 행복한 배움을 위해, 다양한 가치가 혼재한 사회에서 주체적으로 살기 위해 주제 중심 통합 수업이 약간이라도 도움이 되길 희망한다.

'나와 우리'
3월 주제통합 수업

이 주제통합 수업 내용에는 교과서 외 수업 자료를 활용한 부분이 꽤 있다. 이중 출처를 정확하게 알 수 없는 자료들을 재구성하거나 그대로 활용한 자료들도 있는데, 출처가 불분명하여 따로 기록하지 않았음을 밝힌다.

1. 자기 소개하기

날 짜	3월 2일 금요일
대주제	나와 우리
소주제	나 탐색
활동 주제	자기 소개하기
통합 교과	창의적 체험활동 중 자율 활동

동기유발

드라마 〈해를 품은 달〉에서 형선이 훤에게 연우의 머릿속 생각을 뇌구조 그림으로 보여 주며 연우의 관심사에 대해 설명하는 장면(2분 정도)을 함께 본다. 그 다음에 다음과 같은 내용으로 아이들에게 질문을 제시하고 답을 듣도록 한다.

— 형선이 그림으로 표현한 것은 무엇인가요? : 연우아가씨의 머릿속 생각

— 연우가 가장 관심을 가지는 것은 무엇이었나요? : 연우의 오라버니 허문학

— 이를 그림으로 어떻게 표현되어 있나요? : 뇌 그림으로 머리 안에 가장 크게 그려져 있음

— 점으로 표현된 것은 무엇이었나요? : 저하(훤)

— 왜 점으로 표현했을까요? : 연우의 머릿속에 오빠나 양명군 등

에 비해 원에 대한 관심사가 적은 것을 점으로 표현

대화를 통해 아이들의 관심이 모아지면, 뇌 구조에 대한 소개로 넘어간다.

"이렇듯 누군가의 관심사를 그림으로 표현한 것을 '뇌 구조'라고 합니다. 뇌는 사고와 언어, 감정과 기억 등 생각하는 역할을 하는 기관이기 때문입니다. 지금부터 '내'가 좋아하는 것, 요즘 '내'가 관심 있는 것, '내'가 싫어하는 것 등 '나'에 대한 것들을 뇌 구조로 나타내 친구들에게 소개하겠습니다."

나의 뇌 구조 그리기

아이들에게 여러 개 크기의 뇌 공간이 그려진 뇌 구조 학습지에 새로운 학년이 된 지금의 내 머릿속 생각을 나타내게 한다. '나'의 관심사가 클수록 넓은 면적의 공간을, '내'가 싫이히거나 관심이 없는 것, 생각하고 싶지 않은 것들은 연우가 원을 나타낸 것처럼 점을 활용해 나타내도록 한다.

정해진 틀에 정확히 맞추어 모두 기록하기보다 아이들이 원하는 방식이 있으면 자유롭게 변형하여 자신을 나타내는 것을 허용하는 분위기를 만드는 것이 좋다. 뇌 공간을 나누거나 더 그리는 아이, 뇌 공간은 비어있지만 점을 더 찍어 나타내는 아이, 색질하며 사신의 얼굴을 그리는 아이 등 개성에 따라 다양한 뇌 구조가 완성된다.

뇌 구조 나누기

아이들이 친구들에게 뇌 구조를 실물화상기로 보여주며 소개하고 (4~5명 정도) 서로 질문을 나누도록 한다. 예를 들면,

   — 너는 왜 용돈을 점으로 표시했어?

   — 나도 여행가고 싶은데 너는 어디로 가고 싶어?

아이들은 완성한 학습지를 들고 이동하며 6명의 친구와 만나 뇌구조를 서로 보여주며 나를 소개하고 학습지 옆에 그려진 말풍선에 한마디씩 이름과 함께 적는다.

이때 남자 친구 3명, 여자 친구 3명 혹은 지금까지 같은 반을 해본 적 없는 친구와 만나기와 같은 조건을 부여하여 새로운 친구와 골고루 만날 수 있도록 한다.

'해를 품은 달'이 아이들 사이에서도 관심이 높은 때라서 동기유발로 드라마를 함께 보며 자연스럽게 이야기를 풀어나가고 흥미와 친밀감을 가질 수 있었다. 이를 대신하여 뇌구조 사진이나 아이들이 좋아하는 예능 프로그램 속 뇌구조 코너를 활용할 수도 있다. 또는 새 학년 첫 날 교사가 자신을 소개한 내용을 바탕으로 교사의 뇌구조를 그려 제시하는 것도 좋은 동기유발 자료가 될 거라고 생각한다.

2. 우리 반 꿈나무

날 짜	2012년 3월 5일 월요일
대주제	나와 우리
소주제	나 탐색
활동 주제	우리 반 꿈나무
통합 교과	도덕 2. 정말 멋있는 내가 되기 미술 2. 꾸미기

2012년 올해 목표 나누기

모두 둥글게 바닥에 앉는다. 교사가 먼저 올해의 목표를 말한다. 아이들에게 2012년 올해 자신의 목표가 무엇이면 좋겠는지 생각해보게 한다. 돌아가며 자신이 1년 동안 어떤 모습으로 생활하고 싶은지 자유롭게 말하게 한다. 중간 중간 질문하고 싶은 것이 있을 때에는 질문을 하게 한다.

목표를 중심으로 꿈나무 만들기

아이들이 자리로 돌아가 색종이나 색한지에 자신의 목표에 어울리는 모양을 그려서 오리게 한다. 오린 종이에 발표했던 자신의 2012년 목표를 간결한 문장으로 정리하여 큰 글씨로 쓰게 한다. 쓴 내용을 발표하고 교실 벽에 게시해 둔 나무 모양 그림에 붙이도록 한다.

각자의 목표 잎을 다 붙인 후 만들어진 나무의 이름을 함께 정해 본다.

[사진 1] 〈교실에 게시된 '우리반 꿈나무'〉

학년 마무리 활동을 할 때 자신의 학기 초 꿈나무를 확인하고 소감 나누는 시간을 가지면 좋을 것 같다.

3. 나의 위치 알아보기

날 짜	3월 5일 (월) ~ 6일 (화)
대주제	나와 우리
소주제	나 탐색
활동 주제	나의 위치 알아보기
통합 교과	과학 3. 동물의 한 살이 사회 1. 고장의 모습

시간의 흐름 속에서 나 살피기

과거 돌아보기 3학년이 된 소감을 서로 말해본다. 아침에 학교 올 때 혹은 우리 반으로 배정받았을 때, 친구들을 처음 봤을 때 등을 주제로 소감을 서로 나눈다. 그리고 2학년 때 좋았던 일이나 슬펐던 일 등을 이야기하면서 태어나서 지금까지 중요했던 일, 기뻤던 일, 슬펐던 일을 떠올리며 '나의 인생 곡선 나타내기'를 하도록 한다. 인생 곡선 그린 것을 함께 나눈다. 사진 자료를 가셔오게 해서 붙이면서 하게 한다.

단군신화 이야기 아이들에게 단군신화를 이야기해준다. 단군이 태어나기 전에 주변에서 어떤 일들이 있었는지, 단군이 태어날 때 부모가 어떤 꿈을 꾸었는지 이야기한다. 아이들이 자신의 부모님으로부터 부모님이 결혼하게 된 사연 혹은 자신을 임신했을 때부터 태어날 때까지 주변에서 일어났던 사건, 태몽 등에 대해 듣고 와서 이야기를 나누도록 한다.

사람의 일생 알아보기 과학책 '3. 동물의 한살이' 자료를 오려서 시간의 흐름에 따라 공책에 붙이며 특징을 찾아본다. 전 차시에 찾아봤던 '나의 시간들'은 '나의 일생' 중 어디에 해당되는지 알아본다.

공간 속에서 나 살피기

'내가 사는 곳이 어디인지' 구글 어스 위성사진 자료를 이용하여 우주에서 지구, 아시아, 대한민국, 서울, 노원구, 상계동, 우리 동네, 상원초등학교, 3-1반 교실 순으로 들어오면서 공간의 변화를 살펴본다. 우리 집, 우리 학교 주소를 살펴보고 행정구역의 변화를 통해서 '나'의 공간을 객관적으로 볼 수 있도록 한다.

3학년 오리엔테이션

시공간의 교차점 지금 여기에 '내'가 있음을 확인한다. 지금 여기에 있는 '나'의 존재는 어떤 존재인지 관심을 갖게 한다. 3학년에 관한 오리엔테이션을 통해 생활과 학습이 어떻게 달라지는지 안내한다.

실 뭉치 놀이

먼저 자기소개를 하고 올해 자신의 목표를 정한다. 인상 깊게 들은 친구 이름을 부르면서 인사하고 자신의 3학년 목표를 말하고 실을 잡은 상태에서 실 뭉치를 다른 사람에게 던져준다. 모두 실을 잡게 되었을 때 자기가 잡은 실 부분을 들어 올려서 실을 통해 서로 연결된 상태를 살펴보면서 느낌을 나눠보고 "이렇게 우리가 서로" 연결되었음을 알려준다. '전기 줄' 놀이를 하면서 말없이 줄을 당겨 신호를 보내면 그 신호를 받은 사람은 다른 사람에게 똑같은 방법으로 신호를 보내며 '내가 보낸 것은 다시 내게' 돌아옴을 느끼게 한다. 우리 반에서 좋은 것들을 서로 나누기 바란다는 교사의 뜻을 전한다.

사람의 일생과 자신의 일생을 알아보는 활동에 아이들은 많은 흥미를 보였다. 지금 여기의 의미를 알게 하고 3학년 오리엔테이션을 할 때 좀 더 자연스러움을 느꼈다. 실 뭉치 놀이를 통해 연결과 주고받음의 의미를 실로 느낄 수 있어서 좋았다.

4. '나는…' 시 쓰기

날　짜	3월 6일
대주제	나와 우리
소주제	나 탐색
활동 주제	'나는 …' 시 쓰기
통합 교과	읽기 1. 감동의 물결 창의적 체험활동 중 자율 활동

동기유발

교실에 전시된 뇌 구조를 활용한 간단한 퀴즈를 함께 푼다.

— 나는 피겨스케이트를 타는 것을 좋아해요. 나는 제주도에 가
보고 싶어요. … 나는 누구일까요?

'나는…' 시 쓰기

'나는'이라는 제목으로 학습지의 빈칸을 채워 자신의 이야기가 담
기 시를 지어본다. 3연의 마지막 행은 서술어를 직접 만들어 적도
록 한다.

나는…

3학년 (　　)반 (　　)번 (　　　　)

나는 ——————————————————————— 해요.
나는 ——————————————————————— 궁금해요.
나는 ——————————————————————— 를 들어요.
나는 ——————————————————————— 원해요.

나는 ——————————————————————— 해요.
나는 ——————————————————————— 인체 하기도 해요.
나는 ——————————————————————— 을 느껴요.
나는 ——————————————————————— 을 걱정해요.

나는 ——————————————————————— 해요.
나는 ——————————————————————— 알아요.
나는 ——————————————————————— 꿈 꿔요.
나는 ——————————————————————— 노력해요.
나는 ——————————————————————— 희망해요.
나는 ——————————————————————— .

'나는…' 시 나누기

일정한 시간이 지난 후 교실 앞에 나와 희망하는 아이들은 시를 낭송한 후 친구들과 시에 대한 이야기를 나눈다. 서술어를 바꾸어서 만든 시, 고민을 했지만 결국 칸을 채우지 못하여 연이나 행이 줄어든 시 모두를 각자의 개성이 담긴 시로 인정한다. 친구들이 쓴 시에 관한 다양한 질문과 답을 통해 아이들은 자연스럽게 친구에 대해 더 많이 알고 새롭게 이해하게 된다. 또한 시를 쓴 아이는 친구들의 이야기를 들으며 자기 자신의 감정과 느낌을 보다 정확하게 알 수도 있고, 소개하는 말로 다 드러내지 못한 자기표현의 기회를 가질 수도 있다.

― ○○가 지은 시를 들으니 어떤 생각이 드나요?

― ○○의 시 속에는 어떤 세계가 펼쳐져 있나요?

― ○○의 시에서 더 알고 싶은 궁금한 부분이나 인상 깊은 부분은 어디였나요?

― 내가 지은 시와 친구들이 지은 시를 비교하여 비슷한 부분이나 다른 부분은 무엇인가요?

― 우리들이 지은 '나는' 이라는 제목의 시들은 어떤 공통점을 가지고 있나요?

― 제목이 같고 '나는'이라는 똑같은 말로 시작해서 하나만 빼고 행마다 끝나는 말이 똑같이 정해진 시들이 왜 서로 다른 내용을 담은 시가 되었나요?

서술어가 정해지는 틀 안에서 아이들이 자유롭게 쏟아내는 표현들로 인해 아이들의 심리 상태를 더 깊이 파악할 수 있는 활동이었다. 아이들이 쓴 시는 학부모 상담을 통해 이러한 아이들의 심리 상태를 학부모들과 공유할 수 있는 자료가 되었다.

5. '나'의 감정 알아보기

날 짜	3월 6일 화요일
대주제	나와 우리
소주제	나 탐색
활동 주제	'나'의 감정 알아보기
통합 교과	국어 7. 이야기의 세계(듣기 · 말하기 · 쓰기) 도덕 2. 정말 멋있는 내가 되기

'나'의 감정 알아보기[1]

'나의 감정 탐색해보기' 학습지를 통해 여러 가지 감정을 알아보고 자신의 감정들을 평화로운 감정과 흔들리는 감정으로 구분해보도록 한다. '나'와 관련된 감정들을 찾아보며 언제 그런 감정을 느꼈는지 서로 이야기를 나눈다.

아침 대화[2]

매일 '아침 열기'를 할 때 진행한다. 지금 '내' 감정을 색깔, 동물,

---

1. 전교조 서울지부 인권평화교육 3월 자료 참고
2. '꾸아드네프' 꾸아드네프는 프레네 교육에서 활용하는 자유 표현 테크닉 중 하나로 주로 모임을 시작할 때에 그 모임에 온 이유나 생각, 현재의 마음 상태 등에 대해 자유롭게 표현하는 활동이다. 여기서는 '아침 대화' 정도라고 생각하면 무리가 없다.

온도 등 여러 가지 방법으로 나타내본다.

자기 정보 표현하기 – 미완성 문장 완성해 보기

　미완성 문장 '나는 ＿이다.' 3개, '나는 ＿ 생각한다.' 3개, '나는 ＿ 느낀다.' 3개, '나는 ＿ 좋아한다.' 3개, '나는 ＿ 꺼려한다.' 3개, '나는 ＿ 원한다.' 3개, '나는 ＿ 좋아.', '나는 ＿ 싫어.', '나는 ＿ 생각한다.', '나는 ＿ 믿는다.'를 순서대로 배열해서 모든 문장을 완성하여 하나로 이어진 글을 만들어보도록 한다.

예 나는 어린이다. 나는 3학년이다. 나는 인간이다. 나는 키가 작은 사람이라고 생각한다. 나는 장난하는 아이라고 생각한다. 나는 태권도 사랑이라고 생각한다. 나는 마음을 느낀다. 엄마의 사랑을 느낀다. 나는 감정과 아픔을 느낀다. 나는 레고를 좋아한다. 나는 가족을 좋아한다. 나는 남자친구들을 좋아한다. 나는 동원 참치를 꺼려한다. 나는 장애인을 꺼려한다. 나는 까부는 사람을 꺼려한다. 나는 친구를 원한다. 나는 아파트를 원한다. 나는 돈 1억 원을 원한다. 나는 친구를 좋아한다.

'나' 전달법 알기

살면서 좋거나 싫거나 여러 가지 감정을 느끼며 사는데 자기감정을 잘 아는 것은 나를 이해하는데 많은 도움이 된다는 것을 알려준다. '좋다', '나쁘다'로 평가할 수 없다. '나'의 감정을 좀 더 잘 표현하는 것이 나를 사랑하는 방법이기도 하고 다른 사람들이 나를 이해하게 도와주고 평화로운 관계를 가질 수 있는 방법임을 말해 주고 나 전달법을 알려준다.

나는 네가 ‥‥‥‥‥‥하면 ‥‥‥‥‥‥해서 ‥‥‥‥‥‥
（친구 행동）　　　　（구체적인 영향）　　　　（자신의 감정）

네가 ‥‥‥‥‥‥‥‥‥‥‥‥‥‥‥좋겠어.
（바람）

정리하기

'감정은 ‥‥‥‥‥‥‥‥‥‥‥다.'로 정리해본다.

예 감정은 모두 소중해요. 감정은 보물이다.

들숨과 날숨처럼 내 감정을 자연스럽게 표현하고 인정할 수 있는 기회를 갖도록 했다. '나 전달법'은 이후 계속 생활지도에서 강조되었다.

6. '나'의 몸 알아보기

날 짜	3월 7일 수요일
대주제	나와 우리
소주제	나 탐색
활동 주제	나의 몸 알아보기
통합 교과	도덕 2. 정말 멋있는 내가 되기 체육 1. 건강생활의 첫 걸음, 2. 좀 더 힘차게, 좀 더 유연하게 창의적 체험활동 중 자율 활동

'내' 몸 알아보기

몸의 자세 알아보기 체육책을 보면서 바른 자세가 어떤 것이고 우리에게 어떤 영향을 미치는지 알아보고 실제로 걸어보고 앉아보며 확인한다.

스트레칭 익히기 여러 가지 스트레칭 동작들을 해보면서 '내' 몸의 움직임과 느낌을 느껴본다.

명상방법 알기 - 들숨 날숨 알아차리기 아이들에게 책상다리를 하고 앉아 명상하는 법을 알려준다. 호흡의 들숨과 날숨을 알아차리는 방법을 알아보고 10분 정도 명상을 해본다. 아침마다 명상할 것을 알려준다. 호흡을 통해 자신의 상태를 아는 것은 자기 이해에

많은 도움을 주고 집중력과 평화로운 마음을 갖는데 도움을 줄 것
이라 안내한다.

놀이 인간 줄다리기, 업어주기, 꼬리잡기 놀이를 하면서 아이들
이 서로 몸을 접촉하고 친교 할 수 있는 시간을 갖는다.

식습관 돌아보기

자신이 좋아하는 음식과 싫어하는 음식, 급식 먹을 때 혹은 식
생활 습관 중 어떤 어려움이 있는지 말해보면서 음식과 건강과의
관계를 알아본다.

바른 몸가짐

장소와 상황에 따른 나의 몸가짐을 살펴보고 바로잡아야 할 점
을 찾아 연습한다.
'격몽요결의 구사, 구용' 자료를 주고 같이 읽어보았다. 어려운
것을 설명하고 자신이 명심하고 싶은 것들을 고르도록 했다(예
'구사' 중 얼굴 표정을 온화하고 따뜻하게 하고 있는가 생각하라.
'구용' 중에선 얼굴은 반드시 씩씩한 모습을 보여야 한다. 우울하
고 찡그린 인상은 보기에도 안 좋다). 그리고 '나의 명심문'을 만

들어 코팅해서 책갈피로 만들어 늘 가지고 다니면서 잊지 않기로
했다.

명상은 매일 아침마다 3분씩 하기로 했다. 골고루 먹는 것이 건강에 좋다는 것을 머리로는 알고 있지만, 아이들 대부분은 좋아하는 음식과 싫어하는 음식에 대한 구분이 뚜렷하고 먹기 싫은 음식이 급식으로 나왔을 때 자유롭게 양을 선택해서 먹을 수 있기를 희망했다. 자신의 식습관을 정확하게 아는 것도 중요하지만 학교 급식은 그 자체가 하나의 교육활동이므로 건강문제를 넘어 포괄적으로 급식문제를 이야기하고 약속을 정할 필요가 있다. 음식쓰레기의 문제점을 공부하고 급식약속을 정했다. 아이들이 음식을 남기지 말아야 하는 이유를 좀 더 생각할 기회가 되었다. '나의 명심문'은 늘 갖고 다니면서 다시 한 번 인식하는 것이 중요하다.

7. '나'의 가치 알아보기

날 짜	3월 8일 (목) ~ 3월 9일 (금)
대주제	나와 우리
소주제	나 탐색
활동 주제	나의 가치 알아보기
통합 교과	국어 1. 감동의 물결(읽기) 도덕 2. 정말 멋있는 내가 되기

〈짜장 짬뽕 탕수육〉 읽기

〈짜장 짬뽕 탕수육〉을 읽고 가치가 무엇인지 생각해보게 한다. 반 친구들의 놀이와 주인공의 놀이에서 차이점이 무엇인지 알게 한다. 어떤 것을 '내'가 더 좋아하는지 말해보게 한다. 가치가 무엇인지 알게 하고 내가 좋아하는 가치가 무엇인지 생각하게 한다.

친구들이 숨긴 보물 찾기

〈재미네골〉 이야기를 읽고 마을 사람들이 행복하게 살기 위해 필요했던 것이 무엇인지 보물이라는 말로 찾게 한다. 그리고 '내'가 행복하게 살기 위해 필요한 보물들에는 무엇이 있는지 쪽지에 쓰게 한다. 그중에서 모둠 친구들과 함께 서로 같은 것은 내려놓고 서로 나눈다. 그리고 '내'가 가장 중요하다고 생각하는 3가지 보물을 교실 구석구석에 숨기게 한다. 친구들이 숨긴 보물을 찾는 놀이를 진행한다. '내'가 찾은 보물을 발표하고 공책에 보물 상자를 잘 꾸며 보물을 보관하게 한다.

'내'가 찾은 보물 중에서 내 보물 1호로 정하고 싶은 가치를 고르게 하고 그 가치가 무엇을 의미하는지 구체적인 예를 들어 설명해보게 했다. 가치 사전 만들기를 하면 좋겠다. 우리 모둠이 보물로 정하고 싶은 가치 찾기와 우리 반이 보물로 정하고 싶은 가치도 찾아봤다.

가치라는 추상적인 단어, 그러나 아이들과 말해보고 싶은 부분을 좀 더 생각해볼 수 있었다. 아이들이 보물찾기로 가치에 대해 생각해볼 기회를 가진 것은 비교적 성공적이었다.

8. '다르다' 알기

날 짜	3월 9일 금요일
대주제	나와 우리
소주제	나 탐색
활동 주제	'다르다' 알기
통합 교과	국어 6. 좋은 생각이 있어요 과학 2. 자석의 성질 미술 5. 관찰 표현

산책하기

아침에 산책을 하면서 나무 이름을 알려준다. 특히 꽃눈이 벌써 나온 나무들 중심으로 이름을 알려준다. 사진도 같이 찍으면 좋겠다. 꽃눈과 잎눈을 공원을 돌면서 전체적으로 살펴보고 각자 관심 있는 꽃눈과 잎눈을 더욱 자세히 보도록 한다. 그리고 그 꽃눈 혹은 잎눈과 대화를 나눠보라고 한다. 나와 닮은 점도 찾아보게 해서 느낀 점을 함께 나눈다.

화단에 있는 목련 꽃눈을 관찰한 후 목련 꽃눈과 '똑같이 생긴 것'과 '다르게 생긴 것' 찾기 놀이를 한다. 5분 정도 시간을 주며 6모둠 중 3모둠은 '똑같이 생긴 꽃눈'을 찾아오게 하고 다른 3모둠은 '다르게 생긴 꽃눈'을 찾아오게 한다. '다르게 생긴 꽃눈'을 찾는 팀은 여기저기서 쉽게 다른 꽃눈들을 찾지만 , '똑같이 생긴 꽃눈'을 찾는 팀은 비슷한 꽃눈 1~2개밖에 찾지 못한다.

같은 점보다 다른 점이 더 많음을 느끼게 하여 이렇게 모두 다르다는 것이 자연스럽다는 것을 말해준다. 꽃눈, 잎눈은 사진을 찍어 와서 교실에서 빙고게임을 해도 좋다.

내 모습 그리기

거울을 보며 다양한 표정을 지어보는 놀이를 짝끼리 해보게 한다. 거울 속의 '내' 얼굴을 관찰하고 특징을 잡아 붓펜으로 그려보게 한다. 밑에는 자신의 특징을 살려 '어떤 나'라고 쓰게 한다. 교실 한편에 전시하고 같이 보면서 느낌을 나누게 한다. 꽃눈, 잎눈이 서로 다르듯이 우리도 모두 다르게 생겼다고 말한다. 다르다는 것이 자연스러운 것임을 다시 느껴본다.

자석 공부하기

자석의 성질과 자기력에 대해 공부를 한다. 자신에게 돌아와서 자기력처럼 '나'만의 매력을 찾아본다. '나'의 좋은 점 50가지를 찾아보자.

자석의 성질 중 끌어당기는 힘처럼 '내'가 좋아하는 것이 무엇인지, 밀어내는 힘처럼 '내'가 싫어하는 것이 무엇인지 알아본다. 같이 나누면서 '내'가 싫어하는 것을 다른 사람은 좋아할 수도 있고 '내'가 좋아하는 것을 다른 사람은 싫어할 수도 있음을 알게 한다.

줄무늬가 생겼어요

『줄무늬가 생겼어요.』라는 책을 읽어준다. 그 책에 나온 이야기에서 주인공이 걸린 병이 무엇인지, 어떻게 하여 낫게 되었는지 아이들에게 질문해서 아이들이 깨달은 점을 말하게 한다. 깨달은 점을 나눈 후 우리는 모두 다르기 때문에 욕구도 다르다는 것을 알게 한다. 모두 다르다는 것을 모르면 자신이 갖고 있는 욕구가 잘못되었거나 다른 사람이 갖고 있는 욕구가 잘못되었다고 생각해서 이 주인공처럼 병이 생길 수 있다며 모두 다르다는 것을 인정할 때 '내' 욕구를 표현하고 들어줄 수 있는 마음이 생긴다고 말한다. '나'와 친구들이 다르다는 것을 인정하자. 각자 좋아하는 것도 다르다는 것을 인정하자.

이 활동은 '다름'을 '틀림'으로 오해하여 생기는 자존감 상실과 관계 갈등에 대해 생각해 볼 기회를 갖게 한다. 주변의 자연물들이 다 제각각이듯이 사람도 외양과 내면이 다 다르므로 '차이'를 인정하는 것이 중요하다는 것을 강조하였다.

9. 학급 규칙 만들기

날 짜	3월 9일 금요일
대주제	나와 우리
소주제	행복한 우리
활동 주제	학급 규칙 만들기
통합 교과	국어 1. 감동의 물결(읽기) 도덕 2. 정말 멋있는 내가 되기, 4. 너희가 있어 행복해 창의적 체험활동 중 자율 활동

내가 원하는 우리 반의 모습은?

실물화상기로 『재미네골』 이야기를 떠올리며 우리 반은 어떤 모습이면 좋겠는지 이야기를 나눈다.

— '재미네골'에 웃음이 끊이지 않았던 이유는 무엇인가요?

— '재미네골'의 모습을 기억하며 우리 반은 어떤 모습이면 좋겠나요?

평화 도화지 그리기

프로젝트 학습장을 옆으로 길게 눕혀 - 없으면 A4 종이를 활용 -
사등분하여 각 칸에 평화에 관한 여러 가지 표현을 나타낸다. 각
칸에 해당되는 지시를 한 번에 주기보다 한 칸씩 단계별로 함께
표현하고 서로 나누며 진행한다. 또 각 칸에 해당하는 것을 한 가
지 혹은 몇 가지로 지정하기보다 자유롭게 생각나는 것을 적을 수
있도록 한다. 표현은 글, 그림 중 어떤 방식이든 좋다.

[표 1] 평화 도화지

1-① 내가 가장 평화로운 때는 언제인가요? 1-② 평화로운 순간들을 색으로 표현하면 　　무슨 색일 것 같나요? (색의 이름을 써도 좋고 색연필 중 골라서 가볍게 칠해도 좋음. 이 때 불안한 심리상태 를 지닌 아이들은 검정색을 택함)	2. 평화를 만진다면 어떤 느낌일 것 같나 　요? (무엇을 만지는 것과 같은 느낌일 것 　같나요?)
3. 평화로운 사람들 (평화를 만드는 사람들) 　의 표정은 어떠할까요?	4. 평화로운 반을 만들려면 어떻게 해야 할 　까요?

학급 약속 만들기

[표 2] 평화로운 반을 만들기 위해 함께 하기를 원하는 행동

원하는 행동 a	원하는 행동 e
원하는 행동 b	원하는 행동 f
원하는 행동 c	원하는 행동 g
원하는 행동 d	원하는 행동 h
원하는 행동 i	원하는 행동 m
원하는 행동 j	원하는 행동 n
원하는 행동 k	원하는 행동 o
원하는 행동 l	원하는 행동 p

모둠(4인)별로 A4용지를 한 장씩 나누어 가진 후 사등분하여 나누어 가진다. 각자 받은 종이를 다시 길게 4등분하여 오려서 각각에 '내'가 생각하는 평화로운 반을 만들기 위해 우리 반이 함께 했으면 하는 행동을 하나씩 적는다.

모둠 1번부터 갖고 있는 네 개의 종이 중 한 개를 골라 적힌 행동을 읽으며 종이를 내려놓는다. 이때 모둠원 중 비슷한 행동을 적은 사람은 그 종이 위에 비슷한 행동이 적힌 종이를 올려놓으며 "동의합니다."라고 말한다. 각자 가지고 있는 종이가 없어질 때까지 돌아가며 한 장씩 자신이 적은 행동을 말하며 내려놓는다.

결과를 보며 우리 모둠이 생각하는 우리 반을 위한 약속 5가지를 토의하여 결정한 후 이를 각각 포스트잇에 적어 칠판에 붙인다.

모둠별로 포스트잇에 하나씩 쓴 5개의 우리 반 약속을 칠판의 모둠 자리에 5개가 다 보이도록 붙인다. 어떤 약속들이 있는지 1

모둠 내용부터 순서대로 교사가 읽어준다. 다 읽어 준 후, 비슷하거나 같은 약속이 적힌 포스트잇끼리 한 곳에 모아 붙인다. 교사가 먼저 내용이 거의 같은 것들을 모아서 붙이고, 비슷한 것들을 찾아 함께 묶을 수 있을지 아이들에게 물어본 후 대다수가 동의하면 함께 붙이는 식으로 진행한다. 이때 몇 개의 묶음이 생기는지 아이들이 잘 볼 수 있도록 포스트잇을 묶음별로 구분하여 붙이고 한 묶음에 몇 장의 포스트잇이 붙여졌는지 확인할 수 있게 붙인다(분필로 묶음별 구분선을 그어 주고 포스트잇을 붙일 때에는 끝부분을 이어 아래로 쭉 이어서 붙이면 몇 장인지 쉽게 알 수 있다).

그 다음, 비슷하게 묶인 포스트잇에서 내용을 가장 잘 표현할 수 있는 문장을 찾아 정리한다(아이들에게 손을 들게 하여 가장 적절한 문장을 찾을 수도 있고, 교사가 적절한 문장을 찾아 제안하고 다른 의견이 있는지 물어서 결정할 수도 있다).

이렇게 나온 내용들을 바탕으로 우리 반 약속 5가지를 정한 후 교실에서 잘 보이는 곳에 게시한다. 약속 정하기를 할 때는 '하지 마.'나 법전 같은 규칙보다는 해야 할 행동으로 제시되는 문장으로 표현한다. 또한 토의 시간을 충분히 주어 이야기를 나눌 수 있도록 한다. 다모임 시간을 활용하여 각 반에서 만든 다섯 개의 규칙들을 모아 학년 공동의 규칙을 정하는 것도 좋다.

낱말로 표현된 5개의 약속뿐만 아니라 5개의 약속들에 대한 정의를 함께 내리고, 구체적 활동 예시들을 적어서 그 내용으로 우리 반 가치 사전을 만드는 활동을 추후 연계했다면 꾸준히 학급 규칙을 인지하는 계기를 마련해줬을 것이라고 생각한다.

10. 친구 알기

날 짜	3월 12일 월요일
대주제	나와 우리
소주제	행복한 우리
활동 주제	친구 알기
통합 교과	도덕 4. 너희가 있어 행복해 국어 6. 좋은 생각이 있어요.(듣기 · 말하기 · 쓰기)

동기유발

정해진 시간 동안 학습지를 들고 교실 안을 돌아다니며 주어진 20가지의 조건에 해당하는 친구들을 만나 사인을 받아오는 친구 찾기 미션을 한다. 이때 조건은 '안경을 끼고 있는 친구', '작년에 1반이었던 친구', '나보다 키가 큰 친구' 등 사실과 관련된 내용으로 구성하고 '예쁜 친구', '착한 친구' 등 의견과 관련된 내용을 1~

2가지 정도 포함한다. 활동이 끝나면 각 조건별로 해당되는 아이들을 알려주어 확인한다.

사실과 의견 알기

— 친구 찾기 활동에서 정답이 무엇인지 헷갈리는 조건은 무엇이었나요?
— 왜 그렇게 생각하나요?
  : ‘예쁘다’ 라는 것은 보는 사람에 따라 다른 것 같다.
  : 나는 OO가 착하지 않다고 생각하는데 **은 착하다고 말해서 무엇이 맞는지 모르겠다.
— 이렇듯 생각이나 느낌을 나타내고 사람에 따라 다르게 표현하는 것을 의견이라고 합니다. 반면에 대부분이 그렇다고 생각하고 실제로 있었던 일을 그대로 나타낸 것을 사실이라고 합니다.

사실과 의견 연습하기

김연아 선수의 경기 영상을 본 후 영상과 관련된 5개의 문장을 포스트잇에 각각 적는다.

그중 한 가지를 칠판에 붙인다. 칠판에 붙여진 문장들을 사실과 의견으로 분리한다. 한 명이 나와서 활동하기보다 모둠 단위로 나와 상의하며 분리하고 잘못된 부분이 있으면 다른 모둠이 나와 수정한다. 이러한 과정을 거치며 아이들이 어려워하는 문장의 형태를 이야기하며 추가 설명을 한다. 모둠원이 쓴 남은 문장들을 모아 빠른 시간 안에 사실과 의견으로 정확하게 분리하는 게임을 한다.

친구에 대한 사실을 소개하는 글쓰기

둘씩 짝을 지어 마주보고 앉는다. 이때 작년에 같은 반이 아니었던 아이들끼리 짝이 될 수 있도록 한다. 마주본 친구의 생김새를 관찰하거나 인터뷰 등을 통해서 친구에 대한 사실이 담긴 글을 쓴다. 이때 친구에 대한 평가가 담긴 의견을 나타내는 문장이 아닌 친구에 대한 정보가 담긴 사실을 나타내는 문장이 될 수 있도록 안내한다.

친구 관찰 프로젝트 안내

매일 1명의 친구를 집중 관찰하는 '친구 관찰 프로젝트'에 대해 안내한다.

　칠판 한쪽 잘 보이는 곳에 '오늘의 관찰 친구는 ○○'으로 나타낸 후 1교시 시작 전에 그 친구의 이름과 어디에 앉은 누구인지 아이들에게 안내한다. 하루 종일 그 친구의 행동을 관찰하고 그렇게 관찰해서 발견한 행동을 적어도 한 개씩 포스트잇에 적어 정해진 장소에 붙인다. 칠판의 한쪽 면을 활용해도 좋다. 우리 반의 경우는 4월부터 사용할 '칭·비·축·제'(프레네 교육에서 활용하는 소통과 나눔의 한 방법으로 '칭찬', '비판', '축하', '제안' 게시판을 만들어 교실에서 일어나는 일들에 대해 일상적인 소통을 나누는 활동 게시판이다. 이곳에 모인 내용들을 바탕으로 학급회의를 진행하면 회의가 보다 구체적이고 실질적으로 운영되기도 한다.) 게시판을 활용했다. 수업이 끝나면 관찰대상 아이와 함께 하나씩 읽으며 프로젝트 학습장에 풀로 붙이며 이야기를 나눈다. 친구가 하루 동안 가장 많이 한 행동, 다른 친구들이 보는 '내' 모습, 교사가 하루 동안 바라본 모습은 어떤지에 대해 이야기한 후 오늘 관찰 대상이었던 아이가 내일 관찰 친구를 직접 선정하도록 한다.

관찰 친구 활동을 진행하다보면 아이들은 자신이 그 이전에 알고 있던 친구의 모습에 대해 쓰는 경우가 있다. 관찰 기록은 특정 시점에 직접 보거나 들은 구체적인 말이나 행동, 모습을 기록하는 것인데 아이들은 자기 기억 속에 있는 친구의 모습이나 이미지를 관찰한 것이라 생각하며 쓰는 것이다. 이런 문제점을 아이들에게 이야기하자 몇몇 아이들은 쉬는 시간에 관찰 친구를 보고 있다가 그 친구가 한 말이나 행동을 시각과 함께 쓰기 시작했다. 그러니까 전보다 훨씬 구체적이고 사실적인 관찰 내용이 모아졌다. 이렇게 관찰을 통해 사실을 구체적이고 정확하게 잘 적은 아이들의 내용을 틈틈이 읽어주니까 사실 관찰을 어려워하던 아이들이 조금씩 친구 관찰 프로젝트에 적응하며 관찰 친구를 세심하게 잘 관찰하고 썼다.

11. 생일 달력 만들기

날 짜	3월 12일 월요일
대주제	나와 우리
소주제	행복한 우리
활동 주제	생일 달력 만들기
통합 교과	도덕 4. 너희가 있어 행복해 미술 2. 꾸미기

3월 첫 주 개인 사진을 촬영할 때 생일이 같은 달인 친구들끼리 모여 잠깐 인사를 나누고 함께 사진을 찍는다.

생일 달력 만들 계획 세우기

생일이 같은 달에 있는 친구끼리 모여 간단한 소개와 자기 생일 날짜를 이야기 한다. 달력에 무엇을 넣어서 어떻게 꾸미면 좋을지 의논한 후, 생일이 같은 월별로 반 전체 친구들 앞에서 간단히 발표한다.

예 생일 날짜에 이름을 써넣고 학교나 학급의 주요 행사 넣는다. 이달의 미션(친구들과 싸우지 않고 친하게 지내기. 하루에 한 명 친구 칭찬하기. 아침에 교실에 들어와 친구에게 인사하기 등) 중에서 하나를 써넣는다. 그 달에 어울리는 그림을 그려 넣는다. 자기 사진 옆에 말 주머니를 그리고 그 안에 생일날 어떻게 지내고 싶은지 자기 소망을 쓴다.

생일 달력 만들기

아이들에게 월별 날짜 표와 4절 도화지를 나누어 준다. 색연필이
나 사인펜, 유성매직, 색종이 등을 비치하여 필요할 경우 아이들
이 원활하게 사용할 수 있게 한다.

　계획한 대로 생일 달력을 협력하여 만든다. 다 만든 후, 월별로
생일 달력을 들고 나와 반 전체 친구들에게 보여주며 계획한 내용
과 꾸민 내용이 어떻게 연결되어 있는지, 달라진 점이 있는 지, 달
력을 만든 소감은 어떤지 등을 발표한다.

생일잔치에 대하여 토의하기

아이들과 생일을 맞은 친구에게 어떻게 축하하면 좋겠는지 회의
를 한다. 회의에서 정해진 대로 생일 축하 행사를 진행한다.

　예 아침에 간단하게 잔치 열어주기, 급식 먼저 받기, 기념 촬
영, 장점 말해주기, 촛불 의식, 간단한 축하공연 1개

[사진 2] 〈생일 달력 만들기〉

아침 시간에 진행도우미와 함께 준비해서 생일을 맞은 아이의 생일잔치를 여는데 그날 그 아이는 '친구 관찰' 대상이 되었다. 다른 친구들이 장점을 찾아 기록하고 말해주는 시간을 가졌는데 생일을 맞은 아이들은 행복해 하고 다른 아이들은 그 친구에 대해 좀 더 생각해 볼 기회가 되었다.

12. 평화를 만드는 말 연습하기

날 짜	3월 12일 월요일
대주제	나와 우리
소주제	행복한 우리
활동 주제	평화를 만드는 말 연습
통합 교과	도덕 4. 너희가 있어 행복해 국어 6. 좋은 생각이 있어요(듣기 · 말하기 · 쓰기)

우리 반 교실 상황극 만들기

교실에서 친구에게 들었던 말 중에 기분 나빴던 말 3가지를 종이에 쓰게 한다. 돌아가며 말하면서 그때의 기분과 그런 기분을 가지게 된 이유를 발표한다. 이야기를 다 나눈 후, 모둠별로 1～2가지를 골라 정해진 통에 담은 후, 그중 1개를 모둠별로 뽑아서 뽑은 내용으로 상황극을 꾸며 발표하게 한다.

발표가 끝난 후 발표한 아이들의 소감을 들어 본다.

평화를 만드는 대화 상황극 만들기

앞에서 발표한 기분 나빴던 말로 만든 상황극에서 서로의 대화 내용을 어떻게 바꾸면 좋을지 의견을 나누어 보게 한다. 모아진 내용으로 내용을 바꾸어 다시 상황극을 꾸미고 발표하게 한다. 그런 다음 다시 상황극을 꾸민 아이들의 느낌을 발표하게 한다. 상대방의 기분을 상하지 않게 감정을 전달할 수 있는 방법을 연습하는 것의 의미를 알려준다.

그림책 읽고 평화롭게 말하기 연습하기

표지를 보고 제목과 그림의 관계를 상상해 보게 한다. 속표시 속에 그려진 주전자와 찻잔의 역할에 대해 알아본다.

— 여기에 그려진 게 뭐지?
— 근데 왜 이게 여기에 그려져 있을까?

읽어주면서 누가 찻잔을 갖고 가는지도 찾게 해 본다. 그림에서 특별한 장면이나 부분이 있는지 찾아보게 한다. 책을 다 읽고 난 후, 아기 늑대와 돼지가 처음부터 친하게 지내지 못했던 이유가 무엇이었을지 질문하고 나눈다. 또 자신이 돼지라면 어떻게 했을지 발표해 보게 한다. 책을 읽은 소감을 나누고 느낌을 그림이나 글로 표현해 보게 한다.

상황극은 교실에서 아이들이 누구나 한 번쯤 겪을만한 갈등상황을 그대로 보여준다. 대체로 이런 갈등 상황은 상대를 배려하지 않거나 자기중심적인 판단으로 하는 말과 행동에서 비롯된다. 갈등 상황을 평화롭게 만들기 위해 서로 어떻게 대화하는 것이 좋을지 상황극으로 연습하면 머리로 이해하는 것보다 훨씬 빨리 몸으로 평화로운 대화법을 익힐 수 있게 된다. 또한 앞에서 펼쳐지는 상황극을 보며 문제를 객관화 시켜서 바라보는 힘도 가질 수 있다. 이번 수업에서 활용한 '아기 늑대 삼형제와 못된 돼지' 그림책에는 '평화로운 대화법'에 대해 생각해 보고 연습해 볼 수 있는 장면들이 몇 군데 있다. 대화법을 연습할 때에 그림책을 이용하여 동기를 유발하고 활동을 이끌어 가는 것도 효과적인 방법 중 하나가 될 수 있겠다.

13. 적극적인 경청 연습

날 짜	3월 14일 수요일
대주제	나와 우리
소주제	행복한 우리
활동 주제	적극적인 경청 연습
통합 교과	도덕 2. 정말 멋있는 내가 되기 국어 3. 여러 가지 생각(듣기 · 말하기 · 쓰기)

경청 자세 보여주기

교사가 직접 아이 한 명과 대화를 나누는 장면을 시연한다. 대화를 나눌 때 손을 무릎에 두고 말하는 사람의 눈을 바라보며 이야기를 듣다가 가끔 고개를 끄덕여준다. 시연이 끝난 다음 선생님이 어떻게 했는지 질문한다(눈, 손, 고개 등).

잘 들어주기와 잘 듣지 않기 비교

먼저, 2명의 아이 중 한 명을 복도로 내 보낸 다음, 교실에 남아 있는 아이들에게 복도에 있는 아이들이 들어와서 이야기를 할 때에 선생님이 보여줬던 좋은 자세로 이야기를 들어 줄 것을 부탁한다. 예를 들면, 짝이 하는 말을 들을 때에는 눈을 바라보며 고개를 끄덕여 주고, '맞아', '그래' 등의 공감하는 말을 넣어서 듣도록 한다. 또한 짝의 말이 끝났을 때에는 들은 내용에 관해 질문도 해 보게 한다. 안내가 끝난 다음 복도에 있는 아이들에게 교실로 들어와서 짝에게 가족에 대해 소개하는 말을 하도록 한다.

역할을 바꾸어 가족에 대해 소개하는 말을 한 아이들이 교실에 남고 잘 들어주었던 아이들이 복도로 나가게 한다. 교실에 남아 있는 아이들에게 복도에 있는 친구들이 들어와서 이야기를 할 때에 시선을 딴 곳으로 바라보고, 손으로 장난도 치고 옆 친구에게도 말을 걸며 잘 듣지 않는 모습을 보여주도록 부탁한다. 그 다음 복도에 있는 아이들에게 들어 와서 자신의 현재 고민거리에 대해 짝에게 말해 주도록 한다.

잘 들어 줄 때와 그렇지 못할 때 느낌이 어땠는지 서로 발표하고 나눈다.

우리 반 경청 자세 정하기

경청 자세를 어떻게 하면 좋을지 토의해 보고 우리 반 경청 자세를 정한 다음 연습한다.

[표 3] 경청 연습 후 쓴 소감문

●5교시에 적극적인 경청에 대해서 게임을 했다. 자기소개를 하는 게임이다. 첫 번째는 나의 장점, 취미, 관심사에 대하여 말하였고 잘 듣고, 맞장구쳐주고 눈 맞추기 등 잘 듣는 걸로 하였다. 할 때의 기분은 상대방이 잘 들어 주어서 신이 나서 더 자세히 이야기하였다. 역시 적극적으로 얘기하고 들으면 상대방은 나에 대한 걸 알게 되어 좋고 나는 나에 대한 걸 이야기해 주니 기분이 좋고 상대방도 기분이 좋다. 하지만 잘 안 들어 줄 때에는 기분이 나빠서 더욱 자세히 이야기하기가 싫어서 그만 두고 싶은 생각이 마구 떠올랐다. 죽으라고 얘기하는데 안 들어 주니 화가 났다. 역시 상대방과 이야기할 때는 잘 들어 주고 맞장구도 쳐 주고 눈 맞추고 고개를 끄덕여야 한다는 것이 느껴졌다. 이게 게임이라 다행이지 실제였다면 얻어맞고 큰 일이 났을 것이다. — 이00

학기 초에 한 번 연습하고 끝나는 것이 아니라 학기 중, 2학기 등 중간 중간에 계속 연습해 보는 시간을 갖는 것이 좋다. 그리고 이때 정한 경청 자세를 학급 게시판에 크게 써 붙여 두면 더욱 좋다.

14. 짝 체조 만들기

날 짜	3월 13일 화요일
대주제	나와 우리
소주제	행복한 우리
활동 주제	짝 체조 만들기
통합 교과	체육 1-2. 좀 더 힘차게, 좀 더 유연하게 국어 1. 감동의 물결(듣기 · 말하기 · 쓰기)

몸의 각 부위를 풀어주는 기본 체조

아직 체육시간에 줄을 서는 데에 익숙하지 않은 시기이다. 줄을 반듯하게 설 필요는 없지만 기본적인 운동을 서로 불편하지 않게 할 수 있는 공간을 확보하고, 교사의 안내에 집중할 수 있도록 약속을 계속 상기시키는 작업을 먼저 한다. 체육시간 시작할 때에는 마제형(U자형 뒤집어 놓은 모양)으로 2줄 또는 3줄로 서게 하는 것이 집중시키기에 좋다.

줄서는 연습이 끝난 다음 교사와 함께 몸의 주요 부위를 풀어 주는 맨손 체조를 한다. 느리고 정확한 동작으로 모두 함께 할 수 있도록 하며, 굳이 구령을 붙여서 하기보다 자연스럽게 동작들을 연결하도록 한다. 체조를 할 때에 아이들은 아직 집중력과 자기 몸에 대한 조절이 부족하여 두 다리를 바닥에 대고 가만히 있지 못한다. 특히 남자 아이들이 더 그렇다. 나무가 뿌리를 땅에 박고 줄기를 곧게 세워 흔들림 없이 있는 것처럼 허리 위 동작을 할 때에는 반듯하게 자세를 유지해보자고 말한다.

기본 체조가 끝난 다음 양팔을 수평으로 벌리고 오른 발 들어 오래 있기와 왼발 들어 오래 있기를 간단히 진행한다.

모둠별 짝 체조 만들기

둘이 함께 할 수 있는 체조에는 어떤 것들이 있는지 찾아본다. 우리 반에서는 어깨 잡고 허리 숙이기, 두 손 잡고 옆으로 당기기, 서로 등 대고 업어 주기, 다리 벌려 앉아 당기기 등 생각보다 아이들은 다양한 것들을 잘 이야기하였다.

각 동작들이 어떤 모양인지를 간단히 시연으로 보여준 다음, 모둠 친구들끼리 짝 체조를 5가지 만들어 연습하게 한다. 체격 조건이 너무 차이 나는 아이들이 있으면 적당히 다시 모둠을 구성해 준다. 우리 반에서는 특별히 크게 차이 나지 않아 모둠 안에서 2

명씩 짝을 만들도록 하였다.

짝 체조 연습을 할 때에 동작이 서로 크고 정확해야 하며, 기분 좋은 마음으로 협력해서 해야 한다는 점을 강조한다. 연습을 할 때에는 구령을 붙이거나 음악(노래)을 이용할 수도 있음을 안내한다.

짝 체조이긴 하지만 모둠 안에서 동작을 통일하여 발표를 할 때에는 모둠별로 발표를 할 수 있게 하였다.

모둠별 짝 체조 발표하기

무대 앞에 모둠별로 앉게 한 다음, 순서를 정하여 모둠별로 무대에 올라 짝 체조를 발표하게 한다. 발표라 그런지 아이들은 나름 긴장을 하며 무대에서 최선을 다하려고 노력하였다. 아이들이 흥미 있게 감상 하는 모습이 인상적이었고, 생각보다 크고 다양한 동작들이 많이 표현되었다.

발표가 모두 끝난 뒤에 친구들의 짝 체조를 본 생각이나 느낌을 발표하고 나눈다.

　　　　　　강당에 간 김에 무대를 활용하여 발표를 하게 했는데, 그 작은
　　　　　　높이 차이가 뭐라고 아이들은 훨씬 더 흥미를 갖고 최선을 다
해 발표하려는 모습을 보였다. 표현할 수 있는 기회를 다양하게 주는 것이 정말
소중하다는 생각을 다시금 해 보았다. 신체를 접촉하고 동작을 맞춰야 하는 짝 체
조를 통해 아이들이 조금은 더 가까워졌을 것 같다. 짝 체조 연습을 할 때에 구령
을 붙이거나 음악을 이용할 수 있다고 안내는 했었지만, 이왕이면 짝 체조에 어울
리는 몇 개의 음악을 들려주고 그 음악들을 이용하여 체조를 하도록 했으면 더 좋
았겠다는 생각이 든다.

15. 친구 찾기 놀이

날　짜	3월 16일 금요일
대주제	나와 우리
소주제	행복한 우리
활동 주제	친구 찾기 놀이 2
통합 교과	국어 2. 아는 것이 힘(듣기 · 말하기 · 쓰기) 창의적 체험활동 중 자율 활동 두덕 4. 너희가 있어 행복해

안내하는 말하기 연습

집에서 학교까지 오는 길을 친구들이 이해하기 쉽게 말할 수 있도

록 생각해 보게 한 다음 모둠 친구들끼리 각자 집에서 학교까지 오는 길을 서로 듣고 발표하게 한다.

실제 활동이 끝난 다음 모둠 친구들의 발표 내용에서 잘 이해가 가지 않았던 부분이 있었는지 질문하였다. 아이들은 "00에서 왼쪽으로 꺾어져서 앞으로 쭉" 등과 같은 말에서 '왼쪽'이나 '앞으로 쭉' 같은 부분이 정확하게 어디인지를 잘 모르겠다고 하였다. 또, 그냥 '집에서 쭉 오면 학교'라고 말한 아이도 있었는데 그것으로는 잘 이해가 가지 않는다고도 하였다. 어떤 부분들을 보충해 주면 좋을까 이야기를 나누어 봤더니 길이 꺾어지는 부분에서는 주변의 큰 건물을 이야기 해 주고 '앞으로 쭉'이라는 말보다는 '몇 걸음' 또는 '무슨 건물 앞'이라는 말을 넣어주면 더 잘 이해할 수 있겠다고 하였다.

이런 이야기를 나눈 후, 안내하는 말과 글의 특징을 간단히 살펴보고 안내하는 말을 잘하기 위한 방법과 안내하는 말을 잘 듣는 방법이 무엇일지 이야기를 나누어 본다. 그리고 듣기·말하기·쓰기 26쪽 '안내방송'을 들려주고 안내하는 내용이 무엇인지 확인한다. 그 다음 듣기·말하기·쓰기 28쪽 '놀이동산의 안내 방송'을 듣고 중요한 내용을 간추려 정리한다.

친구들이 소중하게 생각하는 물건에 관한 이야기 들어오기

아이들에게 전날부터 교실에 들어설 때 친구들 몰래 자신이 소중

하다고 생각하는 물건을 하나씩 상자에 넣도록 한다. 상자에 넣은 물건에 관한 이야기를 친구에게 해준다면 어떤 이야기를 해 주어야 할지 의견을 나누어본다. 그 물건이 소중한 이유, 어떻게 해서 가지게 되었는지, 얼마나 오랫동안 가지고 있었는지, 이 물건이랑 관련 있는 사람이 있다면 누구인지 등에 대해 이야기를 해주면 좋을 것 같다.

이렇게 이야기를 나눈 후 안내 과정을 잘 들어야 놀이에 재미있게 참여할 수 있다는 것을 강조하면서 '친구 찾기 놀이 2' 방법을 안내해준다. 놀이 방법은 다음과 같다.

① 모두 눈을 감고 선생님이 상자를 들고 자리 주변에 가면 손을 넣어 물건을 한 개씩 꺼내어 갖는다. 자기가 넣은 물건이 나왔을 때에는 다시 뽑는다.

② 친구들이 물건을 하나씩 다 가지게 되면 자리에서 조용히 일어나 교실을 돌아다니며 그 물건의 친구를 찾는다. 이때에 그 물건의 주인을 추측하는 말을 하거나 다른 친구의 물건을 보고 누구 물건인지 확인하지 않도록 한다. 교실을 돌아다닐 때에는 그 물건의 주인일 것 같은 친구에게 가서 물건의 주인인지를 조용히 살짝 질문한다. 큰 소리로 말 하지 않기 약속을 꼭 지키도록 인내한다.

③ 물건의 주인을 찾았으면 그 물건의 주인이 들려주는 물건에 관한 이야기를 잘 듣고 메모한다. 물건의 주인을 서로 찾느라 혼잡할 수 있는데, 친구의 이야기를 듣고 나   눌 수 있는 때를 양보하며 기다리게 한다.

④ 자리로 돌아와서 찾은 친구의 물건에 담긴 이야기를 정리하고 친구의 물건과 함께 책상 위에 전시한다. 물건의 주인이 누구인지를 꼭 쓰고 물건을 찾아 이야기를 듣고 정 리한 사람이 누구인지도 꼭 쓰게 한다.

국어과의 '안내하는 말하기'와 연계하여 활동을 진행하니까 활동량이 많아졌다. 이 활동은 4차시 정도로 기획해야 여유 있고 원활하게 진행할 수 있다. 물건 주인을 찾으러 다닐 때 말하고 듣는 것이 동시에 이루어져서 다소 혼잡하므로 먼저 만난 순서대로 활동을 진행하도록 잘 안내해야 한다(대화를 나누고 있는 친구들은 방해하지 않기 등).

16. 친구와 우정의 의미

날 짜	3월 20일 화요일
대주제	나와 우리
소주제	행복한 우리
활동 주제	친구와 우정의 의미 생각해 보기
통합 교과	도덕 4. 너희가 있어 행복해 국어 1. 감동의 물결(듣기 · 말하기 · 쓰기)

『우리는 친구』 읽어주기

앤서니 브라운의 『우리는 친구』 라는 책을 읽어준다.

책을 읽어 주기 전에 아이들과 함께 앤서니 브라운의 다른 작품들을 찾아본 다음, 『우리는 친구』 표지에서 어떤 내용을 추측할 수 있을지 서로 얘기해 보았다. 의외로 이 책을 읽어 보았다는 아이가 적었고, 읽은 아이들도 이 책의 내용을 잘 기억하지 못하고 있었다.

다 읽어준 후, 이 책에서 가장 인상 깊었던 장면에 관한 이야기를 서로 발표하며 나눈다.

우리 반 아이들이 가장 인상 깊게 생각한 장면은 고릴라가 고양이를 업고 전등 줄을 잡으며 나는 장면이었다. 조금 의외였다. 아이들은 고릴라가 나는 장면에서 '나도 날고 싶다.'는 감정을 많이 이입했던 것 같다. 그 다음으로 인상 깊게 본 장면은 고릴라가 텔레비전에 나오는 사나운 고릴라를 보고 화가 나서 텔레비전을 부수는 장면과 고양이가 자신이 텔레비전을 부쉈다고 말하는 장면이었다. 이야기 주제를 "왜 고릴라는 화가 나서 텔레비전을 부수었을까?"로 옮겼다. 아이들은 "자기는 그렇지 않은데 텔레비전에서는 고릴라가 물건도 부수고 나쁘게 나와서" 또는 "고양이가 텔레비전에 나온 고릴라 모습을 보고 고릴라를 무서워할까봐."라는 이야기를 많이 하였다. 이야기 주제를 다시 "그렇다면 고양이는 왜 자기가 텔레비전을 부쉈다고 했을까?"로 옮겼다. 아이들은 "고양이가 고릴라와 떨어지고 싶지 않아서."라고 이구동성으로 대답했다. 몇 명의 아이들은 "고릴라가 보통 때는 사납지 않은데 사람들이 당연히 텔레비전을 껐을 거라고 생각하니까 고릴라를 도와주고 싶어서 고양이가 일부러 자기가 텔레비전을 껐다고 했을 것 같다."고 했다.

『생쥐와 고래』 읽어주기

두 번째로 『생쥐와 고래』를 읽어준다. 이 책은 '아모스와 보리스'라는 제목으로도 나온 책이다.

아이들에게 책을 읽어 주기 전에 『생쥐와 고래』를 읽고 난 다음 이 책의 또 다른 제목을 한 번 맞춰 보자고 제안했다. 스토리가 분명하게 전개되어서인지 『우리는 친구』를 읽어줄 때보다 아이들이 더 집중해서 들었다.

다 읽고 난 다음 한 문장씩 순서대로 이야기를 간추려 나갔다. 거의 모든 아이들이 돌아가며 함께 참여했다. 그 다음, 자신이 쓰고 싶은 형식을 골라서 그에 따라 독서 감상문을 간단히 쓰고 발표하였다.

두 이야기의 공통점 찾기

『우리는 친구』와 『생쥐와 고래』 이야기에서 발견할 수 있는 공통점은 무엇일지 찾아본다. 포스트잇을 나누어 주어 생각한 것을 적어서 칠판에 붙이게 한다.

칠판에 붙여진 것을 비슷한 것끼리 묶으니까 '덩치가 많이 차이가 나도 친구가 될 수 있다.' '서로 힘들 때 도와주는 친구가 있다.', '덩치가 큰 동물들은 무서울 것 같은데 그렇지 않다.', '동물들이 모험심이 있다.', '큰 동물과 작은 동물이 함께 나온다.', '친구가 될 수 없을 것 같은 동물들끼리 친구가 된다.' 등이 나왔다.

이 내용들을 다 살펴본 후, 두 이야기에서 친구 간의 우정이 돋보인 부분이 어디였는지 되짚어 본다.

우리 반 아이들은 『우리는 친구』에서는 고릴라가 텔레비전을 부수었을 때 고양이가 자신이 텔레비전을 껐다고 한 부분, 『생쥐와 고래』에서는 아모스가 바다에서 힘들어할 때 보리스가 도와준 장면과 보리스가 육지로 밀려와 힘들어 할 때 아모스가 코끼리를 데리고 와서 도와준 장면을 꼽았다. 아이들 몇 명은 의외로 『생쥐와 고래』에서 코끼리와 아모스의 우정에 대해서 이야기하기도 했다. 아모스가 평소에 코끼리들과 친했기 때문에 도움을 요청했을 때 코끼리들이 보리스를 도우러 와 주었을 것이라고 생각한 것이다.

좋은 친구가 되기 위한 다짐과 실천 나누기

내가 먼저 좋은 친구가 되려면 어떤 실천과 노력을 해야 할지 생각해 보고 발표한다.

　아이들은 "어려운 친구가 있으면 먼저 도와주겠다.", "친구의 잘못을 감싸주겠다.", "힘이 약하다고 얕보지 않겠다.", "친구들에게 친절하게 말하겠다.", "이야기를 잘 들어 주겠다."는 말로 자신의 다짐을 서로 나누었다.

『우리는 친구』는 짧은 그림책이고, 『생쥐와 고래』는 그것에 비해 약간 긴 책이다. 아이들은 『생쥐와 고래』를 더 좋아했다. 『우리는 친구』는 중간 중간 질문을 통해 '우정'에 관해 생각해 볼 기회를 주긴 했지만 생각했던 것보다 아이들이 빨리 이해하진 못했다. 그것보다 몇몇 아이들이 더 주목했던 부분은 동물원에 갇힌 고릴라에 관한 생각이었다. 책을 다 읽어준 다음 소감을 나눌 때 아이들은 동물원에 혼자 있던 고릴라가 불쌍하다는 이야기를 꽤 많이 했다. 교사의 의도대로 아이들의 생각이 흘러가지 않음을 새삼 느꼈다. 어쩌면 아이들의 그 반응이 더 자연스러웠을 수도 있겠다는 생각이 든다. 하지만 이 활동은 '친구'와 '우정'에 대해 많이 생각해 볼 수 있는 계기가 되었다.

17. 비폭력 대화

날　짜	3월 22일 목요일
대주제	나와 우리
소주제	행복한 우리
활동 주제	비폭력 대화법 연습하기
통합 교과	도덕 4. 너희가 있어 행복해 국어 1. 감동의 물결(듣기 · 말하기 · 쓰기)

사실과 의견 구분하기 복습

학급 신문에서 친구들이 쓴 글을 읽고 사실을 표현한 부분과 의견을 표현한 부분을 찾는다. 찾아낸 내용들을 자유롭게 서로 이야기하며 나눈 후, 사실과 의견이 어떻게 다른지 복습한다. 그 다음 교실 친구들의 현재 모습과 행동에서 발견한 사실들을 돌아가며 모두 한 가지씩 발표하게 한다.

> 〈사실이 아닌 예〉
> 놀리는, 무시하는, 딴짓하는, 따돌리는, 약 올리는, 괴롭히는, 방해하는, 공격하는

　아이들은 "00은 오늘 빨간색 티셔츠를 입고 왔어요.", "00는 지금 연필을 두 손으로 만지작거리고 있어요.", "00은 지금 웃고 있어요." "선생님은 지금 00을 보고 있어요." 등 다양한 사실들을 재미있게 이야기했다. 사실이 아닌 부분이 나올 경우엔 곧바로 수

정을 하였는데 그 내용에는 "00이는 딴 짓을 하고 있어요.", "00이는 지금 장난을 치고 있어요." 등이 있었다. '딴짓'이나 '장난'은 판단을 넣은 말이므로 구체적인 행동으로 바꾸어 이야기해보게 하였다. 사실과 의견을 공부하긴 했지만 아이들은 일상적으로 쓰던 익숙한 '딴짓'이나 '장난' 같은 말이 사실이 아니라는 것을 쉽게 받아들이지는 못하는 눈치였다.

감정을 나타내는 말 찾아보기

감정을 나타내는 다양한 말들을 살펴보고 이 말들을 '평화적인 감정'을 표현하는 말과 '흔들리는 감정'을 표현하는 말로 구분해 본다. 그리고 '흔들리는 감정'을 표현하는 말을 다시 화날 때, 우울할 때, 불안하고 무서울 때, 걱정될 때 등으로 구분해본다. 제시된 말 외에도 감정을 표현하는 다른 말들이 있는지 찾아본다.

　다음으로 감정을 표현한 말인 것 같지만 감정을 표현한 말이 아닌 것을 찾아본다.

> 〈감정을 표현한 것이 아닌 예〉
> 놀림 당하는, 무시당하는, 따돌림 당하는, 방해 받는, 공격당하는, 속은, 의심 받는, 망신당한

비폭력 대화법 연습

'나 전달법'을 통해 구체적 사례를 바탕으로 평화롭게 말하는 연습을 한다. 먼저, '줄을 서 있는데 친구가 뒤에서 밀어서 넘어졌을 경우', '친구가 허락도 하지 않았는데 내 지우개를 가져갔을 때' 상황을 '나 전달법'을 통해 평화롭게 해결하는 방법을 다함께 연습한다. 그 다음 모둠별로 상황을 한 가지씩 만들어 '나 전달법'으로 평화롭게 문제를 해결하는 과정을 역할극으로 꾸며서 발표하고 소감을 나누어 본다.

<나 전달법>

나는 네가 ....하면 ....해서 ....
      (친구행동)   (구체적 영향)   (자신의 감정)

네가 ....좋겠어.
      (바람)

'나 전달법'과 '적극적 경청하기'는 A4 한 장(가로 편집)으로 정리하여 교실 한 곳에 붙여 두었다. 친구 간에 문제가 생겨서 교사에게 올 경우 먼저 '평화롭게 대화하기' 코너에 가서 '나 전달법'과 '적극적 경청하기'를 보며 문제를 스스로 해결해 보도록 했더니 웬만한 교실 갈등이 별 무리 없이 자연스럽게 해결되었다.

온 동네가 함께하는 탄소 줄이기

1. 탄소 줄이기 통합 교육과정 만들기

　삼정 중학교의 2012학년도 '탄소 줄이기' 교육 활동은 '탄소 줄이기 통합 교육과정'을 통해　이루어졌다. 교사들은 탄소 줄이기 연구모임을 만들어 통합 교과교육을 실시함으로써　학생들의 배움이 실천과 연결되도록 노력했다. 특히 학생들은 학생회를 통해 배움이 바로 실천으로 이어질 수 있도록 학생회 산하에 '삼정 절전소'를 설립하여　운영해오고 있다.　또한 교사들은 '탄소 줄이기'를 위한 교육과정에 지역사회와 함께하는 체험 활동(에너지 절약 신문 만들기, 습지 체험 활동, 동아리 활동 등)과 학교 축제 등이 하나로　어우러지게 함으로써 학교의 교육 활동이 지역사회의 실생활에서 발휘하는 효과를 더욱 높이고자 노력하고 있다.

　'탄소 줄이기' 교육과정은 학생들에게 생명의 신비와 소중함을 느낄 수 있는 감성을 길러주고, 지구온난화와 그에 따른 기후변화에 적극 대처할 수 있는 능력을 키우는 것을 목적으로 하였다. '탄소 줄이기' 통합 교육과정을 통하여 학생들로 하여금 생태환경 보전을 위해서는 우리 학교, 가정, 지역에서부터　실천해야 함을 깨닫고 스스로 노력할 수 있도록 해야 한다. 특히, 후쿠시마 원전 사고를 교훈 삼아 탈핵의 중요성을 인식하고 그에 대한 대책으로 에너지 절약을 학생들 스스로 실천할 수 있도록 하며, 또 다른 한편으론 신재생에너지의 중요성을 이해하고 햇빛 발전소를 설치하는 등 학교시설 개선에도 학생들이 관심을 가지고 참여할 수

학생회 활동	통합 교과교육	지역사회와 함께하는 생태환경교육

1. 삼정 절전소 운영
  - 에너지 절약 실천
  - 에너지 절약 홍보
2. 학교 축제 주관
	1. 기후변화와
	  생물 다양성
	2. 에너지 절약
	3. 안전한 에너지
		1. 동아리 활동
		2. 습지체험교육
		3. 에너지 절약 신문
		4. 학교 축제 지원

있도록 해야 한다. 이와 같은 활동들이 일시적인 교육 활동으로 그치지 않고 학교의 교육 시스템으로 자리 잡아 지속적으로 이루어질 수 있도록 학교 차원의 종합적이고 중장기적인 교육 계획의 필요성이 제기되어 '탄소 줄이기 통합 교육과정'이 만들어지게 되었다.

2. 삼정 절전소(節電所)

삼정 절전소를 운영하게 된 이유

삼정중학교는 2012학년도부터 학생회 산하에 삼정절전소를 설립 운영함으로서 학생들 스스로 에너지 절약을 실천할 수 있는 시스템을 구축하였다. 교육 활동은 학생들이 뭔가를 깨닫는 것으로부터 시작되어 실천으로까지 이어질 때 비로소 그 의미를 온전히 찾을 수 있을 것이다. 학생들로 하여금 교육 활동에서 얻은 배움을 통해 스스로 실천할 수 있는 가장 좋은 방법은 무엇일까 생각에 이르니 자연스레 학생회를 통한 학생 자치활동을 생각하게 된 것인데 학생들의 자발적 의지를 이끌어낼 수 있는 가장 역동적인 모형이 바로 학생 자치활동이기 때문이다.

삼정중학교는 2011학년도에 생태환경을 주제로 삼정초록축제를 학생회가 주관하여 실시하여 학생, 학부모, 교사, 지역사회로부터 많은 호응을 얻은 바 있다. 우리는 이 과정에서 학생회 활동의 역동성을 발견할 수 있었다. 삼정초록축제는 계획과 준비 단계에서 진행까지 모든 과정이 온전히 학생회에 맡겨졌는데 그때 보여준 학생회의 강한 책임감, 창의성, 자발성 등이 학교 축제를 멋지게 이끌었던 동력이었던 것이다.

바로 이점에 착안하여 학생 자치활동을 통한 에너지 절약 교육 계획의 수립을 고민하고 있을 때 서울시에서는 '에너지 절약을 통한 원전 하나 줄이기' 사업을 펼치고 있었고, 시민사회단체나 여러 기관에서 에너지 절약을 위해서 '절전소'(절전이 곧 발전이다.)를 설립하여 운영하고 있었다. 삼정 절전소는 학생 자치활동, 서울시의 에너지 절약을 통한 원전 하나 줄이기, 절전소 운동을 참고하여 학교에서 에너지 절약을 실천하는 방안으로 학생회 산하에 설립하여 운영하도록 한 것이다. 학생 자치 기구에 의해 운영된 삼정 절전소는 활동 첫해부터 우리의 예상을 훨씬 뛰어넘은 성과를 가져오고 있어 앞으로는 학교를 넘어 가정과 지역사회에서도 절전소 활동이 활발하게 일어날 수 있도록 그 기능을 점차 강화하고자 한다.

삼정 절전소 주요 활동

학교의 여러 사정을 고려하여 삼정 절전소는 전기에너지 사용 감축에 주력하기로 하였다. 물이나 가스는 대부분 급식실에서 사용하고 있는데 급식실과 논의한 결과 현재 최대한 절약하고 있으며 자칫 위생상에 문제가 생길 수 있기 때문에 물과 가스는 급식실과 행정실에 맡기고 삼정 절전소는 전기에너지 절약에 주력하기로 하고 다음과 같이 구체적 목표를 세웠다.

교내 전기에너지 감축

2012학년도 목표 : 2010~11학년도 대비 5%(14,000kwh) 감축

2013학년도 목표 : 2010-11학년도 대비 10%(28,000kwh) 감축

에코마일리지 가입 및 홍보

서울시 에코마일리지에 가입하여 탄소 줄이기에 적극 참여하도록 한다. 2013학년도까지의 목표 : 교직원 30명, 학생·학부모 200명 참여.

[표 2] 2012학년도 삼정 절전소 월별 활동 (3월~7월)

월/일/시간		활동 내용
3	월중	삼정절전소 운영책임자 찾기(3학년 김00, 안00)
	30-31일	학생임원수련회 - 삼정절전소 운영위원 선출(8명)
4	1-9일	세부 활동 계획 수립 및 실천 활동 1학기 : 교내 에너지 절약 활동에 주력하기로 함 2학기 : 학교 축제(11월 13일) 전까지는 에코마일리지 가입 및 홍보 활동에 주력하고 축제 후에는 실천 활동에 주력하기로 함.
	9일 점심시간	1차 운영위원회(운영위원 전원 참석) - 운영위원 역할 분담 실태조사(김00, 안00), 홍보자료(고00, 김00) 실천방법 조사(김00, 이00), 동기 유발(정00, 김00) - 16일 등굣길 삼정절전소 및 에너지 절약 홍보 활동 계획 - 학생회 홍보부와 협력 방안 등
	11일 점심 시간	2차 운영위원회(김00, 안00, 고00, 김00, 김00, 이00) - 담당 활동 점검 및 16일 등굣길 삼정절전소 홍보 계획 점검 - 우리 학교 에너지 사용량 확인 및 에너지 절약 대책 논의
	16일 7:40~ 8:30	등굣길 삼정절전소 및 에너지 절약 홍보 활동
5	11일	3차 운영위원회(김00, 고00, 김00, 이00, 김00, 김00) - 5, 6, 7월 활동 계획 논의 벽보-정00, 교문-김00, 방송-김00, 가정통신문-이00 세부 활동 계획 점검, 에너지 절약 UCC 검토 등굣길 홍보-홍보부 협력 방안, 가정통신문 검토
5	23일	대의원회의 발표(김00) - 삼정절전소 운영결과 발표(4월 에너지 감축량 등) - 에너지 절약의 필요성 설명, 대의원의 적극적인 참여 부탁
	31일 방과 후	활동 계획 점검(안00, 김00, 김00, 김00-홍보부) - 동영상 제작, 벽보, 가정통신문 1차 수정
6	5일	4차 운영위원회(김00, 안00, 고00, 김00, 차00-홍보부장) - 동영상, 벽보, 가정통신문 2차 수정(안00) - 등굣길 홍보(고00), 방송 홍보(김00) - 5월 전기에너지 절약 확인 및 평가 후 6월 에너지 절약 대책 수립

[표 3] 2012학년도 삼정 절전소 월별 활동 (9월~12월)

월/일/시간		활동 내용
9	4일(화) 15:30- 17:00 물상실	7차 운영위원회(8명 전원 참석) - 2학기 활동 계획 토론 - 8월 교내 에너지 절약 평가 및 9월 에너지 절약 대책 수립,
10	8일(월)	8차 운영위원회(8명 전원 참석) 지역 축제인 강서동화마을 축제 참여 논의 : 생태환경동아리와 함께 참여하여 에코마일리지 가입홍보 및 천연비누 만들기 체험 부스를 운영하기로 함
	9일(화) ~ 12일(금)	동화마을 축제 체험 부스 운영 준비 - 생태환경 동아리 : 천연비누 만들기 - 절전소 운영위원 : 강서구청과 협력하여 에코마일리지 가입 홍보물 준비
	13일(토) 10:00- 17:00	강서동화마을 축제에 참여 -천연비누 만들기 부스 운영 -에코마일리지 가입 홍보 부스 운영(지역 주민 45명 가입)
	22일(월)	9차 운영위원회(전원 참석+학생회장) -학교 축제 초록 마당 운영 계획 및 준비에 대한 토론
11	6일(화)	10차 운영위원회(운영위원 전원 참석) -10월 교내 에너지 절약 평가 및 11월 에너지 절약 대책 수립 -학교축제 푸른별 온새미로 부스 운영 준비 : 초록 장터, 에코마일리지 가입 홍보 활동 등
	7일(수) - 12일(월)	학교 축제 푸른별 온새미로 부스 운영 준비 활동 -초록 장터 부스 운영 준비 점검, 에코마일리지 홍보 부스 준비
	13일	학교축제 푸른별 온새미로 -초록 징터 운영 -에코마일리지 가입 홍보 활동(교사 2명, 학생 36명 가입) -에코마일리지 실천 서약(캐리캐처 그려주기)
12	8일(목) 방과 후	운영위원, 동화마을 축제 참여 학생 참여 -강서동화마을 축제 평가 -학교축제 관련 평가 -11월 교내 에너지 절약 평가 및 12월 에너지 절약 대책 논의
	14일(금) 16;00- 18:00	차기 학생회 준비를 위한 학생회 워크샵(2학년 25명 참여) -삼정 절전소 활동 평가(김00, 안00)

이러한 활동을 위해 삼정 절전소는 학생회를 통해 다음과 같은 조직 구조를 만들었다. 학생회 산하에 학생회장을 절전소장으로 하는 삼정 절전소를 만들어 교내 에너지 절약을 담당할 운영1부장, 대외 에너지 절약 홍보를 맡을 운영2부장 체제를 갖추고 2 · 3학년을 중심으로 총 8명의 삼정 절전소 운영위원, 학급당 운영위원 1명으로 구성된 학년 운영위원을 조직하였다.

삼정 절전소 활동 결과

에너지 절약 활동

2012학년도 목표로 5%의 전기에너지 사용 감축 목표를 세웠다. 절전소 활동이 시작되기 전인 3월에는 1.6%의 전기에너지의 증가했으나 절전소 활동 기간(4월-11월)에 17%의 전기에너지를 감축했다. 특히, 활동이 최고조에 달한 6월과 9월 사이에는 25% 내외의 감축량을 보여 예상을 훨씬 뛰어넘은 성과를 이루었다.

3월에는 전기에너지 사용량이 1.6% 증가했는데, 삼정 절전소 활동 기간(4월~11월) 동안에는 전기에너지 감축량이 2012학년도의 목표를 훨씬 상회한 16.9%의 전기에너지 삼축의 성과를 가져왔다.

단, 8월은 10.5%의 감축이 이루어지고 있는데 이는 예년에 비해 여름방학이 10여일 짧아서 수업일수가 증가했기 때문으로 분석되며 예년과 같은 수업일수였다면 8월 중에도 25% 내외의 감

월별 전기 에너지 사용량 비교

구분	전기 에너지 사용량				월별 증감	
	2010-11년 평균			2012	증감량	백분율
	2011	2010	평균			
3월	27,533	26,237	26,885	27,326	441	1.6%
4월	27,557	28,541	28,049	24,922	-3,127	-11.1%
5월	17,208	17,818	17,513	14,813	-2,700	-15.4%
6월	18,014	19,867	18,941	13,646	-5,295	-28.0%
7월	20,035	21,139	20,587	15,902	-4,685	-22.8%
8월	15,965	17,923	16,944	15,168	-1,776	-10.5%
9월	22,502	21,979	22,241	16,013	-6,228	-28.0%
10월	14,928	13,037	13,983	12,442	-1,541	-11.0%
11월	16,512	18,197	17,355	16,483	- 872	-5.0%
4월 ~ 9월 전기에너지 감축량			124,274	100,464	-23,810	-19.2%
4월 ~ 11월 전기에너지 감축량			155,611	129,389	-26,222	-16.9%
3월 ~ 11월 전기에너지 감축량			182,496	156,715	-25,781	-14%

축이 이루어졌으리라고 예상된다. 10월, 11월 들어 에너지 감축량이 각각 11%, 5%로 급격히 줄어들고 있는데 그 원인을 찾아 효과적인 에너지 절약 대책을 수립하여야 할 것이다.

에코마일리지 가입 홍보

등굣길 에코마일리지 가입 홍보(2회), 가정통신문 보내기, 지역 축제(강서 동화마을 축제), 학교 축제(삼정 푸른별 온새미로)를 통하여 총 4차례의 에코마일리지 가입 홍보 활동을 펼친 결과 학생 95명, 지역 주민 45명을 에코마일리지에 가입하였다.

1차 홍보 활동(5월) : 삼정중학교 학생 33명 가입

2차 홍보 활동(7월) : 삼정중학교 학생 26명 가입

3차 홍보 활동(10월 13일) : 지역 주민 45명 가입 신청서 받음

4차 홍보 활동(11월 13일) : 삼정중학교 학생 36명 가입 신청서 받음

삼정 절전소 활동 평가

삼정 절전소 운영 8개월 동안 교내의 전기에너지 사용 감축뿐 아니라 가정과 지역사회의 에너지 절약을 위한 에코마일리지 가입홍보 활동도 우리의 예상을 훨씬 뛰어넘은 성과가 있었다.

특히, 이와 같은 성과가 시설 개선이나 학교의 일방적인 방침에 의한 것이 아니라 학생들 스스로 자치활동을 통하여 이룬 성과이기에 그 의미가 더욱 컸다. 학생회 산하에 절전소를 설립함으로서 학생 자치활동을 통하여 에너지 절감을 이루어내는 새로운 모형을 창출한 것을 높이 평가할 수 있을 것이다. 그리고 이러한 에너지 절약은 삼정 절전소 활동이 통합 교과교육과 긴밀하게 연계되어 운영된 점과 지역사회와 서울시의 에코마일리지 정책, 에너지 수호천사단 운영에서도 많은 도움을 얻었다.

삼정 절전소 활동은 에너지 절약에도 큰 역할을 하였지만 다른 한편으론 학생회 활동의 활성화에 크게 기여함으로서 에너지 절약 활동이 학생 자치 능력을 길러주는 중요한 구실을 하고 있는 점도 의미가 컸다. 그리고 절전소 활동을 통해서 이동수업 시 전

[표 4] 삼정절전소 활동관련 설문 조사

여러분 학급에서는 이동수업 시 전등끄기, 선풍기 끄기 등 전기제품의 에너지절약을 위한 활동이 잘 이루어지고 있습니까?		1학년	2학년	합계	백분율
(1)	매우 잘 되고 있다.	6	14	20	10%
(2)	잘 되고 있는 편이다.	41	52	93	46%
(3)	보통이다.	22	53	75	37%
(4)	잘 되고 있지 않다.	2	9	11	5%
(5)	전혀 관심이 없다.		5	5	2%
합계		71	133	204	100%
여러분 학급에서는 자연채광을 적극 이용한 에너지 절약 활동(창문 쪽 전등 끄기, 불필요한 전등 끄기 등)이 잘 이루어지고 있습니까?		1학년	2학년	합계	합계
(1)	매우 잘 되고 있다.	11	18	29	14%
(2)	잘 되고 있는 편이다.	29	47	76	37%
(3)	보통이다.	28	43	71	35%
(4)	잘 되고 있지 않다.	3	18	21	10%
(5)	전혀 관심이 없다.		7	7	3%
합계		71	133	204	100%

기기구 끄고 이동하기, 자연채광을 적극적으로 활용하는 것만으로도 20%에 가까운 전기에너지를 절약할 수 있음을 보여주고 있어 앞으로 시설 개선이 함께 이루어진다면 더욱 큰 감축을 이룰 수 있을 것이다.

두 설문 결과 모두 잘 되고 있다가 50%를 넘어 절전소 활동이 대체로 잘 이루어지고 있는 것으로 판단된다. 하지만 아직도 개선할 여지가 많음을 볼 수 있다. 앞으로 더 적극적으로 절전소 활동을 한다면 더 많은 낭비되는 전기에너지를 감축할 수 있을 것이다.

<table>
<tr><td>삼정중학교
제 2012 - 82호</td><td>삼 정</td><td></td><td>통 신</td><td>행정실 - 2666-6032
교무실 - 2666-6033
FAX - 2666-6896</td></tr>
</table>

우리 모두 에너지를 절약해요 ^^*

안녕하세요? 학부모, 학생 여러분! 저희는 **삼정절전소 운영위원**입니다!

　삼정절전소는 삼정중학교에서 학생들 모두가 함께 에너지 절약을 실천할 수 있도록 도와주는 일을 합니다. 요즘 서울시 공무원들이 No타이에 반바지 차림으로 근무하고 있다고　합니다. 왜 그런지 다 아시죠? 서울시민들이 10%의 에너지를 절감하면 그 무시무시한 핵발전소 1개를 폐기할 수 있다고 하네요. 우리나라도 핵 안전지대가 아닙니다. 원전 발전소인 고리1호기는 시설이 노후화되어 정말 위험한 상태라고 하네요. 특히, 고리 1호기는 전력량도 많지 않아 우리 국민 모두가 1%만 전기를 아껴 쓰면 폐쇄할 수 있다고 합니다.

　우리는 핵 없는 안전한 세상에서 살고 싶습니다. 그런데 알고만 있으면 뭐해요! 실천이 중요하지요^^ 그래서 삼정중학교 학생회가 나섰답니다. 지난 4월부터 8월까지 절감한 전기에너지가 10%를 훨씬 넘었습니다. 하지만 아직도 절전 가능한 여지가 많아서 저희들은 머리를 맞대고 더 줄일 수 있는 방법을 찾고 있답니다.

　더운 여름 날씨에　에너지 소비량은 연일 치솟고 있습니다. 이럴 때일수록 우리 함께 에너지 절약을 실천해 봅시다.

★ 에너지 절약방법!! ★

1. 권장 **냉난방 온도** 지키기!
   - 여름철 <u>26~28℃</u>, 겨울철은 <u>18~20℃</u> ― 1℃ 조절시 7%의 에너지 절약!
   - <u>아토피</u>와 <u>호흡기 질환</u> 등도 예방해 줍니다.
2. <u>안쓰는 플러그</u>를 뽑자!
   - 국가 전체 가구 수의 대기전력을 금액으로 환산하면 <u>연간 5,000억원</u>!
3. <u>에너지 소비 효율이 높은 제품</u>을 사용한다!
   - 에너지 소비 효율 등급은 1~5등급으로 구성되며, <u>1등급이 가장 좋다.</u>
   - 1등급 제품은 5등급 제품에 비하여 <u>30~45%의 에너지 절약</u>
4. <u>물과 종이</u>를 아끼자!
   - 수돗물을 아끼면 정수와 폐수처리 과정에서 소비되는 에너지로 인한 <u>온실가스배출</u>을 줄인다.
   - 종이절약은 산림보호를 통해 이산화탄소의 흡수를 촉진

우리 모두 실천해 봅시다!!!!

2012년 9월 3일

삼정중학교　학생회 삼정절전소 운영위

★ 에코마일리지 가입하기 ★

가정, 학교, 기업에서 자발적인 에너지 절약을 통해 온실가스를 줄여 기후변화에 대응하는 <u>시민참여 프로그램</u>입니다. 에코마일리지에 가입한 가정에서 에너지 절약을 실천하거나 녹색상품 구매, 대중교통 이용, 에코마일리지와 제휴된 카드가맹점에서 이용 시 에코마일리지를 적립 받을 수 있는 카드로서, <u>적립된 마일리지는 현금처럼 사용할 수 있습니다.</u>

에코마일리지 홈페이지 → (http://ecomileage.seoul.go.kr/home/index.do)

에코마일리지 가입 방법 안내

1. 에코마일리지 홈페이지로 이동
   1) 에코마일리지를 검색한다. **서울특별시 에코마일리지**를 선택하여 클릭한다.
   2) <u>바로가기</u> : 서울특별시 에코마일리지를 클릭한다.

2. 회원가입
   1) 서울특별시 에코마일리지 홈페이지가 열리면 맨 상단의 **회원가입**을 클릭한다.
   2) 생년월일이 98년 9월 이전이면 14세 이상(1번)을 선택하고, 이후이면 14세 미만(2번)을 선택하여 클릭한다.
   3) 맨 아래쪽의 '<u>모든 이용약관에 동의합니다.</u>'에 클릭한 후 '다음'을 클릭한다.
   4) 공공 I-Pin 인증이나 실명인증 한 후 **실명확인**을 클릭한다.
   5) 회원 정보를 입력하고 **확인**을 클릭하면 가입완료가 됩니다.

3. 에코마일리지 가입확인서를 출력할 수 있습니다.

※ 학교에서는 에너지 절약 활동을 비롯한 학생회 활동은 학생생활기록부에 기록하여 상급학교 입학 등에 활용할 수 있도록 하겠다고 하니 많이 많이 동참해 주세요!!

3. 탄소 줄이기 통합 교과교육

통합 교과교육의 계획

통합 교과교육은 여러 교과에 분포되어 있는 생태환경 교육, 에너지 교육, 탄소 줄이기 교육, 기후변화와 관련된 교육 내용을 학년별로 모아 공통의 주제를 정하여 여러 교과가 각각의 특성에 맞게 교육함으로써 교육의 효과를 더욱 높이고자 하는 것이었다. 그리고 더 나아가 통합 교과교육은 학생회의 삼정 절전소 활동과 지역사회의 생태환경 교육 단체와 함께하는 체험 학습, 학교 축제 등과 연계된 일련의 프로젝트 수업을 실시함으로서 교육 활동의 연속성을 강화하여 교육 효과를 더욱 높일 수 있도록 하였다. 학생들의 학습활동이 일상생활에서 실천 활동으로 이어질 수 있도록 통합 교과교육, 절전소 활동, 지역사회와 함께하는 체험 학습이 연계된 프로젝트 학습을 실시한 것이다.

통합 교과교육을 위한 교사 연구 모임

통합 교과교육은 교사들 간의 소통과 협력 없이는 어려운 일이었다. 따라서 통합 교과교육을 위한 교사 연구 모임이 만들어졌고 분기별 정기 모임과 학년별 수시 모임을 통하여 여러 교과의 교사가 서로 소통하고 협력함으로서 학년별 다양한 교육 활동이

[표 5] 탄소 줄이기 프로젝트 수업

월		활동 내용	월		활동 내용
3	통합 교과 교육	교사 연구 모임 조직	8		여름방학과제(에너지절약 실천 활동) 학년별 교사 연구 모임(2학기 계획) 학교축제 준비위원회 구성
	절전소	운영위원 선출			
	지역	강서문화생태모임			
4	통합 교과 교육	〈학년별 주제〉 1학년: 기후변화 2학년: 에너지 절약 3학년: 안전한 에너지 공통 : 절전소의 필요성	9	통합 교과 교육	1학년 : 생물다양성교육, 　　　　에너지 절약 2학년 : 아나바다 교육 3학년 : 에너지 절약
	절전소	학급 운영위원 선정 학급에너지 절약 활동 등굣길 홍보		절전소	에너지 절약 실천 및 홍보 학교축제 준비위원회 활동
	지역	강서문화생태모임		지역	삼정축제 참여 논의
5	통합 교과 교육	1학년: 기후변화와 절전소 2학년: 기후변화와 절전소 3학년: 탈핵과 절전소	10	통합 교과 교육	1학년 : 생물다양성교육, 　　　　에너지 절약 - 2학년 : 에너지 절약 신문 만들기 - 3학년 : 포스터 그리기, 　　　　에너지 절약
	절전소	4월 평가와 5월 계획 홍보(벽보, 등굣길, UCC, 방송, 가정통신문 등) 1차 에코마일리지 가입 학교, 학생 33명		지역	김포공항 습지체험, 에너지 절약 신문 만들기
6	통합 교과 교육	2학년 : 대안 에너지 탐구 녹색마을 꾸미기 모둠활동 3학년 : 신재생에너지, 포스터 그리기	11		학교 축제-삼정 푸른별 온새미로 초록마당 운영, 원전맨을 이겨라, 초록장터 운영, 습지교육, 개화산 숲 체험 활동 에코마일리지 가입 홍보 부스 운영 : 36명 가입
	절전소	5월 평가와 6월 계획 등굣길 홍보			
	지역	강서문화생태모임		지역	김포공항 습지체험, 에너지 절약 신문 만들기
7	통합 교과 교육	2학년: 풍자물 만들기 3학년: 에너지 절약 필요성, 포스터 그리기	12	통합 교과 교육	시설 개선을 통합교과교육 정책 건의서 쓰기 편지 쓰기
	절전소	2차 에코마일리 가입 홍보 학생 26명 가입		절전소	활동 평가
	지역	강서문화생대모임		지역	활동 평가

이루어졌다. 그리고 학생회의 절전소 활동, 지역사회와 함께하는 체험학습, 학교 축제 등과 연계된 프로젝트 수업이 실시됨으로서 교육 효과는 더욱 높아졌을 것이다.

교사 연구 모임은 4월 전체 모임을 통해 환경 교과서, 방송 자료, 탈핵 신문이나 만화, 인터넷 기사 등을 활용하고 삼정 절전소 활동, 체험 학습, 학교 축제와 연계한 학년별 통합교과 프로젝트 학습을 실시하기 하였다. 모임은 학년별 모임을 수시로 갖기로 했는데 예를 들면 2학년의 경우 1분기 모임을 통해 '에너지 절약'을 프로젝트 학습 주제로 정하고 5월의 과학교과의 에너지 절약과 대안 에너지의 필요성, 6월의 가정 교과의 녹색마을 만들기 모둠 활동, 7월의 국어 교과의 지나친 에너지 소비를 비판하는 풍자극을 연계한 학습을 진행하기로 의견을 모았다. 9월 정기모임에서는 국어교과와 녹색미래가 협력하여 에너지 절약 신문 만들기 수업, 가정 교과의 아나바다 운동과 학교축제가 연계된 초록장터 운영 등이 논의 되었다.

학년별 통합 교과교육

1학년 통합 교과교육

1학기에는 과학 교과에서 탈핵 교육과 에너지 절약 교육(삼정 절전소의 필요성) 등을 실시하였고, 2학기에는 도덕 교과와 과학 교과를 중심으로 생태환경 감수성, 생태환경과 인간의 연관성, 에너지 절약 교육을 하였다. 그리고 여러 교과(과학, 도덕, 국어)와

[표 6] 통합 교과교육 교사 연구 모임

탄소 줄이기 학교 교육 목표
학생들로 하여금 생태환경 감수성을 기르고 우리 지역과 가정 및 학교에서부터 기후변화 방지를 위해 탄소 줄이기를 위한 구체적 계획을 세워 실천할 수 있도록 한다. 학생회의 삼 정절전소 운영, 지역 모임 활동과도 연계하여 교육의 효과를 높이고 학습활동이 실천 활동 으로 이어질 수 있도록 한다.

탄소 줄이기 학년별 교육 공통 주제	
1학년	기후변화와 생물 다양성(또는 생태환경 감수성) 교육
2학년	기후변화와 의식주 교육
3학년	신재생에너지 교육 및 에너지 절약 교육

교사 연구 모임		
전체 교사 연구 모임	4월	전체 일정 논의 학년별 통합 교과교육 주제 정하기
1분기 학년 연구 모임	5월	삼정절전소 활동의 지원을 위한 교육 계획 세우기 2학년은 5월부터 통합 교과교육을 실시하고 1, 3학년은 1학기에는 교과별 탄소 줄이기 교육을 실시하기로 함.
2분기 학년 연구 모임	6월	1학년 : 9월부터 도덕 교과를 중심으로 과학 교과와 국어 교과가 협력하여 '기후변화와 생물다양성' 교육을 실시한 다. 2학년 : 가정, 과학, 국어 교과가 협력하여 '기후변화와 의식 주' 교육 통합 교과교육으로 실시하고 기술교과에서는 생태 적인 학교(학교 텃밭 등) 만들기 교육 활동을 실시한다. 3학년 : 1학기에는 안전한 에너지를 위한 탈핵 및 에너지 질악 교육늘 과학과 미술교과가 함께 실시한다.
3분기 학년 연구 모임	9월	1획년 : 습지 체험 학습과 연계한 생물 다양성 교육 논의 2학년 : 에너지절약 신문 만들기, 축제와 연계한 아나바다 운동 3학년 : 축제와 연계한 탈핵, 신재생에너지, 에너지 절약 교육
4분기 학년 연구 모임	11월	통합 교과교육 및 삼정절전소 활동 설문 조사 축제 이후의 교육 계획(1학년, 2학년) 〈시설 개선을 통합교과교육 논의〉 -설분 조사 분석, 시설 개선을 위한 나의 생각 정리하기 -책이나 자료 읽기, 시설 개선을 위한 편지 쓰기

강서 지역 생태환경교육 단체와 협력하여 김포공항 습지 체험학습을 실시하였고, 학교 축제와 연계하여 습지 교육을 통한 생물다양성 교육을 실시하였다.

[표 7] 1학년 통합 교육과정 계획

과목	교과 내용	시기
과학	에너지 절약과 삼정 절전소 활동의 필요성	매월 계기 수업
	생물 다양성과 기후변화	10월
도덕	생태환경 감수성 기르기 생태환경과 인간의 사이의 연관성 인식하기 교육	8월~9월
국어	학교 축제 이후 습지 및 생물다양성 관련 독서활동 에너지 절약형 친환경 학교 꾸미기관련 글쓰기 교육을 할 예정이었으나 실시하지 못함.	12월 실시하지 못함
체험 학습	국어, 과학, 도덕 교과와 지역의 생태보전시민모임, 강서환경운동 연합이 협력하여 생물다양성 교육과 연계한 김포공항 습지 체험 학습을 실시하였다.	11월
학교 축제	학교축제에서 생물 다양성과 기후변화와 연계한 습지체험 부스를 운영하였다.	11월 13일

2학년 통합 교과교육

과학, 가정, 국어 교과가 서로 협력하여 1학기부터 계획을 세워 매우 활발한 교육 활동이 이루어졌다. 1학기에는 과학 교과의 에너지 절약과 대안에너지의 필요성, 과학 교과와 연계한 가정 교과의 환경을 사랑하는 녹색마을 꾸미기 모둠 활동, 국어 교과의 지나친 에너지 소비 풍자극이 통합 교과교육으로 실시되었다. 2학기에는 가정 교과에서 의식주 교육과 연계한 아나바다 운동과 학교 축제의 초록장터를 운영하였고, 국어 교과에서는 시민환경단체 녹색미래와 협력하여 에너지 절약신문 만들기 등을 실시하였다.

[표 8] 2학년 통합 교육과정 계획

과목	교과 내용	
과학	에너지 절약과 대안에너지의 필요성에 관한 교육이 실시됨	시기
	〈선행 과제〉 우리 집의 에너지 사용량 기초 조사해오기	
	1) 탄소 발자국 정의 2) 우리 집의 탄소발자국 알아보기 컴퓨터실에서 개별 활동 통해 각 가정의 탄소발자국을 계산하고 발표한다.(활동 자료를 학교 홈페이지에 실어 추후 활용 가능하게 함)	5월
	대안 에너지 탐구	
	가정과 모둠 활동을 이어서 진행하고 평가 참여	6월
가정	과학교과와 협력하여 환경을 사랑하는 녹색마을 꾸미기 모둠 활동을 실시함.	시기
	2단원 '주거와 거주 환경'의 내용 수업	
	모둠별로 녹색 마을 을 계획 (자연에너지, 사회문화, 교통, 친환경녹화, 물질순환 중 2가지 이상을 선택하여 제작한다.)	6월
	조사한 자료를 가지고 모둠별로 녹색 마을 제작	
	완성 및 평가하기-모둠별로 발표	
	학교 축제와 연계한 아나바다 교육 및 알뜰매장 운영	10-11월
국어	1학기 : 가정과 과학 교과의 학습 내용에 이어 지나친 에너지 소비를 비판하는 〈풍자물 만들기〉를 진행하였다. 2학기 : 시민환경단체 녹색미래와 협력하여 에너지 절약 신문 만들기 실시함.	시기
	모둠별로 제작할 풍자물 계획	
	모둠별로 풍자물 제작	7월
	모둠별로 완성된 풍자물 발표, 평가	
	에너지 절약 신문 만들기 기초자료 만들기 및 학습	10월
	에너지 절약 신문 만들기	11월
기술	노작 교육으로 학교 텃밭 가꾸기와 생태환경적인 학교 만들기(벤치형 화분, 창틀용 화분, 작물재배) 활동이 통합교과와 별도로 신행되었다.	

3학년 통합 교과교육

과학과 미술 교과가 협력하여 안전한 에너지를 위한 에너지 절약교육과 신재생에너지 교육을 실시하였으며 국어과에서도 지구 온난화 교육을 실시하였다.

[표 9] 3학년 통합 교육과정 계획

과목	교과 내용	시기
과학	1차시: 탈핵과 에너지 절약의 필요성	3월
	2차시: 삼정절전소 운영의 필요성	4월
	3차시 : 신재생에너지 교육	5월
	4차시 : 숲의 가치와 보전의 필요성	6월
	5차시 : 지구를 식히는 법 · 에너지 절약 실천 계획 세우기	7월
미술	탈핵과 에너지 절약을 주제로 포스터 그리기	6월~7월
국어	지구 온난화와 기후변화	7월
학교 축제	학교축제에서 탈핵과 신재생에너지를 주제로 '원전맨을 이겨라', '자전거 발전' 체험 학습을 실시함.	11월 13일

[사진 1] 지나친 에너지 소비 비판 풍자물

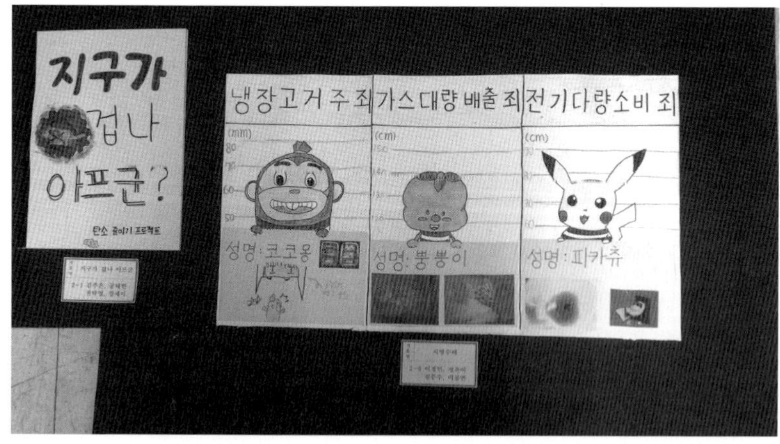

통합 교과교육의 적용 결과

　'11학년도의 통합교과교육은 모색기로서 참여한 교과와 교사의 수는 많았지만 주로 교과별 계기 수업으로 진행되는 경우가 많았으며 통합교과교육은 2~3교과가 짧은 기간 동안 시범적으로 실시해보는 정도였지만 '12학년도에는 학년별 공통의 주제를 정하여 4월부터 11월까지 교과뿐 아니라 체험학습, 축제, 삼정 절전소 활동이 긴밀히 연계된 프로젝트 학습으로 실시됨으로서 교육 내용이 충실해지고 완성도가 점점 높아지고 있다. 그리고 삼정 절전소 활동과 연계되어 배움이 실천으로 이어질 수 있는 교육과정의 연구 활동, 학습 준비, 교사 연구 모임 등을 진행하는 동안 통합 교과교육에 참여하는 교사들 사이에 탄소 줄이기 교육의 필요성이 공유되고 실천 의지가 점차 높아져 낭비되는 에너지 줄이기 교육이 일상적으로 이루어짐으로서 실제 많은 양의 전기에너지를 감축할 수 있었으며, 100명에 가까운 학생들이 서울시 에너지 수호천사단에 가입하기도 했다. 선생님들 스스로도 에너지 절약에 앞장 서 학년부 교무실의 경우는 꼭 필요한 전등만 켜는가 하면 교무실이 비어 있을 경우에는 소등되어 있는 경우도 자주 볼 수 있었다.

　탄소 줄이기 통합 교과교육이 연중 상시적으로 이루어지고 있기 때문에 학생들 또한 삼정 절전소 활동에 대한 관심을 갖게 되어 관심이 가장 많았던 4월부터 9월끼지 6개월 동안은 약 20%에 가까운 전기 에너지의 감축이 이루어지기도 했다. 그리고 지역사회에서 전문성을 갖춘 환경교육단체의 체험 학습과 연계하니 학생들이 흥미와 참여도가 높아졌다.

설문조사 결과 50%가 넘는 학생들이 통합교과교육과 삼정 절전소 활동에 대하여 긍정적인 관심을 표하고 있으며 부정적인 의견은 거의 없었으며 그 중 30%는 학교나 가정에서 에너지 절약에 조금이라도 신경 쓰게 되었다고 한다. 그리고 체험 활동에 같이 참여한 환경단체 교사들은 학생들이 거부 반응 없이 잘 참여한다고 칭찬하기도 한다.

4. 지역사회와 함께하는 탄소 줄이기 생태환경교육

습지 체험 학습

1학년에서는 통합 교과교육의 '숲과 습지' 교육과 연계한 '김포공항 습지 탐방'을 통해 습지의 기능과 가치를 이해하는 체험 학습을 진행했다. 체험 학습을 통해 습득한 내용을 학교 축세(푸른별 온새미로)에서 전교생과 공유함으로써 공항 습지를 보전하는 데 일조하고자 했다. 또한 공항 습지를 우리 구(강서구)의 자연자원으로 활용할 수 있는 방법을 함께 모색하고자 '한국공항공사 김포공항습지매립 반대 골프장사업백지화를 위한 강서공동대책위원회'의 도움을 받아 생태보전시민모임, 강서양천환경운동연합과 협력하여 우리 지역 습지 체험 활동을 실시하였다.

[표7] 김포공항습지 체험 학습 계획

통합 교과교육 숲과 습지 교육		체험 학습	학교 축제 푸른별 온새미로
도덕	환경과 인간	김포공항 습지 체험 학습	습지 교육 부스 운영 김포공항 습지 사진전
과학	생물 다양성		

활동구분 (장소)	현장탐방 (1번 습지/황새)
일시	10월 29일, 11월 5일, 11월 6일 13:00~16:00
세부 활동 내용	- 1학년 6개반 총180명을 대상으로 우리 동네 김포공항습지 탐방 운영 - 1회당 2개 반을 4조로 나눠서 생태 강사 4인이 진행(사정에 따라 강사 2인이 배치될 수 있음) - 생태강사가 학교에서 버스에 함께 탑승하여 하차 전까지 공항습지 소개와 일정 안내 - (구)대통령경호처훈련장 정문 하차 후 2조는 오른쪽으로 진행. 2조는 왼쪽방향으로 진행 - 탐방내용/습지생물 관찰, 개인 미션지 완성, 습지게임 후 하차 장소에서 버스 탑승 - 귀가 버스 안에서 미션 내용 발표와 탐방소감 나누기
준비물	버스예약/박재선, 복고 차량지원 단체섭외 (버스좌석 부속), 습지미션지 인원수만큼, 습지게임판 4세트, 안경 30개, 개인: 긴 옷, 모자, 필기구

[표 8] 김포공항 습지 현장 탐방 결과 정리

일시 및 장소	11월 8일(금) *평일 방과 후 과학실, 3-6교실
세부 활동 내용	- 습지탐방의 결과로 탐방한 아이들이 초록축제에서 공항습지의 중요성을 알리는 체험부스 운영이 가능하도록 함께 세부계획을 세우고, 체험부스 내용을 습득할 수 있도록 함 - 삼정중 환경동아리의 주제 활동인 '탄소 줄이기'의 일환으로 아이들의 눈높이에 맞게 운영 - 활동내용/습지게임 진행, 공항습지 사진 전시, 습지의 지역자원화방법 아이디어 모으기 - 습지탐방 미션지 전시물 만들기 - 회당 10명씩 운영 총 30명 모집 후 실내교육과 게임을 충분히 익히도록 함
준비물	습지 정보 패널 3개, 참여 안내판과 아이디어게시판, 습지게임판 4세트, 미션지 전시물 만들기 재료, 컴퓨터와 프린트기 사용

[표 9] 학교 축제-삼정 푸른 별 온새미로:
습지 체험 교육 부스 운영 및 김포공항 습지 사진전

일시 및 장소	11월 13일(화) 09:00~16:00 학교 운동장
세부 활동 내용	- 자연경관이 우수한 전시공간이 확보되고 옆에서 게임을 진행하기에 적적한 넓은 공간 필요 - 워크숍담당자는 부스운영이 원활하도록 현장지원/자원봉사 - 습지의 중요성을 알리는 패널과 공항습지를 비롯한 강서구의 습지 사진, 습지미션지 전시 - 총6회를 3팀으로 나눠서 진행(10명이 한 팀) (1팀/9시, 9시50분, 2팀/10시40분, 11시30분, 3팀/13시30분, 14시20분) ① 6조로 나눠 습지 게임 진행 ② 전시물을 보고 습지보전과 함께 우리가 잘 활용할 수 있는 방법을 써 오면 축제화폐 지급 - 포스트잇은 아이디어 전시판에 직접 붙이도록 함 - 이젤준비: 삼정중학교/목제 , 생태보선시민모임 스틸 18개 - 습지게임판 만들기
준비물	공항습지 사진 액자 18점, 습지 정보 패널 3개, 습지탐방 미션지 전시 2개 참여 안내판과 아이디어게시판, 이젤 26개, 습지게임판 6세트, 포스트잇, 싸인펜 3세트

에너지 절약 신문 만들기와 초록장터 운영

 2학년 통합 교과교육은 과학, 국어, 가정, 기술 교과가 참여하여 '에너지 절약'을 주제로 이루어졌다. 국어 교과에서는 1학기에 과학, 가정 교과와 연계하여 '지나친 에너지 소비를 비판하는 풍자극 만들기' 교육을 실시하였으며, 2학기에는 시민환경교육단체인 녹색미래와 협력하여 '에너지 절약 신문 만들기' 프로젝트 수업을 실시하였다.

[표 10] 에너지 절약 통합 교과교육 진행 과정

통합 교과교육 에너지 절약 교육	
과학	5월 총 5차시 교육
에너지 절약과 대안에너지	
가정	6월 총 8차시 교육
환경을 사랑하는 녹색마을 만들기 모둠 활동	

⇒

통합 교과교육 에너지 절약 표현	
국어	7월
지나친 에너지 소비를 비판하는 풍자극	
국어	10월
에너지 절약 신문 만들기 기초 자료 및 학습	

⇒

에너지 절약 신문 만들기
국어 교과 시간에 에너지 절약 신문 만들기 전문 강사를 초청하여 신문 만들기를 실시함.

⇒

삼정 푸른별 온새미로 초록 장터 운영
2학기 가정교과의 의식주 교육(아나바다 운동)과 연계하여 2학년을 중심으로 학교 축제 초록장터 부스를 운영함.

[사진 2] 에너지 절약 신문

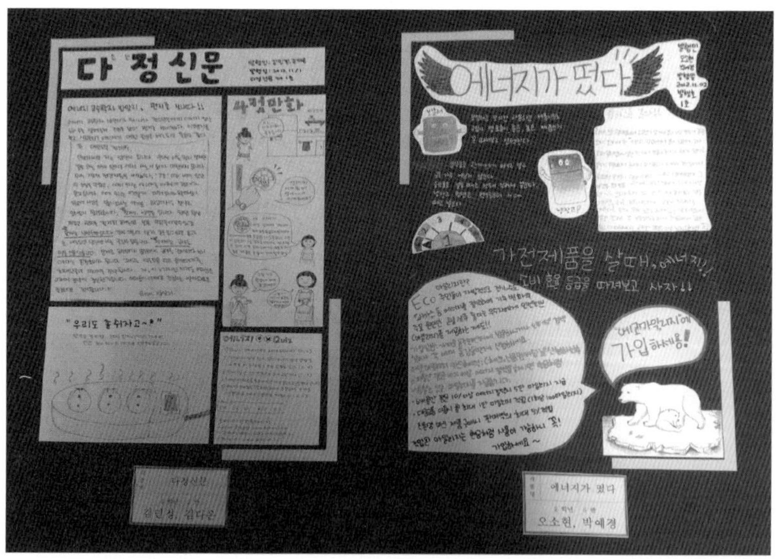

[표 11] 탈핵 체험 활동

프로그램	원전맨을 이겨라
원전맨 인형을 쓴 사람과 학생이 손바닥치기 게임을 해서 물리치는 게임	

프로그램 구성 및 필요 인원(총 5명)		
원전맨을 이겨라!	- 원전맨 인형쓸 사람 (2명) - 중계자 : 손바닥치기 게임 진행자(1명)	〈준비물〉 원전맨 인형, 중계방송 마이크,중계자 옷
고리1호기 폐쇄 인증샷	- 게임 후 '고리1호기 폐쇄' 손팻말 들고 인증샷 - 사진은 교내 홈페이지, 핵 없는 사회를 위한 공동행동 사이트 올리기(1명)	고리1호기 폐쇄 손팻말, 사진기
에너지 절약 서약	- 원전하나 줄이기 위해 에너지 절약은 필수, 집, 학교 어떤 실천할지 서약(반, 이름쓰기), 사탕 주기, 시민햇빛발전 홍보물 나누기 (1명)	플래카드 재활용(서약받기), 생협 막대 사탕, 매직, 시민햇빛발전 배너, 홍보물

탈핵−신재생에너지 : '원전맨을 이겨라!'

3학년 통합 교과교육 안전한 에너지를 위한 탈핵-에너지 절약-신재생에너지 교육과 연계하여 서울환경운동연합과 협력하여 '원전맨을 이겨라!'라는 체험 학습 프로그램을 학교 축제에서 초록마당을 통해 실시하였다.

[표 12] 대안 에너지 체험 활동

프로그램	대안 에너지 체험 존	
\- 운동에너지로 생산하는 자전거 발전기로 과일을 갈아 주스 만들기 \- 태양광으로 생산되는 에너지 체험(전등 켜기 등)		
프로그램 구성 및 역할(총 5명)		
태양광 발전 체험	태양광 전지판을 통해서 에너지가 얼마만큼 생산되는지 설명 듣기, 전등 켜보기 등(2명)	태양광 전지판 및 부속품, 배터리, 전등(준비 부탁드려요), 판넬. 이젤2개
자전거 발전기 체험 (2대 운영)	참가자가 페달을 돌려 에너지 생산, 에너지로 믹서기(과일, 요구르트) 돌려 주스 만들기(2명) * 1명 : 믹서기에 과일 넣기, 따라주기 　(컵은 먹은 사람이 씻어오도록 한다) * 1명 : 자전거 발전기 진행 및 간단한 설명	자전거 발전기 2대, 판넬, 이젤2개, 믹서기 2대, 멀티탭 2개, 과일(바나나 또는 토마토, 사과 등), 요구르트, 다회용 컵, 칼, 접시 등

이외에도 생태 보전 시민 모임과 함께한 '개화산 참나무 이야기', 아이쿱 강서생활협동조합과 함께한 '논·습지 체험 학습', 강서문화생태모임과 함께한 생태환경 교육과 연계한 지역 봉사 활동 등 지역사회와 함께하는 다양한 체험 학습을 실시하였다.

지역사회와 함께하는 동아리 활동

삼정중학교 생태환경 동아리는 체험 활동 시간을 활용한 목요 동아리(14명)와 방과 후 동아리 월요 동아리(1학기-17명, 2학기-11명)로 구성되어 활동하고 있다. 이 동아리에는 학부모도 함께 참여하고 있으며 강서문화생태모임(강서생활협동조합 아이쿱)이 프로그램을 운영하고 있다.

[표 13] 목요 동아리 활동 진행(1학기)

횟수	계 발 활 동 내 용
1	동아리활동 조직 및 연간 계획 수립
2	우리 쌀 이야기- 벼농사의 혜택과 식량문제(현미 김밥 만들기)
3	햄버거가 내 몸과 지구환경에 미치는 영향(우리 밀 또르띠야 만들기)
4	슬로푸드란? (샌드위치 만들기)
5	모기약은 무엇으로 만들었을까?(친환경 버물리 만들기)
6	친환경 매실이야기(매실 담그기)
7	친환경 생활(천연 비누 만들기)
8	음료수 너는 누구? (음료수 대신 친환경 과일을)
9	공정무역 이야기(공정무역 초콜릿을 이용해 빵에 모양 꾸며보기)

2013학년도부터 동아리 활동은 '삼정에너지수호천사단'을 중심으로 운영함으로써 탄소 줄이기 삼정 절전소 활동과 보다 긴밀히 연계하여 실시할 예정이다. 그리고 학부모들의 적극적인 참여는 학교의 생태환경교육의 큰 도움이 될 뿐 아니라 학부모들을 통해 마을과 직접 소통할 수 있고 탄소 줄이기를 서로 협력한 수 있는 기반이 되므로 학부모 동아리의 활성화에 역점을 두어 진행힐 예정이다. 따라서 2013학년도 동아리 활동은 학생(삼정에너지수호천사단과 삼정 절전소), 생태환경 학부모 동아리, 강서문화생태모임, 서울시의 에코마일리지 사업과 연계하여 내실 있는 동아리 활동이 되도록 할 것이다.

그 외에도 '장 담그기/매실차 만들기', 농촌체험활동, 생태체험봉사활동 등 다양한 교육 활동이 지역사회의 전문 교육단체의 도움으로 활발하게 진행되었다. 농촌체험활동으로는 강서생활협동조합, 식생활네트워크의 지원으로 1학년을 대상으로 충남 홍성 문당리 생태환경마을을 방문하여 풀무생활협동조합과 도농교류 프로그램을 실시하였고, 또한 '강서생태환경교육네트워크'와 협력하여 다양한 생태체험 전일제 봉사활동(1, 3학년)을 실시하였다.

통합 교과교육 및 체험 학습은 강서문화생태모임, 녹색미래, 서울환경운동연합, 서울시 환경정책과가 함께 서로 소통하고 협력하여 이루어졌다. 이러한 협력은 학습 내용을 더욱 풍부하게 하였을 뿐 아니라 에너지 절약 실천 활동에도 크게 영향을 미쳤다. 앞으로도 학생, 교사, 학부모가 모두 참여한 학교의 교육 활동, 서울시를 비롯한 정부기관, 지역의 전문환경단체와 긴밀히 연계하여 학교의 교육이 학교뿐 아니라 가정과 지역사회에서도 좋은 영향을 미칠 수 있게 하는 한편 지역사회나 정부의 탄소 줄이기 운동이나 정책이 학교에 올바로 자리매김할 수 있도록 노력하고자 한다.

5. 학교 축제 – '삼정 푸른 별 온새미로'

삼정중학교는 2011학년부터 학교 축제 '삼정 푸른 별 온새미로'

차시	주제	지도내용
1	우리 밀 이야기	우리 밀이 내몸과 환경에 주는 영향
2	우리 밀 또르띠야 만들기	우리 밀과 친환경의 중요성에 대해 인식하기
3	식품첨가물 이야기	첨가물이 우리 몸에 끼치는 영향
4	핫케이크 만들기	첨가물이 들어가지 않은 간식 만들기
5	환경호르몬 이야기	생활용품들에 들어있는 환경호르몬에 대해 알아보기
6	립밤 만들기	환경호르몬이 들어가지 않은 천연 립밤 만들기
7	햄버거가 지구온난화의 주범?	햄버거에 들어가는 패티의 문제점
8	샌드위치 만들기	고기가 들어가지 않은 샌드위치 만들기
9	바르게 알고 먹어요	라면과 치킨의 진실
10	우리밀 자장면 만들기	첨가물이 들어가지 않은 음식 만들기
11	생활의 지혜	온실가스 줄이기
12	바르는 모기약 만들기	온실가스 줄이는 방법
13	장 뜨기	전통장의 중요성
14	된장 만들기	전통장의 중요성
15	음료수 너는 누구?	시중 음료수의 문제점

를 2회째 실시하여 학생, 학부모, 교사로부터 좋은 반응을 얻고 있다. 학교 축제는 철저하게 학생회를 중심으로 준비되고 운영됨으로써 학생 자치활동의 활성화에 크게 기여하고 있다. 또한 '탄소 줄이기'를 주제로 하여 교과 시간이나 체험 학습 등과 연계하고, 강서문화생태모임의 도움을 받아 초록교육마당이 학년별 다양한 체험 중심 부스를 운영함으로써 탄소 줄이기 교육의 효과를 더욱 높여주고 있다. '삼정 푸른 별 온새미로'는 학생회가 주관하고 학부모, 지역사회가 함께 참여하여 도움을 주는 형태로 진행되었다.

[표 15] 장 담그기/매실차 만들기(2011~2012학년도)

		준비 활동
1	1월	2012학년도 장 담그기 계획 세우기
2	2월	2012학년도 장 담그기 재료 구입
3	3월	2012학년도 학생 학부모 생태환경 동아리 구성
		동아리 활동
차시	시기	주제	활동 내용
3	4월	장담그기	우리된장의 우수성에 대해 알아보기
4	5월	간장뜨기	간장다리기
5	6월	매실 엑기스 만들기	100일후 매실 주스 마실 것을 약속하며... .
6	10월	된장, 간장, 매실 액기스의 시식 및 포장	숙성된 간장, 된장, 매실차를 시식하고 삼정 초록 축제에 홍보용으로 사용할 것을 병에 담음.
7	11월	삼정 푸른별 온새미로 동아리 활동 홍보	녹색생활과학탐구반에서 만든 간장, 된장, 매실차를 홍보함.

[표 16] 생태 체험 전일제 봉사활동

번호	종목	내용
1	지역아동센터, 양로원 위로 방문 봉사 활동	미각 체험 교실, 안전 먹거리 교실, 음식 나누기, 지역아동센터 및 양로원 위로 방문 봉사 활동
2	CO_2줄이기 생태환경교육 및 캠페인 활동	개화산 생태교육, 신재생에너지 체험, 재활용 분리장 견학 및 교육, 폐현수막 정리, CO2 줄이기 내가 먼저 교육
3	강서습지 환경보호 활동 및 캠페인 활동(영상만들기)	생태환경보전을 위한 습지 및 철새 모니터링, 캠페인 영상 만들기
4	멸종위기종 '맹꽁이' 산란 조사 및 캠페인 활동	사전 학습 및 활동, 조사 활동, 발표회 및 캠페인
5	장애 체험 교육 및 방문 위로 봉사 활동	지역사회 소외 계층을 방문 및 체험 활동 방문지(장애 및 기타) 친구들과 친환경 식품 만들기 활동, 지역 현황 알아보기 및 사회 경험 활동
6	재활용 장터체험 및 봉사 활동	재활용 장터체험 봉사 활동과 시민 참여 체험 봉사 활동을 통한 경험사례 발표하기

'푸른 별 온새미로'는 왜 하는가?

제2회 학교 축제 '푸른 별 온새미로'가 학생회 주관으로 11월 13일(화) 오전 9시부터 오후 4시 30분까지 삼정중학교 운동장, 교실, 특별실 등에서 개최되었다. 삼정중학교는 학교의 역점 사업으로 '탄소 줄이기 통합 교육과정'을 운영하고 있는데 학교 축제는 학교 축제 자체로도 큰 의미가 있지만 통합 교육과정에서 학교 축제 '푸른 별 온새미로'가 적지 않은 부분을 차지하고 있으며, 교육적 의미도 매우 크며 학교 축제로 다양한 교육 기능을 가지고 있기 때문이다.

첫째, 교육 효과가 매우 크다는 것이다. 축제라는 형식을 통하여 학생들이 탄소 줄이기 생태환경 교육에 즐겁게 참여할 수 있고, 더 나아가 통합 교과교육, 체험 학습과 연계된 탄소 줄이기 프로젝트 학습으로까지 이어질 수 있어서 교육 효과가 매우 크다.

둘째, 축제는 학생 자치의 꽃이다. 축제는 즐거운 것이다. 축제를 준비하는 것도 즐겁고 흥미로운 것이어서 학생들의 관심을 불러일으킨다. 그러기에 학생 자치활동을 하고자 할 때 가장 좋은 소재가 되고 있는 것이다. 학교 축제를 위한 준비 위원회 활동, 임원수련회, 대의원회, 학급회의 등이 학교축제 및 학생회 주관 학교 행사 등이 활발하게 진행된 것도 학교 축제와 깊은 연관을 가지고 있다.

셋째, '삼정 푸른 별 온새미로'는 지금까지 실시해온 '탄소 줄이기 통합 교육과정'의 세부 프로그램들을 점검하고 개선할 점을 찾아 향후 생태환경 교육 프로그램에 반영하기 위해서도 필요하였다.

'푸른 별 온새미로'는 어떻게 운영되는가?

첫째, 학교축제는 무엇보다 즐겁게 참여하는 풍성한 축제가 되어야 할 것이다. 학생, 학부모, 교사들의 호응이 커야 교육의 효과도 크고, 축제가 학교에 제대로 자리 잡아나갈 수 있을 것이기 때문이다.

둘째, 학교 자치활동에 역점을 두고자 한다. 축제의 전 과정을 학생회가 주관하도록 함으로서 학생 자치활동의 활성화에 기여하도록 하며, 학부모회도 '친환경 먹거리 마당'을 책임지고 운영함으로서 학부모 자치활동의 계기를 마련하고자 한다.

셋째, 지역사회와 소통하고 협력하는 분위기를 조성하여 마을 속의 학교를 만들어 간다.

넷째, 통합 교과교육, 지역사회와 함께하는 체험 학습, 학교 축제, 탄소 줄이기 통합 교과교육으로 이어지는 프로젝트 학습이 될 수 있도록 기획되고 운영되어야 한다.

다섯째, 1회용 사용하지 않기, 친환경 먹거리 마당, 초록 장터 운영 등 친환경축제가 되도록 노력해야 한다.

[표 17] 학교 축제 '삼정 푸른 별 온새미로'

구분		활동 내용	비고
초록 마당	교육	주관 : 학생회 · 삼정절전소 지원 단체 : 강서문화생태모임(아이쿱 강서생활협동조합, 생태보전시민모임, 강서양천환경운동연합), 서울환경운동연합, 녹색미래	
		1학년 : 습지 보전 및 생물 다양성 교육	생태보전시민모임 강서양천환경운동 연합
		2학년 : 숲 보전 푯말 만들기	
		3학년 : 신 재생에너지 교육	서울환경운동연합
	체험	천연비누 만들기, 천연에센스 만들기	아이쿱 강서생활협동조합
		개화산 참나무 이야기 : 핸드폰 줄 만들기	생태보전시민모임
		폐식용유를 이용한 재생 비누 만들기	강서양천 환경운동연합
	홍보	에코마일리지 가입 홍보 에너지 절약 실천 서명	학생회 - 삼정절전소 운영위원 _ 에너지 수호천사 단
	전시	탄소 줄이기 포스터	3학년 통합교과교육 미술 교과
		에너지 절약 신문 만들기	2학년 통합교과교육
		김포공항 습지 사진전	1학년 통합교과교육 생태보전시민모임
		친환경 먹거리 홍보	아이쿱 강서생활협동조합
		에코마일리지 가입 홍보	삼정절전소
친환경 먹거리		- 친환경 다양한 먹을거리 - 전통 먹거리	학부모회 주관 급식실
초록 장터		아나바다 운동 - 중고물품의 교환을 통해 자원의 수명을 연장, 생태환경적인 생산과 소비활동, 초록화폐를 활용한 경제활동 교육	학생회 2학년 통합교과교육
놀이 및 체험 마당		학년별 부스 운영 (6개 부스 운영)	학생회 행사부
		동아리별 부스 운영 (6개 부스 운영)	창체부
		전통 놀이마당	길꽃 할아버지 할머니
공연 마당		두드림(난타), 사물놀이, 서서울고 밴드	동아리, 서서울고 찬조
전시회		동아리 활동, 교과교육 활동 작품 학생, 교사, 학부모 작품	창체부 · 학교 강당

초록장터

2학년 통합 교과교육의 가정 교과 의식주 교육내용인 '아나바다' 운동과 연계한 축제의 한 마당으로 학생회가 초록장터 준비위원회를 만들어 홍보, 물품 수집 및 분류, 물품 판매에 이르기까지 모든 과정을 책임지고 운영하였다.

친환경 먹거리 마당

학부모회와 급식실이 협력하여 학교 축제를 더욱 풍성하게 해 주었다. 친환경 유기농 재료를 사용하여 다양한 친환경 먹거리로서 떡꼬치, 어묵, 우리밀 수제쿠키, 우리밀 호떡, 닭강정, 인절미, 식혜 등이 판매되었다.

초록교육마당

우리 지역의 강서문화생태모임, 서울 환경운동연합, 학생회의 삼정절전소가 협력하여 '탄소 줄이기-초록교육마당'을 주관하였다. 학년별 탄소 줄이기 교육 활동과 삼정 절전소의 에코마일리지 교육 활동이 이루어졌다.

'습지'(1학년) : 활동내용 김포공항 습지 체험학습과 연계한 교육 활동으로 1학년 에너지 수호천사단이 중심이 되어 운영하고 생태보전시민모임 교육전문 강사(11월 7일, 축제 당일)가 지원 및 지도하여 실시하였다.

'숲의 보전을 위한 푯말 만들기'(2학년) : 2학년 통합 교과교육을 통하여 숲의 중요성을 학습하고, 기술 시간을 활용하여 푯말을 다듬은 후 축제 당일 숲의 보전을 위한 푯말을 만드는 교육 활동을 하였다. 녹색 미래, 국어 교과 선생님이 푯말 제작을 지원하였다.

'신재생에너지'(3학년) : 3학년 '안전한 에너지' 교육과 연계한 원전 교육 및 신재생에너지 교육(원전맨을 이겨라, 자전거 발전기, 태양광 셀 체험 교육 등)이 진행되었으며 서울환경운동연합에서 지원하였다.

에코마일리지 홍보 및 가입 활동: 각 학년의 에너지 수호천사단을 중심으로 탄소 줄이기 홍보 대사를 임명하여 홍보 및 가입 활동, 에너지 절약 실천 서약 받기(캐리캐처 그려주기) 활동을 통하여 36명의 에코마일리지 가입 서명과 20여명의 실천 서약을 받았다.

학년별 체험 활동

담임선생님들의 지도로 학녀별루 미션을 수행히고 미션을 수행한 학생들에게는 학습효과를 높이기 위해 초록화폐를 지급하였다.

전통놀이1(1학년) : 길꽃 도서관 할머니, 할아버지 전통놀이 팀의 지도로 재기 차기, 굴렁쇠 굴리기, 사방치기 등 다양한 전통놀이를 체험할 수 있었다.

개화산 둘레길 미션 수행(2학년) : 개화산 둘레 길을 3~4명씩 모둠으로 돌면서 특정한 장소나 사물을 찾아 찍어서 반드시 모둠원이 모두 나오도록 스마트폰으로 사진을 찍어서 돌아온다. 이때 교육마당에서 만든 숲의 보전 푯말을 붙여주고 돌아왔다.

탄소 줄이기 골든벨(3학년) : 방송으로 탄소 줄이기 관련 문제가 나가면 학생들은 자기 반 교실에 문제를 듣고 핸드폰으로 답을 보내는 방식으로 진행되었다.

체험 마당

개인별로 1~2종목을 선택하여 체험 활동을 하였다. 체험 활동 종목으로는 천연 비누 만들기, 천연 에센스 만들기, 개화산 목재를 이용한 핸드폰 줄 만들기, 폐식용유를 이용한 재생 비누 만들기 등이 실시되었으며 아이쿱 강서협동조합, 생태보전시민모임, 강서녹색발전소, 서울 환경운동연합이 함께 참여하여 지원하였다.

활동 평가

학교 축제 제2회 '푸른 별 온새미로'는 초록교육마당은 1회에 비교할 때 많은 변화가 있었다. 학년별 통합 교과교육, 체험 학습, 학교 축제로 이어지는 프로젝트 수업으로 발전될 수 있었다. 예를 들어 1학년의 경우 통합 교과교육으로 실시한 생물다양성과 기후변화 교육, 김포공항 습지 체험 학습, 초록교육마당의 습지 체험 교육 부스 운영 및 김포공항 습지 사진전으로 이어지는 프로젝트 학습으로 진행되었고, 에코마일리지 가입 홍보 활동, 에너지 절약 실천 서약 받기 등의 활동이 이루어진 것은 제1회 축제와 비교할 때 많이 진전되었다.

하지만 제1회에서 지적되었던 쓰레기 문제는 여전히 개선되지 못했고, 부스 운영이 좀 더 다양했으면 좋겠다는 의견들이 많았다. 그리고 축제 개최 시기의 문제, 식당 운영과 먹거리 마당은 하나로 묶어서 하는 것이 좋겠다는 의견도 있었다. 그리고 인근의 학교와도 협력하면 더욱 좋은 축제가 될 수 있을 것이란 의견도 있었다. 2013학년도 축제는 탄소 줄이기 프로젝트 학습의 내실을 더 기하기 위해서 통합 교과교육, 체험 학습, 학교 축제, 마무리 통합 교과교육으로 이어지는 프로젝트 학습이 가능하도록 보다 세밀한 교육과정의 준비가 필요하며, 친환경 축제를 위한 더 철저하게 준비해야 할 것이다.

6. 마치며

이제 지구온난화와 기후변화의 문제에 온 인류가 적극 대응해야 한다는 것은 새삼 더 거론할 필요도 없어졌지만 학교교육은 이를 따라가지 못하고 있다. 환경 교과를 선택하고 있는 학교도 거의 없는 실정이고, 단지 각 교과에 관련된 내용이 있어서 교과의 진도에 맞춘 산발적인 학습이 이루어지고 있을 뿐 실천으로까지 이어지지 못하고 있다. 이런 문제를 극복하기 위하여 삼정중학교는 '탄소 줄이기 통합 교육과정'을 수업혁신과 함께 학교의 주요 역점사업으로 지정하여 학교의 생태환경교육의 새로운 모형을 만들고자 뜻을 모은 것이다.

이와 같은 문제의식에서 출발한 삼정중학교 '탄소 줄이기 통합 교육과정'은 실시 첫해인 2011학년도에는 각 교과에 흩어져 있는 지구온난화와 기후변화 관련 교육 내용, 기후변화와 생물다양성 교육, 에너지 절약, 신재생에너지 교육, 생태환경 관련 교육들을 하나로 모아 공통의 주제를 정하여 서로 협력하여 학년별로 통합 교과교육을 하는 것으로부터 시작되었다. 이를 위해 통합 교과교육을 위한 교사 연구모임을 만들었고 첫해인 2011학년도에는 2학기부터 시작하여 낮은 수준이지만 학년별 통합 교과교육이 실시됨으로서 나름의 기본 틀을 만들 수 있었다. 두 번째 해인 2012학년도에는 훨씬 발전된 학년별 통합 교과교육을 실시할 수 있었을 뿐 아니라 학생 자치활동과 연계되어 교육 활동이 학생들의 실천 활동으로까지 이어질 수 있었다. 또한 지역사회와 함께하는 체험 학습, 학교 축제 등과 연계한 프로젝트 수업으로까지 발전하여 첫해에 비해 많은 발전이 있었다. 세 번째 해인 2013학년도에는 2012학년도의 통합 교과교육을 더욱 보강하여 더욱 질 높은 교육이 이루어질 수 있도록 하고자 한다.

또한 2012학년도의 가장 큰 특징 중의 하나가 학생 자치활동을 통한 에너지 절약 실천 활동이다. 학생회 산하에 삼정 절전소를 설립하여 운영하였는데 이는 서울시의 '원전 하나 줄이기-에너지 절약 운동'에 동참하여 학교에서도 실천 활동을 강화하기 위한 것

"우리 동네 습지 사진전"

이었다. 삼정절전소 활동은 에너지 절약을 실천하는데도 많은 기여를 하였지만 학생 자치활동의 활성화에도 크게 기여함으로서 교육 효과가 컸다. 특히, 서울시의 에코마일리지 가입 홍보 실천을 위한 에너지 수호천사단 활동과 연계되어 그 의미가 더욱 커지고 있다. 세 번째 해인 2013학년도에는 서울시의 에너지 수호천사단 활동과도 연계하여 학교와 지역사회 및 지방정부가 함께하는 에너지 절약 실천 활동으로 자리매김할 수 있도록 노력하고자 한다.

삼정중학교 생태환경 교육은 늘 지역사회의 생태환경 교육단체인 강서문화생태모임과 함께 해왔다. 학교의 생태환경 교육이 지역사회와 함께함으로써 전문적인 체험 중심의 동아리 활동, 학년별 체험 학습이 가능해졌을 뿐 아니라 학교교육이 가정과 지역사회로까지 이어질 수 있는 계기가 되어 학교와 지역사회가 서로 소통하고 협력할 수 있는 매개역할을 해내고 있다. 그리고 지역사회와 함께 했던 습지체험학습, 에너지 절약신문 만들기, 원전맨을 이겨라, 학교 축제 초록마당 등은 통합 교과교육과 연계되어 탄소 줄이기 프로젝트 학습을 더욱 알차게 만드는 구실을 하였다. 더 나아가 서울시의 마을 만들기 사업과도 이어질 수 있다면 그 교육적 의미는 더욱 커질 것이라 여겨져 2013학년도에도 지역사회와 함께하는 탄소 줄이기 통합 교육과정을 더욱 강화하도록 노력할 것이다. 하지만 2012학년도를 돌아보면 아쉽고 미흡한 부분도 적지 않았다. 앞으로 부족한 부분을 철저하게 파악하여 더 알찬 교육과정을 만들도록 노력해야 할 것이다.

체험활동과 교과를
연결한 주제 통합 수업

1. 북서울중학교 수업 혁신 과정에서 얻은 것들

다른 혁신학교들도 마찬가지이겠지만 북서울중학교가 혁신학교로 출발하면서 기존 수업시간에는 해보지 못하던 여러 가지 새로운 시도들을 하게 되었다. 우리들이 주로 고민했던 것은 수업의 질을 높여 학생들에게 의미 있는 배움이 일어나도록 하는 것이 무엇인가였다. 이러한 문제의식은 체험활동을 중심으로 한 통합 프로젝트 수업과 기존 교과수업을 활용한 주제 통합 프로젝트 수업을 시도하는 것으로 구체화되었다. 전자의 경우에는 생태 교육이나 진로교육을 주제로 통합적인 프로젝트 수업을 실시하되 전문가를 초빙하여 교사가 보조하는 형태로 진행하였고, 후자의 경우에는 하나의 단일한 주제로 여러 교과교사들이 교과 수업시간을 활용하여 주제 통합 프로젝트 수업을 실시하는 형태로 진행되었다.

실제 진행과정에서 전자의 경우에는 혁신부 주도로 학년부와 협의하여 진행하였지만 기본적으로 수업을 외부 전문가가 담당하였다. 따라서 교사들에게 자신의 교과수업과 연계된 부담이 적었고 따라서 수업에 대한 교사의 깊이 있는 고민이 크게 진진되는 과정은 아니었다. 그러나 후자의 경우에는 직접적으로 자기 교과수업과 연결시켜 수업내용이나 수업방식 등을 고민해야 했기 때문에 이를 실제 도입하고 실천하는 데는 일정한 시간이 요구되었다. 이러한 이유로 체험활동을 중심으로 한 통합 프로젝트 수업은 혁신학교 첫해인 2011년부터 바로 실시될 수 있었던 반면에 교과와 연계된 주제 통합 프로젝트수업을 하는 데는 거의 2년 가까운 시간이 걸렸다.

'가르친다'는 것과 '배운다는 것'

수업의 궁극적인 목적은 '학생'이다. 우리는 수업을 통해 학생의 지적·정서적 성장과 변화가 일어나기를 기대한다. 그런데 교육이란 다른 일반적인 활동과 달리 가장 큰 특징이 사람과 사람의 관계 속에서 이루어진다는 것이다. 따라서 수업에 관해 생각할 때 우리가 놓쳐서는 안 되는 것이 수업의 목적이자 그 결과를 내면화해야 할 학생을 주체적 인격체이자 중심으로 생각해야 한다는 사실이다.

이때의 '중심'이란 막상 실제의 수업 현장에서는 상당히 다의적으로 해석될 수 있는 단어다. 내가 그동안 이해해 왔던 '수업의 중심으로서의 학생'이란 내가 '잘 가르치면 되는 대상'이었다. 그래서 나는 보다 효과적인 설명 방식을 고민하고 연구하는 것이 좋은 수업을 만들기 위해 내가 해야 할 일이라고 생각했다. 그렇기 때문에 수업을 준비하면서 내가 가장 공을 들였던 것은 구체적인 사례를 발굴하고 더 많은 시청각 자료를 찾아내는 일이었다.

물론 아이들의 직접적인 참여활동을 고려하지 않은 것은 아니다. 그러나 내가 주로 염두에 두었던 수업에서의 학생들의 참여

활동은 교사인 내가 설명한 것을 얼마나 아이들이 잘 이해하고 있는가를 확인하는 것에 초점이 맞추어져 있었다. 비유하자면 나는 내가 차린 밥상의 음식들을 아이들이 잘 먹어주기를 바랬고, 가끔씩 젓가락질, 숟가락질을 유도해서 아이들이 잘 떠먹고 있는지 그 모습을 확인하는 것에서 더 나아가지 못했다. 아이들과 함께 요리를 해서 함께 먹을 수 있다는 것에 대해서는 생각해 보지 않았다고나 할까?

내가 놓치고 있었던 것은 교사가 잘 가르친다는 것과 학생이 잘 배운다는 것이 일치하지 않을 수도 있다는 사실이었다.

이는 기본적으로 수업을 교사와 학생 상호간의 관계의 문제로 인식하지 못한 채 교사 중심으로 사고했다는 것을 뜻한다. 즉, 학생을 또 하나의 수업의 '주체'로 명확하게 인식하고 인정하지 못했던 것이다.

정확하게 말하면 수업의 진정한 주체는 학생이다. 교사는 학생이 배움에 도달할 수 있도록 '도와주는' 사람이다. 도와주는 사람이라고 해서 결코 그 중요성이 약해지는 것은 아니다. 학생에게 배움이 일어나도록 도와주는 일이야말로 전문성이 요구되는 일이며, 정교한 작업이다.

이것이 내가 교직 20년 만에 처음으로 깨달은 것이다.

교사에게도 배움이 필요하다.

아이들에게 배움이 일어나도록 하기 위해서 교사들은 매수업의 설계도를 만든다. 그동안 우리는 이것을 수업지도안이라고 불러 왔다.

기존의 수업 설계도는 내용적으로는 교과서 내용을 기본으로 하여 이를 보조해 줄 수 있는 자료들을 잘 조직하는 것이었다. 형식적으로는 '전시 학습 확인-도입-전개-정리-차시학습 안내'와 같이 다분히 기계적이고 도식적인 것이었다. 여기 어디에도 학생들이 스스로 배움을 깨우치는 과정이 상정되어 있지 않다.

그러나 이제 교사의 역할이 기계적인 전시학습 확인과 도입이나 학습내용을 일방적으로 설명하는 것이 아니라 학생들의 배움이 일어나도록 돕는 일이라 한다면 '무엇을', '어떻게' 도울 것인가가 중요해 진다.

이 문제를 해결하는 방식은 실로 다양하게 존재할 수 있다. 그러나 여기서 중요한 것은 학생들이 배움의 주체이기 때문에 학생들에 대한 충분한 이해가 전제되어야 한다는 점이다. 똑같은 교재나 똑같은 교육 내용도 학생의 준비 정도와 경험, 특성에 따라 전혀 다른 방식의 배움 과정이 나타날 수 있기 때문이다.

여기서 학생에 대한 정확한 이해, 입체적인 이해가 요구된다. 따라서 학생에 대한 이해를 위해 같은 학생들을 대상으로 수업을 진행하는 여러 교사들의 눈이 모여야 할 필요가 생긴다. 왜냐하면 교사의 특질이나 교과의 특성, 학생의 교과 흥미도나 교사와의 친밀도 등에 따라 특정 학생과 교사가 수업 과정에서 도달할 수 있는 배움의 정도가 영향을 받기 때문이다. 즉, 그것은 다분히 일면적인 것이 될 한계를 안고 있다. 이러한 한계를 극복하는 것은 교사들의 집단 지성을 조직하는 것에 의해 가능해 질 수 있다.

여기서 교사들 간의 수업 공유와 수업 연구의 필요성이 제기된다.

학생에 대한 입체적이고 깊은 이해를 위해서만 교사들의 수업 연구가 필요한 것은 아니다. 아이들을 배움으로 이끌고 도와주는 일은 그 자체로 상당히 전문적인 일이다. 교과의 내용과 다양한 수업 장면마다 그에 적합한 방법들이 필요하다. 이러한 다양한 방법들을 교사 혼자서 만들어 내기란 쉬운 일이 아니다. 따라서 비슷한 문제를 해결해야 하는 교사들이 모여 이를 공동의 과제로 삼고 함께 그 해결 방안을 모색하는 것이야말로 수업의 효과를 극대화하며 아이들의 배움을 풍부하게 이끌어 내는 가장 좋은 방법이다.

특히 앞서도 말한 것처럼 수업이 교사와 학생의 '상호 관계'를 통해 구현되는 일이기 때문에 수업 장면은 그 자체로 다양한 인간관계의 양상들이 발현되는 곳이기도 하다. 교사가 사전에 수업을 설계하기는 하지만 똑같은 교과 내용일지라도 학급마다 학생의 구성이 다르고 같은 학급 안에서도 아이늘마다 특질이 다르기 때문에 교사가 설계한 수업은 늘 새로운 상황에 직면하게 된다. 이러한 상황에 가장 적합하게 대응하며 매수업 상황을 아이들의 배움으로 연결 짓기 위해서 교사는 누구보다 풍부한 임상 경험을 가져야 한다. 교사 개인의 경험만으로는 늘 부족하고 한계에 부딪칠 수밖에 없다. 이러한 문제를 해결하기 위해서도 교사들은 서로 수업을 공개하고 참관하며 이를 분석하는 배움의 과정을 수행하지 않으면 안 된다.

이러한 교사들 간에 이루어지는 공동의 배움의 과정은 자연스럽게 교사 공동 연구와 협력적인 교사 공동체 문화를 만들어 내게 된다. 우리는 학교에서 아이들에게 민주주의와 공동체 문화의 중요성에 대해 강조하고 있다. 그러나 교사 문화만큼 민주주의와 거리가 멀고 공동체성이 구현되지 못한 채 고립과 개인주의에 의해 지배되고 있는 곳이 없는 게 우리 교육의 아픈 현실이기도 하다. 특히 수업에 관해서는 고립과 폐쇄성이 더욱 강력하게 지배하고 있다.

지난 2년 동안 북서울중학교에서 전체 교사들이 참여하여 진행한 수업연구회는 이와 같은 우리 교육의 현주소를 객관화시키고 이를 과감하게 깨 나갈 수 있는 가능성을 보여주는 것이었다. 적어도 1년에 15번 정도는 다른 동료 교사의 수업을 참관할 수 있게 된 것이다. 내 경우에는 경력이 오래된 교사에게서는 물론이려니와 갓 발령을 받은 신입교사의 수업에서도 배울 것이 한 가지 이상은 있다는 것을 확인하고 나 자신의 수업에 대해 겸손해질 수 있는 경험을 하게 해 준 소중한 시간이었다.

동료 교사가 교사에게는 최고의 교사다!

이것이 내가 교직 20년 만에 두 번째로 깨달은 것이다.

생활과 결합된 배움이 진정한 배움이다.

　교육을 받는 가장 큰 이유는 무엇일까? 우리가 교육을 통해 얻고자 하는 것은 무엇일까? 여기서 말하는 교육이란 고등 교육이 이루어지는 대학 교육을 제외한 12년간의 공교육을 뜻한다. 행복한 사회 구성원으로 살아가는 데 필요한 것들을 얻는 것이 그것 아닐까? 행복한 사회 구성원으로 살아가는 데 필요한 것이 무엇인가에 대해서는 여러 가지 의견이 있을 수 있다. 그러나 어떤 경우에도 아이들이 살고 있고 살아가야 할 생활의 장, 삶의 현장과 분리되지 않는 것들이 교육적 소재가 되어야 한다는 데에는 이견이 없을 것이다.

　그것은 다음 두 가지 이유에서 비롯된다.

　첫째는 교육의 목적으로부터 기인하는 것이다. 아이들이 살아가야 할 사회, 추상적 의미에서의 '사회'가 아닌 아이들의 삶이 이루어지고 있는 삶의 현장을 이해해야만 그 안에서 행복한 사회 구성원으로 살아가는 데 필요한 것들을 얻을 수 있다.

　둘째는 교육 방법론과 교육적 효과라는 점에서 기인한다. 즉, 아이들에게 있어서 배움의 내면화를 가장 극대화시킬 수 있는 방법 중의 하나가 체험적 학습이며, 직접적인 체험이 어려운 경우 자신의 삶과 결부된 경험을 통해 학습하는 것이다.

　아이들 내부에서 배움이 일어나는 경우는 논리적 사고의 과정을 통해 순수한 인지적 각성을 하는 경우와 자신의 경험과의 연결을 통해 일반화에 대한 각성이 이루어지는 경우다. 전자의 가장 대표적인 경우는 수학의 법칙을 이해하는 학습과정에서 일어난다. 후자의 경우는 문학이나 예술 작품을 통한 공감의 경험이나 사회, 과학, 도덕 교과 등에서 사회적 현상의 인과관계를 이해하거나 실험을 통한 원리를 이해하는 학습과정에서 볼 수 있다. 때로는 이 양자가 동시에 일어나기도 한다.

어떠한 경우에도 배움의 내면화(=각성)를 위해서는 학생들의 생활이 이루어지고 있는 삶의 경험과 결부된 학습이 그 효과를 극대화할 수 있는 것이다. 어른들이 그 숱한 삶의 교훈들을 반복적으로 강조해도 결코 내면화되지 않던 것이 자신이 직접 삶의 경험을 통해 경험하게 될 때 비로소 이해되는 것과 같은 이치다.

따라서 아이들의 배움이 일어나도록 이끌고 도와주는 역할을 해야 할 교사들에게는 아이들의 생활과 결부된 교육내용과 교육방법을 끊임없이 발굴하고 조직하는 것이 중요한 일이 될 수밖에 없다.

교과와 학문은 고도의 추상적 작업을 통해 각 영역으로 분리될 수 있지만 '생활'이란 결코 그처럼 분리될 수 있는 게 아니다. 생활은 그 자체가 통합적인 것이다. 굳이 통섭이론이나 통합교과제 같은 것을 이야기 하지 않아도 '생활과 결합된 수업'이라는 지극히 소박하고 단순한 수업론에서 통합적 수업의 필요성이 도출된다.

2. 체험활동을 중심으로 한 통합 프로젝트 수업

직업 체험 통합 프로젝트 수업

혁신학교인 우리 북서울중학교는 2011년부터 다소 형식적으로 이루어지고 있는 학생들의 진로교육을 보다 내실화하기 위해 노력해 왔다. 그 결과 '진로 주간'을 설정하여 3학년 학생 전체를 대상으로 일주일 동안 진로교육을 실시하게 되었다.

기존의 진로교육이 갖는 한계를 극복하기 위해 통합교과 형태의 직업 체험 프로젝트 수업을 실시하기로 하고 학생들이 직접 지역 내 '일터'에 나가 직업 체험을 하는 프로그램을 실시하며, 사전 교육과 사후 평가활동을 결합시켜 진행하기로 하였다.

이 직업 체험 통합프로젝트수업은 개별 교과 수업과 직접 연결된 형태가 아니라 통합교과적인 방식으로 진행하였고 교사들은 이 진로교육 주간에는 자신의 교과 수업이 아닌 직업 체험 프로젝트 수업의 진로교육 프로그램에 따른 수업을 담당하였다. 예를 들면 첫날은 직업과 진로 문제를 생각해 보는 영상 보기와 이를 바탕으로 자신의 직업과 진로에 대한 글쓰기를 하며 각 교과교사들은 이를 지도하고 둘째 날은 아이들의 다양한 희망 체험 일터를 조사하고 이를 분류하여 체험 일터를 연결하는 작업을 하는 식이다. 3일 동안 이루어진 본격적인 직업 체험 통합프로젝트수업은 교과교사가 담당하지 않고 전문적인 교육을 받은 강사들을 초빙

[사진 1] 직업 체험 : 덕성여대 디자인학과에서 디자이너를 꿈꾸는 아이들의 소중한 체험 시간

하여 사전교육과 사후평가활동을 담당하도록 하였다.

이렇게 진행된 직업 체험 통합 프로젝트 수업은 아이들로 하여 금 단지 자신의 진로 탐색을 하는 체험 학습 효과 외에도 많은 것들을 학습하는 기회를 아이들에게 제공하였다.

우리 지역에는 어떤 직업과 일터들이 있는지, 일터에서는 어떤 인간관계가 만들어지는지, 일터에서의 예절은 어떤 것이 필요한지, 자기의 부모님을 포함한 어른들의 직장생활에서의 어려움과 보람은 무엇인지 등에 대해 이해하는 계기가 되었다. 또한 이 과정은 아이들에게 기꺼이 자신의 일터를 교육의 장으로 개방해 준 지역 어른들에 대한 신뢰와 애정을 갖게 만들어 주었다. 실제로 사후평가 과정에서 아이들이 일터 멘토들에게 쓴 편지에서는 정말 깊은 애정과 감사의 마음이 담겨진 내용들이 많았다.

직업 체험 통합프로젝트수업은 역으로 지역의 일터를 아이들 교육의 장으로 활용할 수 있도록 해 주었으며 각 일터에서 일하는 지역주민들을 학교 밖 교사가 될 수 있도록 해 주었다. 다시 말해 지역이 아이들 교육을 위해 또 다른 학교로 전환되는 일이 벌어진 것이며 지역 주민들이 힘을 모아 함께 아이들 교육을 맡아 하는 새로운 시도가 가능해진 것이다. '마을이 학교다!'라는 명제의 실천적 실현이 아닌가?

280명의 아이들이 70여 군데의 일터로 흩어져 하루 일터 체험을 했다. 물론 아이들이 원하는 일터에 간 경우도 있지만 그렇지 않은 경우도 있었다. 아이들은 일터 체험을 통해 막연하게 자신이 원하던 직업이 실제 어떤 것인지를 경험해 보기도 하였고, 혹은 자신의 희망 일터가 아니었지만 그동안 잘 모르거나 관심이 없었던 새로운 직업에 대해 이해하게 됨으로써 자기 진로의 폭을 더 넓히는 계기를 갖게 된 경우도 있었다.

이 직업 체험 통합 프로젝트 수업은 아이들로부터 큰 호응을 받았고 아이들은 후배들도 이 직업 체험 통합프로젝트수업을 꼭 받았으면 좋겠다는 의견을 내 놓았다. 그리고 하루가 아니라 2~3일 정도 더 긴 체험 수업이 이루어졌으면 하는 적극적인 호응을 보여 주었다.

당연히 학부모들은 진로교육에 대한 요구가 크기 때문에 이 직업 체험 통합 프로젝트 수업에 대해 긍정적인 평가들을 해 주었으며 그 만족도가 대단히 높았다.

[사진 2] 직업 체험 학생활동 일지

□ 직업체험 활동 일지(학생용)

이름	3학년 ( )반 ( )번 이름 _______	
날짜/요일/ 작업시간	2011. 12. 8(목) (10)시 ~ (12)시	
출근 확인	멘토 이름 : _______ 확인 : (서명 또는 인)	
오늘 한 일	한자교육, 신문놀이, 노래부르기, 떡 나눠주기, 미술작품 만들기, 야외활동.	
만난 사람	함께 일한 사람	노랑반 선생님
	만난 사람	원장선생님, 노랑반 선생님, 노랑반 아이들
특별했던 점	아이들과 공깃대를 평평하게 작은 단까지 (세파란 단까지) 해봤더니 아이들이 '작은 선생님' 또는 '신참선생님'이라 부르며 나를 따라주는 것이 신기하고 기분이 좋았다.	
새롭게 배운점	기산이라서 아이들이 어리게만 느꼈겠는데, 막상 대화를 해보니 의외로 성숙한 부분이 많았다. 또, 아이들 사이에도 나름 서열 같은 것이 있다는 것을 알게 되었다.	
아쉬운 점	아이들과 보낸시간이 짧아서 아쉬웠고, 내가 맡았던 활동이 좀 적은 것 같다.	
멘토님의 한 말씀	7세반에서 참란을 해주던 아이들이 너무 학생을 좋아해서 멘토반 아이들과 생활하면 좋겠어요. 대학에서 유아교육과 전공 해보시고요. 오늘 수고 많았습니다. 유치원 현장을 또보고 싶으면 언제라도 놀러와요.	

2011년 복서울중 직업체험 참여 소감문

1. 직업 체험을 해서 새롭게 알게 된 점

| 나에 대하여 | [illegible] |
| 직업에 대하여 | [illegible] |

2. 가장 기뻤던 일, 감동했던 일, 좋았던 점

[illegible]

3. 가장 어려웠던 점, 괴로웠던 점

[illegible]

4. 직업체험 활동을 통해 스스로에 대해 자신감이 생겼다면 어떤 것인가?

[illegible]

5. 앞으로 직업체험을 하게 될 후배들에게 하고 싶은 말

[illegible]

[사진 4] 직업 체험 학생 소감문 (2)

2011년에 실시된 우리 북서울중학교의 직업 체험 통합프로젝트수업은 진로교육의 질을 획기적으로 높이는 사례로 평가되어 서울시교육청에서 이를 서울 전역의 학교로 확대하는 정책을 수립하도록 하였으며 2012년에는 23개 시범학교를 지정하여 우리 학교의 직업 체험 통합 프로젝트 수업이 확산되게 되었다.

당연히 우리 학교에서는 2012년에도 232명의 3학년 전체 학생을 대상으로 한 직업 체험 통합프로젝트수업을 학년말 시험이 끝난 12월 초에 실시하였다. 올해는 학부모들이 아이들 일터 체험 과정에 결합하여 명실상부한 학생, 교사, 학부모, 지역주민이 함께하는 교육으로 발전하고 있다. 이제 우리 학교의 직업 체험 통합프로젝트수업은 진로교육의 새로운 전형이자 학교 교육과정상에 체험적 통합교과 형태의 프로젝트수업으로 든든한 뿌리를 내리고 있다.

생태 체험 통합 프로젝트 수업

생태 문제는 지속가능한 사회를 만들기 위해 전 세계적인 화두가 되고 있는 주제다. 심지어 2015년부터는 PISA에서도 생태환경 지수를 주요 평가지표 중 하나로 정하기까지 하였다. 그리고 생태환경 파괴의 심각성은 날로 깊어 가는데 기존 학교교육과정은 이를 충분히 교육하기에는 여러모로 부족함이 많은 것이 현실이다. 그래서 여러 혁신학교들에서는 물론 일반 학교들에서도 생태와 관련된 교육을 위해 애쓰는 교사들이 많다.

우리 학교에서는 혁신학교 첫해부터 2학년 전체 학생들을 대상으로 체험을 통한 생태 주제 통합 프로젝트 수업을 전일제로 실시하였다. 수업은 크게 먹거리 생태 실험, 대안 생리대 만들기, 천연 비누와 천연 화장품 만들기를 주제로 하였다. 이 수업은 지역의 생태활동가들이 직접 담당하였으며 교사와 학부모들이 보조 교사의 역할을 하는 방식으로 진행되었다.

먹거리 생태 실험의 경우 작년에는 아이들이 직접 바나나 우유를 만들어 보고 시중에서 파는 바나나 우유와 비교해 보면서 먹거리와 건강 문제를 생각해 보았고, 올해는 빨강, 노랑, 초록으로 물들인 초콜릿의 색소를 빼내 그것으로 천을 염색해 보면서 먹거리 상품에 사용되는 색소의 위력을 실제 체험하는 것이었다.

대안 생리대의 경우에는 남학생들이 과연 잘 참여할까가 고민이 되었지만 의외로 주제에 대한 사전교육이 이루어졌기 때문인지 남학생들조차 열심히 바느질을 해서 대안 생리대를 예쁘게 만들어 우리를 감동시켰다.

천연재료 생활용품 만들기는 작년에는 천연비누를, 올해는 천연 립밤(lip balm)을 만드는 것으로 진행하였다. 천연 비누는 아이들이 비교적 많이 접해 본 것이었지만 천연 립밤은 아이들에게 새로운 경험이었다. 시중에서 파는 립밤과 비교해서 손색이 없는 거의 완벽한 립밤을 만들어 직접 사용하기도 하고 선생님들께 하나씩 선물해 주기도 하면서 생태 감수성을 나누는 것으로까지 발전하였다.

아이들 생활과 밀접한 소재로 환경과 생태와 건강을 함께 생각해보는 생태 주제 통합프로젝트 수업은 이제 우리 학교의 2학년 통합 프로젝트 수업으로 정착되었다. 이 역시 지역의 전문 역량들을 학교 교육과정으로 끌어들여 수업의 질을 높이고, 지역과 학교가 함께 협력하여 아이들 교육을 담당하는 통합 프로젝트 수업의 새로운 전형이 되고 있다.

3. 교과와 연계된 주제 통합 프로젝트 수업

왜 주제 통합 프로젝트 수업인가?

1년 넘게 수업혁신을 위해 노력해 오면서 우리가 그동안 놓치고 있었던 것은 무엇인가? 지금 수업 혁신을 위해 우리에게 필요한 것은 무엇인가? 곰곰 생각해 보지 않을 수 없었다.

수업을 하면 할수록 잘 만든 수업설계는 수업 활동지를 통해 구현된다는 것을 느꼈다. 그러나 그동안 우리 학교에서 진행해 왔던 수업 혁신은 이 수업 활동지 만드는 일을 전적으로 교사 개인의 일로 맡겨놓았다. 비록 자기 수업을 공개하고 동료교사의 수업을 참관함으로써 수업을 공유하고 공동의 수업연구 문화를 정착시키기는 했지만 아직 교사들 간의 상호작용, 공동 작업의 수준은 이미 개별 교사가 만들어 놓은 수업을 사후적으로 공유하고 소통하는 것 이상을 넘어서지 못했다.

물론 동료교사의 수업을 여러 차례 보는 것만으로도 교사들 간에 간접적인 학습효과가 일어나고 일정한 상호작용이 이루어지기는 한다. 그러나 이때의 소통과 상호작용의 정도는 전적으로 수업을 참관한 교사 개인의 몫이다. 왜냐하면 함께 만든 수업이 아니기 때문이다.

막연하게 이런 문제의식을 가진 몇몇 교사들이 2학기 때 수업연구회를 만들었다(수업 혁신의 속도를 늦추기로 한 후 우리 학교는 전 교사가 학교 공식적으로 만들어진 교육관련 연구회에 소속되어 연구 활동을 하는 연구회 체제로 전환하였다. 수업연구회는 그 중 하나였다). 수업연구회에서는 한 달에 한 번 실시되는 제안 수업을 함께 만들어 보기로 하였다. 제안 수업을 위해 사전 수업 참관도 하고 수업 활동지도 사전에 한 번 검토해 보기도 하고 컨설턴트를 초빙해 수업 관련 동영상 강의를 듣기도 하였다.

그러나 이미 수업 혁신에 대한 높은 피로도기 우리 모두의 상태인 것처럼 받아들어저 있는 상황이었고 수업 혁신 노력에 대한 긴장도가 많이 풀려 있는 상황이었기 때문에 수업연구회 구성원들의 열의나 공동작업의 밀도가 그리 높지는 못했다.

그래서 교사들이 보다 밀도 있는 공동 작업을 할 수 있는 것이 필요하다는 생각을 하게 되었다. 교사들이 함께 수업 내용을 고민하고 함께 활동지도 민들어 볼 수 있는 삭업이 무엇일까?

드디어 나는 이 문제를 해결하기에 적합한 답을 찾았다. 그것은 여러 교과 교사가 하나의 주제로 함께 수업을 진행하는 주제 통합 프로젝트 수업이었다. 주제 통합 프로젝트 수업은 아이들에게도 새로운 수업 경험을 갖게 해 줄 것이었다.

주제 통합프로젝트 수업의 맛보기와 그 진행 과정

막상 주제 통합 프로젝트 수업을 하자고 마음먹었지만 그것을 실행하는 일은 그리 만만치 않을 것 같았다. 왜냐하면 교사들 사이에는 뭔가 새로운 수업 형태를 시도하는 것 자체에 대한 부담감이 큰 것이 현실이기 때문이고, 특히 주제 통합 프로젝트 수업이라 하면 뭔가 거창한 것이며 많은 준비를 해야 하는 것이라는 편견도 강하게 존재했기 때문이다.

그래서 북서울중학교의 첫 번째 주제 통합프로젝트 수업은 이러한 교사들의 부담과 편견을 깨는 것에 그 의미를 두고 최대한 가볍게 진행하는 것이 필요하다고 생각했다. 한 번 주제 통합 프로젝트 수업을 시도해 보는 것 자체로도 커다란 의의가 있을 것이며, 일단 해 보고 나면 교사들 스스로 성취감과 자신감을 얻어 더 수준 높은 주제 통합 프로젝트 수업을 할 수 있게 될 것이었다. 모든 교사들에게는 좋은 수업에 대한 열망과 능력이 있으니까.

통합적 수업의 형태는 실로 다양하다. 개별 교과 수업에서 생활과 결부된 여러 가지 통합적인 내용들을 끌어 와 학습하는 내용적 통합 수업, 두 개 이상의 교과 수업을 하나의 주제를 가지고 하나의 수업 시간에 팀티칭 형식으로 진행하는 통합 수업, 동일한 주제를 여러 교과에서 각 교과의 특성에 맞게 녹여 내 진행하는 통합수업 등이 있을 수 있다.

처음 주제 통합 프로젝트 수업을 시도하기에는 세 번째 통합 수업 형태가 부담이 적을 것이라 판단했다. 그리고 진도의 부담이 없는 3학년의 학년말 고사가 끝나는 시기에 실시하는 것이 교사들의 참여도를 높일 수 있을 거라 생각했다.

처음 주제 통합 프로젝트 수업을 생각하면서 내가 해 보고 싶었던 것은 진로 탐색 수업이었다. 진로 탐색 수업은 시기적으로도 적합하며 다양한 교과에서 다양한 수업 내용을 찾고 만들어 내기에도 적합한 주제라 생각했다.

그러나 이것은 내 생각일 뿐 수업을 함께 할 교사들의 의견이 중요한 것이고 그래서 내 욕심은 접고 철저하게 그것을 존중하기로 마음먹었다. 사실 나도 개인적으로는 교직 생활 20년에 처음으로 해 보는 주제 통합 프로젝트 수업 아닌가? 그러니 모두가 초보자인 우리들에게는 서로의 의견을 충분히 존중하고 함께 하는 과정이 더욱 중요해질 수밖에 없다.

3학년 학년말 시험이 끝난 어느 날 무작정 3학년 교무실로 찾아가 3학년 부장교사에게 주제 통합 프로젝트 수업의 취지를 설명하고 함께 해보자는 제안을 하였다. 그래서 3학년 학년회의가 소집되었고 이때는 3학년 담임들 뿐 아니라 3학년 수업 교사들이 모두 모였다.

먼저 어떤 주제로 수업을 할 것인가를 이야기했다. 여러 가지 의견이 나왔다. 진로, 독도, 햄버거 등이 제안되었다. 햄버거는 주제 통합 프로젝트 수업을 부담스러워 하는 교사들에게 가볍게 해보자는 취지에서 부드러운 주제로 내가 제안한 것이었다. 아이들의 생활경험과 밀착된 주제로 수업을 하는 것도 수업을 보다 쉽게 전개해 나갈 수 있을 뿐 아니라 의미 있는 것일 수 있다는 생각이었다. 다수의 교사들이 제안된 여러 주제 중에 햄버거 수업을 지지했다.

다음은 언제, 어떤 방식으로 할 것인가에 대해 이야기 했다. 11월 마지막 주에 일주일간 햄버거를 주제로 가능한 교과들이 집중수업을 진행하기로 하였다.

이제 마지막 문제는 어느 교과들이 참여할 것인가 하는 문제다. 당연히 내가 맡고 있는 사회를 비롯해 국어, 영어, 역사, 도덕, 과학, 음악 등에서 고민을 해 보기로 하였다. 각자 고민을 해 와서 다음 회의 때 구체화시키기로 하였다.

두 번째 회의에서는 참석교과들이 국어, 영어, 사회, 역사, 과학으로 압축되었다. 햄버거를 주제로 한 리듬 만들어 보기를 고민했던 음악과는 기존의 자체 계획 때문에 포기, 햄버거 주제 학급 토론을 해보겠다던 도덕과는 햄버거를 가지고 할 수 있는 토론의 폭이 너무 뻔하고 좁다는 것 때문에 망설이고 있있다. 이쨌든 국어과는 햄버거로 써진 글들을 읽고 활동을 하는 방식으로, 과학과는 햄버거의 영양을 주제로, 영어과는 햄버거와 관련된 단어와 문장 익히기와 햄버거의 종류 영어로 배우기, 모둠별 햄버거 광고 만들기로, 역사과에서는 마침 1 · 2차 대전 수업이 끝나 햄버거와 제국주의를 주제로, 사회과에서는 햄버거와 우리 사회의 변화와 청소년 고용 문제를 주제로 수업을 하기로 하였다.

세 번째 회의에서는 각 교과별로 수업 활동지를 만들어 와 같이 검토해 보기로 하였다. 마침 11월 전체 제안 수업에 내가 수업 공개를 하기로 결정되어 주로 집중적으로 사회과 활동지를 검토하였다. 11월 제안 수업 공개할 사람이 정해지지 않아 고민하고 있던 차에 주제 통합 프로젝트 수업에 참여하는 교사가 제안 수업을 하면 우리가 시도하는 첫 번째 주제통합 프로젝트 수업을 전체 교사가 공유할 수 있는 기회가 될 수도 있겠다 싶어 내가 수업공개를 자청하였다.

내가 만든 활동지와 읽기 자료에 대해 의견을 나누었고 나는 그것을 반영해서 새롭게 활동지를 만들어 보았다. 내가 할 수업시간 활동지에 대해 여러 교과 교사들의 의견을 거쳐 만드는 과정은 처음 경험하는 일이었다. 다른 이들의 의견을 들어서인지 활동지에 대한 고민이 더욱 구체화되고 깊어지는 걸 느낄 수 있었다. 아마도 내 평생에 두 시간짜리 활동지를 만들기 위해 이렇게 많은 시간 고민을 한 적은 처음이었을 것이다. 그래서 활동지를 다시 수정하고, 또 다시 수정하여 비로소 세 번째에 그나마 조금 만족할만한 활동지를 손에 넣게 되었다. 내가 혼자서 활동지를 만들 때는 느낄 수 없었던 고민들이 깊어지고 과연 내가 제대로 된 활동지를 만들어서 수업을 잘 할 수 있을까 하는 생각에 수업에 대한 자신감도 약화될 지경이었다. 그러나 이런 과성을 거쳐 만들어진 활동지는 거꾸로 수업에 대한 자신감을 갖도록 해 주었다.

왜냐하면 구체적인 수업 장면에 대한 고민이 풍부하게 녹아들어가 있는 활동지였기 때문이다. 그리고 무엇보다 나 혼자 만든 것이 아니라 동료 교사들과 함께 만든 활동지였기 때문이다. 활동지를 가지고 고민하는 과정에서 누군가에게 조언을 구할 수 있다는 사실은 커다란 힘이 되었다. 이것이 교사들이 함께 만드는 수업의 힘이 아닐까?

사실 나는 4월에 이미 제안 수업을 했었다. 그런데 그 때의 수업은 정말 최악이었다. 아이들은 적극적인 활동은커녕 내 질문에 대답조차 제대로 하지 않았고 참관하는 교사들이 오히려 답답하고 불안해 할 지경이었다. 물론 나는 최대한 아이들의 상태를 존중해 주어야 한다는 생각으로 절대로 아이들을 채근하지는 않고 끝까지 기다려 주기 위해 애썼지만 결과적으로 그때의 내 수업은 오로지 '기다려주기' 수업으로 끝나 버렸다.

그 학년에서 제일 정적인 학급이라며 스스로를 위로하고 책임을 아이들에게 떠넘겼지만 실은 수업에 대해 아직도 남아있는 오만과 바쁜 일정을 핑계 삼은 게으름의 결과였다. 그것은 11월에 한 주제 통합 프로젝트 수업의 제안 수업을 준비하면서 내가 했던 고민과 노력들을 통해 스스로 비교하여 얻어진 결론이었다. '아이들이 문제가 아니라 교사인 내가 덜 고민하고 덜 준비한 탓이었구나!'

어찌되었든 제안 수업으로까지 진행된 내 주제 통합 프로젝트 수업은 1학기 때 내 제안 수업의 찝찝함을 덜어내고 수업에 대한 성찰과 자신감을 되살릴 수 있는 기회가 되었다. 감사할 일이다.

[사진 5] 영어 시간에 만든 모둠별 햄버거 광고

그런데 햄버거를 주제로 5개 교과에서 동시에 진행한 주제 통합 프로젝트 수업은 예상치 못했던 문제를 가져왔다. 아이들이 이미 초등학교 때부터 학교에서나 여러 매체들을 통해 햄버거의 유해성에 대한 직·간접 학습들을 많이 해왔다는 점이 그것이었다. 그래서 우리는 아이들의 생활과 밀착된 주제를 선택한다고는 했지만 아이들에게 햄버거를 가지고 여러 교과에서 일주일 내내 수업을 하는 것이 주는 새로운 배움이라는 것이 크지 않았다. 물론 각 교과의 특성에 맞게 수업 내용을 설계하려고 했지만 주제의 협소함과 식상함이 아이들의 수업에 대한 참여 열의를 충분히 끌어내기에는 부족했다는 점이 드러났다.

월요일 첫 수업 때는 괜찮았지만 이튿날부터 활동지를 나누어 주고 수업을 시작할라치면 아이들은 "또 햄버거 수업이에요?", "아까 과학 시간에도 햄버거 수업했는데…"라며 불평을 해대기 시작했다. 우리 교사들은 예상치 못했던 난감한 상황에 직면하게 된 것이다. 그렇다고 이제 와서 주제 통합 프로젝트 수업의 주제 자체를 바꿀 수는 없는 일이었다.

그러나 난관은 뚫으라고 있는 것 아닌가? 국어과에서는 서로 다른 활동지를 세 종류 이상 만들어 아이들의 상태나 분위기에 따라 다른 활동지를 사용하는 방식으로, 영어과에서는 모둠활동 햄버거 광고 만들기 수업에 초코파이 한 상자를 거는 방식으로, 내가 맡은 사회과에서는 처음에 토론을 계획했다가 아이들의 흥미와 참여도를 높이기 위해 요즘 가장 유행하는 싸이의 '강남 스타일' 노래에 맞춰 노래가사 바꾸기를 하는 방식으로 이 난관을 헤쳐 나가기로 하였다.

아이들은 햄버거를 주제로 한 주제 통합 프로젝트 수업을 통해 그동안 언론이나 다른 매체를 통해 막연하게 알고 있다고 생각했던 문제들에 대해 보다 확실하게 이해하는 기회를 가지게 되었다. 거기에서 더 나아가 햄버거라는 패스트푸드가 우리 사회에 도입되면서 나타나게 된 새로운 변화와 사회 문제, 예를 들면 패스트푸드로 상징되는 철저히 상업적이고 도시적인 문화가 청소년 고용이라는 것과 어떻게 연결되는지에 대해, 그리고 그것이 청소년들의 일상에 어떤 변화를 가져오는지에 대해 생각해 볼 수 있었다. 그리고 막연히 햄버거가 우리 건강에 유해하다는 것에서 나아가 햄버거의 성분과 영양소를 살펴봄으로써 보다 구체적인 근거를 가지고 이해할 수 있게 되었다. 그리고 수업 과정의 토론과 발표를 통해 된장찌개와 같은 우리 전통음식이 패스트푸드와는 달리 건강을 위해서도 필요한 것이라는 이야기들을 스스로 할 수 있게 되었다. 아마도 아이들은 국어, 사회, 과학, 역사, 영어 교과에서 다양하게 시도된 햄버거 수업으로 햄버거 자체에 대한 이해에서 나아가 햄버거를 매개로 보다 확장된 사고를 하는 연습을 할 수 있었을 것이다.

실패는 성공의 어머니라 했던가? 비록 아이들은 일주일 내내 햄버거에 시달려야 했지만 우리 교사들은 주제 통합 프로젝트 수업이 생각처럼 그렇게 어려운 일이 아니라는 것, 그리고 수업 주제를 어떻게 정하는 것이 더 학습효과를 높일 수 있는지에 대한 실천적 고민도 해 볼 수 있게 되었다. 아쉬운 것은 주제 통합 프로젝트 수업 제안이 충분히 준비를 할 수 있는 시간적 여유가 부족한 상태로 다소 촉박하게 이루어져 참여한 교과의 수업 설계와 수업 활동지를 좀 더 깊이 검토할 수 없었다는 점이다.

그러나 결국 우리 북서울중학교 교사들도 비록 맛보기에 불과했지만 주제 통합 프로젝트 수업을 해냈다. 그리고 주제 통합 프로젝트 수업이 그리 어려운 일이 아니라는 것, 우리도 할 수 있는 일이라는 것을 실천적으로 확인할 수 있었다.

이번에 가벼운 형태로 진행한 북서울중 주제 통합 프로젝트 수업은 우리에게 두 마리 토끼를 잡게 해 주었다. 그 첫째가 교사들이 함께 수업을 만드는 공동작업의 경험을 시작했다는 것이며, 둘째가 그동안 막연하게 어렵게만 느끼고 있었던 주제 통합 프로젝트 수업에 대한 자신감을 가지게 되었다는 것이다. 그리고 비록 아이들은 햄버거 알레르기가 생길 정도로 일주일 내내 지긋지긋하게 햄버거 이야기를 해야 했지만, 선생님들이 더 좋은 수업을 만들기 위해 새로운 시도를 하면서 노력하고 있다는 것을 또 한 번 확인할 수 있게 되었다.

이렇게 북서울중학교 주제 통합 프로젝트 수업 맛보기는 끝났고, 우리는 이제 수업에 대한 자신감 하나를 더 얻으면서 2013년을 맞이할 수 있게 되었다. 그리고 새해에는 이번에 해 보고 싶었지만 접어야 했던 진로를 주제로 여러 교과 수업과 연계한 주제 통합 프로젝트 수업을 해 볼 생각이다. 우리의 주제 통합 프로젝트 수업 과정을 옆에서 지켜 본 다른 교사들이 자신감을 얻었으니 더 멋진 북서울 주제 통합 프로젝트 수업이 만들어지지 않을까?

4. 주제 통합 수업 활동지와 자료

〈물상 활동지〉

햄버거의 영양

1. 성인 1일 권장영양섭취량 자료를 참고하여 햄버거 설계하기

   1) 재료

재료								
용량(g)								

만드는 과정

2. 햄버거 영양 분석

1) 설계한 햄버거가 영양소 1일 권장 섭취량의 몇 %에 해당하는가?

※ 정확한 용량은 계산하기 어려우므로 대략적인 추정치를 적어도 됩니다.

Nutrient(영양소)	기준용량	햄버거에 포함된 용량	햄버거에 포함된 비율(%)
Minerals(무기질류)			
Calcium, Ca(칼슘)	700mg		
Iron, Fe(철분)	15mg		
Magnesium, Mg(마그네슘)	220mg		
Phosphorus, P(인)	700mg		
Potassium, K(칼륨)	3,500mg		
Sodium, Na(나트륨)	2,000mg		
Zinc, Zn(아연)	12mg		
Copper, Cu(구리)	1.5mg		
Manganese, Mn(망간)	2mg		
Selenium, Se(셀레늄)	50mcg		
Vitamins(비타민류)			
C	100mg		
B1	1mg		
B2	1.2mg		
B	13mg		
B복합체	5mg		
B6	1.5mg		
B12	1mg		
엽산	250mcg		
A	700mcg		
베타카로틴	4,200mcg		
황색색소호르몬	10mg		

E	10mg		
K	55mcg		
D	5mg		
주 영양소류(Proximates)			
열량(kcal)	여자 2,000 남자 2,500		
단백질(Protein)	60g		
지방(Fat)	50g		
탄수화물 (Carbohydrate)	328g		
섬유질(Fiber)	25g		

3. 시중에 판매되는 햄버거의 영양성분은 어떠할까?

4. 햄버거를 많이 먹는 사람이 비만에 걸린다는 다큐가 방송된 적이 있었다. 햄버거를 많이 먹으면 왜 비만에 걸릴 확률이 높아질까?

5. 시중에는 어떤 종류의 햄버거들이 판매되고 있는지 아는 내로 써보세요.

| Burger Class 1 | Types of Burgers

Grade		Class		Number		Name	

Types of Burgers

A. Let's learn Some vocabulary & Expressions~!!

	Words	Meaning		Words	Meaning
1	ingredients		11	grill	
2	ground beef		12	bun	
3	lettuce		13	patty	
4	onion		14	pickle	
5	bacon		15	mashed potatoes	
6	topping(s)		16	chop	
7	veggie		17	spread	
8	tofu		18	sprinkle	
9	wheat		19	pepper	
10	mushroom		20	bite(s)	

B. Let's guess the types of burgers~

Chicken Burger, Hawaii hamburgers, Butter Burger, Barbecue Burger, Butter Burger

1. The traditional Australian hamburgers	2. Veggie burgers
<picture>	<picture>
<ingredients> ground beef, tomato, lettuce, grilled onioncheese, pineapple, a fried egg, bacon	<ingredients>
3. Curry Burger	4. Double Decker
<picture>	<picture>
<ingredients>	<ingredients>

C. The top 10 worst burgers in Mc donalds

10 Mc Gratin Croquette: This special McDonald's burger - designed for the Japanese Market - was a dismal failure. Perhaps it was the fact that it contained a deep fried Macaroni, shrimp, and mashed potatoes.

9 Hulaburger : The burger was created in 1963 was aimed at Roman Catholics who were forbidden to eat meat on Fridays. It was basically a cheeseburger but with a slice of pineapple instead of meat.

8 McDLT(McDonald's Lettuce and Tomato) : The meat and bottom half of the bun were prepared separately from the lettuce, tomato, American cheese, pickles, sauces, and top half of the bun.

7 Arch Deluxe : "hamburger for adults"

6 McLobster : The price! Who wants to spend $5.99 on a fast food burger that you know will not satisfy your hunger? And let's face it - it looks like someone threw up in a bun!

5 McHotdog   4 McPizza   3 McPasta

2 McAfrica : Release and market a McAfrica burger - something to chow down on while watching the poor starving children on TV.

1 McLean Deluxe : "low fat but tastes great" The fat that was removed was replaced with water - but to make the water stay

in the meat, it was mixed with carrageenan - seaweed to you and me.

〈사회 수업지도안〉

지도교사　강 민 정　　인

북서울중학교　제(3)학년　(4)반			수업자 성명	강 민 정
수업교과	사회	지도단원	주제통합수업	일 시	2012. 11. 29.(7)교시

주제	햄버거로 배우는 세상
수업의 흐름	●햄버거와 관련된 우리 사회 변화를 1차시에서 생각해보고 ●2차시인 본 차시에는 햄버거와 청소년의 관계에 대해 생각해보며 ●햄버거송을 만들면서 1,2차시의 내용을 정리하고 표현해 본다.
수업 교사의 고민	●햄버거에 대한 아이들 자신의 이야기에서 시작하여 생각을 확장해 나갈 수 있는 활동 만들기가 쉽지 않다. ●아이들이 이미 햄버거의 유해성에 대해서 피상적으로나마 알고 있는 상태에서 이를 내면화시킬　수 있는 효과적인 방법을 찾는 것이 쉽지 않다. ●토론이나 모둠활동을 촉진할 수 있는 방안은 무엇인가? ●학년말 수업 긴장도가 이완되어 있는 상태에서 집중도를 높이기 위한 방안은 무엇인가?

<table>
<tr><td>**사회 학습지**</td><td>제3학년　반　번 이름 :</td></tr>
</table>

햄버거로 배우는 세상 — 2

☞ **함께, 그리고 스스로 해결하기**

1. 햄버거가 우리 청소년의 생활에 가져온 변화는 어떤 것들이 있는지 말해보자.

2. 〈햄버거와 청소년 고용〉
   ① '맥잡'이란 무슨 뜻인가?
   ② '맥잡'이란 말이 생기게 된 배경은 무엇인지 말해보자.

   ③ 햄버거 매장의 청소년 고용 실태는 어떤지 말헤보자.

   ④ 햄버거 매장들에서 주로 청소년들을 고용하는 이유는 무엇일까 말해보자.

3. 〈햄버거송 만들기〉 두 시간에 걸쳐 공부한 햄버거에 대한 내
   용들로 '강남 스타일' 노래 가사 일부를 바꿔서 햄버거송을 만
   들어 보자.

<table>
<tr><td>

〈강남 스타일〉

나는 사나이
점잖아 보이지만 놀 땐 노는 사나이
때가 되면 완전 미쳐버리는 사나이
근육보다 사상이 울퉁불퉁한 사나이
그런 사나이

아름다워 사랑스러워
그래 너 hey 그래 바로 너 hey

아름다워 사랑스러워

오빠 강남 스타일

</td><td></td></tr>
</table>

〈사회 읽기 자료〉

〈패스트 푸드 업계의 청소년 고용 실태〉

　노동법을 잘 모르는 청소년들의 약점을 이용해 정당한 임금을
지급하지 않던 다국적 패스트푸드 업계가 긴장하고 있다. 노동부
가 지난 2월 맥도날드와 버거킹이 청소년 시간제 노동자들에게
임금을 제대로 지급하지 않은 사실을 적발한 뒤에, 참여연대는 이

들 패스트푸드사가 시간제 노동 청소년들에게 미지급한 임금을
지급하라는 소송을 준비하고 있다.

〈벼룩의 간을 빼먹은 패스트푸드사〉

청소년 노동은 청소년들의 소비증가와 계속되는 경기불황으로
인해 다양한 형태로 매년 증가하고 있는 추세다. 올해도 여름방
학이 다가오면서 아르바이트를 구하려는 중고생들의 눈은 벌써
부터 이런저런 일자리를 찾아다니고 있다. 청소년들이 가장 손쉽
게 일자리를 찾는 곳이 바로 패스트푸드점이다.

그러나 근로기준법이 정한 최소한의 권리조차 잘 모르는 청소
년들의 특성을 악용하는 패스트푸드사의 횡포는 청소년 노동을
노동의 사각지대로 몰고 있다.

2003년 한 해 동안, 맥도날드는 전국 188개 매장에서 이른바 "
알바생" 4812명에게 주휴수당 3억9219만원을 지급하지 않았고,
버거킹은 108개 매장에서 2142명에게 주휴수당 1억1000여 만 원
을 지급하지 않는 등 총 6954명에게 주휴수당 5억 여 원을 지급하
지 않았다. 이들 업체들은 노동부에 의해 적발된 후에야 주휴수
당을 송금하는 악덕 기업주의 면모를 유감없이 과시했다.

최근 노동부 조사에 따르면, 다수의 청소년들이 추가근로수당,
야간근로수당, 주휴수당 등을 받지 못하는 것은 물론, 최저임금을
받지 못하는 경우도 다반사로 벌어지고 있다.

현행 근로기준법은 15세 이상 18세 미만 연소근로자의 경우 본
인의 동의와 노동부장관의 인가를 얻어야만 야간노동이 가능하

고, 근로시간은 1주일에 40시간을 초과하지 못한다고 규정하고
있다. 또한 나이와 무관하게 연장, 야간, 휴일노동에 대해 통상임
금의 50%를 가산하여 지급받아야 하며, 1주일에 평균 1회 이상의
유급휴일과, 노동시간이 4시간인 경우에는 30분 이상, 8시간인
경우에는 1시간 이상의 휴식시간을 갖는다고 나와 있다.

그러나 이런 근로기준법의 규정은 패스트푸드점의 악덕 행태
에서 보는 것처럼 현실에서는 거의 지켜지지 않고 있다. 청소년
을 고용하는 많은 업체들이 안 들키면 그만이라는 식으로 넘어가
기 때문이다.

〈"패스트푸드야, 내 돈 돌려줘"〉

참여연대는 노동부가 뒤늦게라도 청소년들의 노동 실태를 조
사한 것은 다행이라는 입장이다. 그러나 참여연대는 "아직도 대
규모 회사뿐만 아니라 수많은 소규모 단시간, 파트타임노동자를
고용하고 있는 사업장에서 노동자의 권리가 부당하게 침해당하
고 있다"며, "법의 사각지대에 있는 청소년들이 법이 정한 정당한
노동권을 누릴 수 있는 사회적 시스템을 구축해야 한다"고 주장
하고 있다.

그 일환으로 참여연대 공익법센터는 대표적인 패스트푸드 업
체인 맥도날드와 버거킹, 롯데리아에서 아르바이트를 했던 학생
들(15세 이상 18세 미만)을 대상으로 "패스트푸드야, 내 돈 돌려
줘"소송을 준비하고 있다.

소송에 참여할 수 있는 대상자는 2001년부터 2002년 사이에 업

주로부터 주휴수당이나 야간수당 등을 받지 못한 청소년 노동자들이다. 2001년 이전의 경우, 임금채권의 유효기간인 3년이 경과돼 소송을 할 수 없다. 또한 2003년의 경우 노동부가 이미 조사를 해서 미지급된 임금이 지급되었기 때문에 제외된다.

소송을 준비하고 있는 참여연대 이지은 간사는 "많은 청소년들이 법을 잘 모르거나 또는 일자리 얻기도 어려운데 괜히 말했다가 잘릴까봐 어쩔 수 없이 당하고만 있다"며 안타까운 마음을 토로했다. 그는 이어 "청소년들의 아르바이트 임금을 착취하는 고질적인 악덕 고용주의 행태를 뿌리 뽑기 위해 징벌적 손해배상제도와 같은 엄정한 법의 처벌이 있어야 한다"고 주장했다.

참여연대는 이 밖에도 연소 노동자를 포함한 파트타임 노동자에 대한 보호를 실질적으로 강화하기 위해 △ 4인 이하의 사업장 및 단시간 근로에 대해 노동법률 개정 △ 연소근로자 감액적용 조항 철회 △ 사업장 실태조사 및 감시단속 확대 등을 요구하고 있다.

〈맥잡〉

패스트푸드점 맥도널드에서 일하는 것을 지칭하는 신조어. 미국인 소설가 도널드 코플런드가 1991년 자신의 소설 'X세대'에서 처음 사용한 신조어로 "명함도 못 내밀고, 체면도 안서고, 수지도 안 맞고, 장래성도 없는 서비스직 일자리"라는 뜻으로 사용하며 널리 퍼졌다. 미국의 권위 있는 사전출판사 '메리엄-웹스터'가 최신판 대학사전에서 맥잡을 "수련된 기술이 필요 없는 저임금 노동으로 전망도 그리 좋지 않은 일자리"라고 풀이했다.

평화로운
학교 만들기

1. 주제 선정의 이유와 과정

매일 아침 학급조회 들어가기가 불편하다. 수업시작 종이 울리면 두려움을 가지고 교무실 책상에서 일어난다. 아이들의 얼굴을 보는 것이 해가 갈수록 불편해지고 행복하지 못하다. "학생들만 없으면 교사노릇도 할 만한 직업이다."라는 우스개 소리가 교사들 사이에 자조적으로 확산되고 있다. 교실붕괴, 학급붕괴라는 말이 남의 학교일, 신문과 방송에서만 떠들어대는 소리가 아니라 우리 학교, 우리 반의 상황이다. 이 현실이 창피하기도 하고 부끄럽기도 해서 드러내놓고 이야기하지 못해 벙어리 냉가슴을 앓고 있는 것은 아닐까?

학생 100명중 5~8명이 ADHD로 시끄럽게 떠들고, 뛰어다니고 부딪히고 한자리에 오래 앉아있지 못하고 수업을 방해한다. 우울증을 앓아 고개를 푹 숙이고 있거나 어깨가 축 처져있는 아이들 4~5명이며, 정신분열증 등 심각한 정신질환을 가진 아이도 1명꼴이며, 지적장애아로 학습을 전혀 못 따라가는 아이들이 1~2명, 자폐증 1~2명, 강박증을 가진 아이도 1~2명 정도 있다. 이렇게 20명 정도의 아이가 여러 가지 심리·정서적 어려움을 안은 채 교실에 있고 그 외에 비행 장애, 품행 장애, 학교 폭력이나 따돌림, 인터넷 중독으로 인해 교사의 도움을 필요로 하는 아이들이

20~30명 정도이다.[1]

이런 상황에서 심각한 학습 결손과 품행 장애로 교실수업이 제대로 이루어지기 어렵다.

일부 학부모와 학자들이 학생인권조례의 공포가 교실 붕괴의 주범이라고 주장한다. 하지만 현 사회의 개인주의적이고 자기욕구에 매몰되는 흐름이 가속화되고 ADHD나 우울증, 자폐 등의 심각한 정신질환을 앓고 있는 학생들이 늘어나는 현실에서 더 이상 학교 사회의 억압되고 강요된 침묵문화나 체벌 같은 일방적인 수단은 학생들에게는 통하지 않는 현실이다. 학생들이 생활하는 교실은 경쟁적 입시 문화에서 파생하는 스트레스를 해소하고자 하는 아이들의 욕설과 갈등, 그리고 만성적 학습 결손으로 인하여 배움으로부터 도피하고자 무기력이 가득한 상태가 아닐까? 그 무기력과 교실의 갈등상태에서 학생들은 동료 학생에게, 그리고 교사에 대한 적대감을 표출하는 형태로 수업방해 행위를 서슴지 않는 경향이 늘어나고 있다.

우리 학교에서는 학기 초 교사 회의에서 교실 수업 붕괴의 원인을 경쟁적 입시문화와 돌봄의 부족에서 파생되는 만성적인 학습 결손으로 파악하고 이를 개선하기 위한 첫 실마리를 현재 교과 수업 시간에서의 교사와 학생 사이의 의사소통 형태를 일방통행에서 쌍방형으로 변화시키는 과정에 두고자 했다. 또한 신설 혁신 학교로서 올해 혁신 과제로 정한 '평화와 인권의 생활지도'를 중

---

1. 김현수, 『행복한 교실을 만드는 희망의 심리학』, 에듀니티, 2012, 116-117쪽

심에 둔 '학생생활규정 제정'을 위해 학기 초 3월~4월에 학생인권생활에 관한 문제의식과 실천의식을 전체 통합 교육과정 안에서 학생들이 중심이 되어 수업과 토론, 프로젝트, 행사 등 다양한 활동을 통해 함께 소통하고 참여하여 해결해 나감으로써 바람직한 학교 공동체 문화를 형성하는 것이 중요하다고 판단하였다.

그래서 교사들의 협의를 거쳐 2012년 학교교육 계획을 통합 교육과정(제1기 주제: 평화로운 학교 만들기, 제2기 주제: 꿈과 삶, 제3기 주제: 자연과 인간)으로 구성하고 3월 학기 초에 교과수업과 학생 자치를 중심으로 한 창의적 체험활동, 학생 토론회, 3주체 협약 공청회, 3주체 자율협약식 같은 행사를 평화로운 학교 만들기라는 주제로 연결하여 교과 융합 프로젝트 수업을 기반으로 하는 통합 교육과정을 계획하였다.

주제를 중심으로 교과를 연결하는 문제는 일반계 고등학교에서 교과 진도와 입시 문제 등으로 쉽지 않은 문제였으나 혁신학교 교사로서 학생의 배움이 중심이 되는 새로운 수업과 교육과정을 고민하고 노력하자고 참여한 교사들 서로가 격려하면서 어려운 점을 극복해 나갔다. 교과 융합 수업을 실시하면서 학생들의 많은 변화를 실감할 수 있었고, 우리 스스로도 많은 배움과 보람을 느낄 수 있었다. 특히 가장 중요한 것은 어떤 교과에서는 몇몇 교사들이 소통과 동료성을 통해 이 취지에 공감하고 분절된 교과 중심 수업의 경계를 넘어 주제 중심 프로젝트 수업에 자발적, 주도적으로 나서준 것이다.

그래서 학생 생활 규정과 연계된 평화를 주제로 한 교과 융합

[표 1] '평화로운 학교 만들기' 교과 융합 프로젝트 교육과정 운영 개요

유형	구분	주제 관련 수업 내용 및 방법
교과	사회 (1차시)	- 인권 및 사회정의와 관련된 쟁점들과 그 쟁점이 평화에 기여하는지 아니면 평화를 깨뜨리는지에 대한 문제의식에서 사람들의 정서적 평화가능성을 토론하고, 현대인들의 일상에서의 폭력적인 모습에 대해 성찰함.
	한국사 (2차시)	- 여러 부족으로 나뉘어져 있던 연맹 왕국 단계에서 중앙 집권적 통치 체제를 갖춘 고대 국가로 넘어가는 과정을 살펴보면서 자기가 고대 국가의 건설자라면 어떤 나라를 만들고 싶은지를 모둠별로 토의하여 발표함.
	특수교육 : 국어(2차시)	- 평화'를 주제로 떠오르는 다양한 생각을 생각그물로 표현함. - 평화를 주제로 한 짧은 글을 읽고 내용을 이해함.
	생활과 철학 (2차시)	- 일본 후쿠시마 원전사고(2011.3.12)를 소재로 핵발전소의 지속 가능성을 탐색하고 쟁점에 대해 토론함. - 현대 과학 기술 문명에 대한 성찰함.
창체 및 행사	주제탐구 (4차시)	- 작은 학급별로 평화로운 학교 만들기를 위한 세 가지 프로젝트 실시(1. 친구에게 평화와 사랑의 말 전하기 2. 평화로운 학급을 위한 협동화 그리기. 3. 평화로운 학교 만들기 캠페인 활동)
	진로 (1차시)	- 내 마음의 서랍장을 정리하고 마음의 평화를 찾자.(내가 원하는 것과 현재 가지고 있는 것을 구분해보고, '나라는 존재의 서랍장을 정리함으로써 나를 정확히 이해함.) - 내가 원하는 것을 얻기 위해선 지금 무엇을 해야 하는지 생각함.

▶ 2012년 휘봉고 3주체 협약 안 진행과정 안내

날짜	내용
2/23	신입생들에게 휘봉고 임시생활규정에 대한 설문조사 실시
3/02	임시생활규정 공고
3/16	학급회에서 자율협약안 토의하게 함
3/29	3월 한달 동안 생활.수업 되돌아보기 (학급회의)
4/04	학생들에게 자율협약(생활지도, 수업) 설문 조사
4/05	* 학생회 대의원회의에서 설문조사 내용 분석 * 교무회의에서 교사의 약속안 토의 (1차) * 학부모 가정통신문 설문조사 (1차)
4/05-09	대의원회의에서 학생설문조사 결과 토대로 쟁점 안건 5개(생활협약: 복장, 피어싱, 화장문제 등 5개, 수업협약: 자리배치, 책상위 불필요한 물건 올려놓지 않기 등 2개를 선정하여 토론회 준비에 들어감

▶ 2012년 휘봉고 3주체 협약 안 진행과정 안내

날짜	내용
4/10	학생토론회 (패널, 대의원, 전체학생들 쟁점 안 집중토론)
4/12	교사의 약속안 교무회의에서 토의 (2차)
4/13	학생회장 토론 유세 및 선거 학생회장 선출
4/17	진로특강 학부모 연수에서 학부모의 약속(안) 의견수렴 (학부모회)
4/18	학부모회에서 '학부모의 약속(안) 및 공청회참석 독려 가정통신문 발송
4/19	교사의 약속(안) 교무회의에서 토의 (3차) 후 합의 결정
4/20	3주체 협약 공청회 (학생, 학부모, 교사 대표 토론)
5/04	3주체 자율협약(학생자율협약, 학부모의 약속, 교사의 약속) 공포

프로젝트 수업을 통해 학습이 생활로 연결되는, 즉 실제 세계와 연관된 교육과정, 그리고 학생들의 '지식', '탐구', '실천'의 기회를 균형적으로 제공하는 통합 교육과정을 지향하고자 하였다.

2. "방사능은 국경이 없다" 후쿠시마 원전 사고 - 생활과 철학

[학습 자료 소개]

〈1차시 : 자료 학습〉

만화 탈핵 이야기, 핵발전소!! 지금 멈추어야 합니다

(출처: 환경운동연합)

1학년 (　)반 (　)번, 이름 :＿＿＿＿＿＿

1. 2011년 3월 11일의 원전 폭발로 ☐☐☐☐☐ 반경 20㎞ 이내는 사람이 살 수 없는 지역이 됐고 16만 명이 난민이 됐다. 일본 전역의 쌀, 수산물, 분유, 과자, 비타민, 사탕 등에서 방사능 물질이 검출되고 있다고 한다.

2. 1979년 미국 펜실베이니아 주 해리스버그 시 ☐☐☐☐☐ 섬의 원자력 발전소 2호기에서 발생한 방사선 누출 사고는 미

국 상업 원자력산업 역사상 가장 심각한 사고이다.

3. 1986년 4월 26일 새벽 1시 24분 경, 옛 소련 첨단과학의 상징이던 □□□□□ 핵발전소가 폭발했다. 50t 가량의 핵물질이 1km 상공까지 치솟고 핵연료봉은 2000℃가 넘는 온도로 녹아내렸다. 미국이 일본 히로시마에 투하한 핵무기의 핵물질이 45kg인 것과 비교해도 어마어마한 양이었다. 이 핵물질들은 반경 30km 지역을 오염시켜 우크라이나 일대는 지금도 출입 금지 구역이 되어 있고, 대기를 타고 북반구 전체로 퍼져나가 일본에서도 검출되었다.

4. 상징 그리기 : 핵발전소 ―   반전반핵 = 평화 ―

5. 현재 우리나라는 고리, 월성, 울진, 영광 등에 총 □□□기의 원전을 가동하고 있고, 2기는 시험 운영 중, 5기는 건설 중이고, 6기를 건설 확정했는데, 2011년 말에 정부는 추가로 □□□과 □□□에 2기를 더 짓겠다고 발표했다.

6. 현재 전 세계적으로 누적된 고준위 핵폐기물은 약 □□□만 톤이고, 해마다 1만 톤 이상 쌓이는데 수십만 년 이상 보관해야 한다. 사용 후 핵연료에 상당량 포함된 플루토늄은 그 양이 반으로 줄어드는 시간이 무려 2만 4천 년인데, 1그램의 독성으로 전 세계인에게 폐암을 선사할 위력을 가진다. 그런 핵발전소는 세계적으로 442기 존재하고 62기가 세워지고 있으며 300기 가

까이 더 세우려 하고 있는데, 지금까지 6기가 폭발했고, 언제 어떤 이유로 다시 폭발할지 아무도 모른다.

7. □□은 2022년까지 자국의 핵발전소를 전부 폐기하기로 의회에서 결정했다. 17기 중에서 8기는 당장 껐다. 그 바람에 핵발전소에서 80퍼센트 가까운 전기를 충당하는 프랑스에서 전기를 수입할 거라 많은 사람들은 예측했지만, 빗나갔다. 오히려 프랑스가 독일의 전기를 수입했다. 바람과 태양에서 얻는 전기가 독일에 충분했기 때문이다. 핵발전소보다 일자리를 30배 가까이 창출하는 바람이나 태양에너지는 방사능은 물론 온실가스도 거의 내뿜지 않는 재생 가능한 에너지인데, 독일의 햇볕은 우리보다 약하고 바람의 세기도 우리보다 나을 게 없다. 그런데 우리는 재생 가능한 에너지로 얻는 전기는 2퍼센트도 못된다. 위험한 핵발전소가 생산하는 전기를 과소비하기만 한다.

8. 현재 우리나라 원전 중 2000년 이전에 지어진 것은 16기로 □□년 수명을 적용하면 2030년 이전에 거의 모든 원전을 폐쇄하게 된다. 즉 지금부터 잘 준비하면 2030년에 우리 사회도 □□ 사회로 갈 수 있다.

〈2차시 : 찬반 토론〉
원전 찬반 토론의 주요 쟁점
1. 원자력 발전(소)의 안전성
2. 원자력 에너지의 경제성

3. 원자력 에너지의 대안

4. 핵폐기물의 처리 방안

5. 핵무기 개발과의 관계

토론 및 정리를 위한 참고 자료

〈반대〉

1. 읽기자료 : 만화 탈핵 이야기, 핵발전소!! 지금 멈추어야 합
   니다, (환경운동연합)

2. 영상자료 : 방사능은 국경이 없다, (KBS, 2011.6.7)

〈찬성〉

1. 이해 : (예) MBC 미니시리즈 〈더킹 2Hearts〉의 다국적 군산
   복합체 '클럽 M'

2. 신념 : 근대 이후의 과학(만능)주의

   1) 프랜시스 베이컨 ; "아는 것이 힘이다"

→ 인간의 자연정복 정당화

   2) 르네 데카르트 ; "생각한다. 고로 존재한다"

→ 인간중심주의 정당화

[생 활 과 철 학 수 업 후 기]

'평화로운 학교 만들기'의 틀 속에서 진행된 교과 융합 수업의 일

환이면서도, 평화의 지평을 사회적, 국가적 의제로까지 확장시키려는 의도 속에서 진행된 수업이었다. 다소 자의적 측면이 있음에도 적잖은 성과와 보람이 있었다. 국가적, 사회적으로 큰 이슈였고 생존과 직결된 문제임에도 별로 관심을 두지 않았고 그만큼 무지한 상태임을 자각하는 계기가 되었다고 고백하는 학생들이 많았다. 이 수업을 바탕으로 "핵은 지속 가능한가?"라는 주제를 설정하고, 그 탐구 결과를 교내 주제 탐구 발표대회를 통해 발표하는 학생들도 있었다. 평화를 가꾸기 위해서 작은 단위의 문제부터 큰 단위의 문제까지 유기적으로 잘 연계된 프로젝트였다.

3. 내 마음의 서랍장 – 진로

"내 마음의 서랍장을 정리하고 마음의 평화를 찾자"

'요즘 아이들은 아무 생각이 없어.' '애들이 저렇게 개념이 없으니 뭐가 되려고 그러나?' '수업 시간에 엎드려 자고 화장이니 하니, 도대체가 무슨 생각들인지…' 우리는 이런 말들을 너무나 자주 듣고 또 내뱉는다. 실제로도 학교 현장에서는 우리가 학교 다니던 시절에는 상상도 못하던 일들이 심심찮게 일어나서 교사들을 당황스럽게 하고 한숨짓게도 한다.

그러나 진로교사로서 접해본 아이들은 이런 말들로 단순히 정의내리기에는 좀 더 복잡하고 애잔하다. 아이들은 그야말로 그들만의 리그에서 방황한다. 어른들에게는 '메탈블레이드'(팽이놀이) 그라운드로 보일지라도 그들에게는 삶 자체다. 어른들이 보기에 별일 아닌 일도 그들에게는 별일이고, 어른들에게는 뻔한 일도 그들에게는 대혼돈이다. 리그의 룰이 다르기 때문에 어른들이 내미는 해결책은 그들에게 무용하다. 그렇다면 아이들의 마음의 평화를 위해 도울 방법이 없는 것일까?

진로 수업은 보통 자기이해, 진로탐색, 의사결정, 진로설계 순으로 진행된다. 그중 첫 단계인 '자기이해'는 진로과정의 초석이자 핵심으로 많은 공을 들여 진행하는 부분이다. 자기이해가 확실한 아이들은 자가발전 에너지원을 가지게 되어 그 다음 단계들을 수월하고 능동적으로 해낸다. 나름 준비하여 이런저런 검사 도구와 온갖 동영상을 동원해서 수업을 해 보았지만 결국 수업을 의미 있게 만드는 것은 나의 발표가 아니라 아이들의 목소리였다. 아이들이 스스로 생각하고 두서없이 적고, 주저주저 세린되지 못하게 발표한 내용들이 진로 수업을 진로 수업답게 만들었다. 그중 가장 기억에 남는 '내 마음의 서랍장 정리 - want/have list'를 소개하고자 한다.

마음의 서랍장 안에는 뭐가 들어 있을까? 서랍장을 열어 본 순간 너무 엉망으로 뒤엉켜 있어 다 쏟아 버리고 싶어지면 안 되니까 가끔 정리할 수 있는 기회를 만들어 주자. 우선 네 칸으로 구분된 서랍장 종이를 아이들에게 나누어준다. 가로축은 want축, 세로축은 have축이다. 이에 따라 1사분면은 자기가 바라고 원하는 것 중에 행복하게도 가지고 있는 것들, 2사분면은 가지고 있는 것 중에 원하지 않는 것, 즉 버리고 싶은 것들, 3사분면은 원하지 않는 것인데 가지고 있지 않아 다행인 것들, 4사분면은 간절히 원하는데 현재 자신이 가지고 있지 못해 앞으로 꼭 가지고 싶은 것이나 이루어내고 싶은 것들을 쓴다. 물건을 포함해서 추구하는 가치나 행동 등등 모든 종류를 적을 수 있다.

빼곡히 진지하게 적는 아이들도 있고, 한두 개 툭 적어놓는 아이들도 있다. 아이들이 무성의하게 적었다고 화내거나 잘 쓰라고 독촉할 필요는 없다. 오히려 그 아이들의 본심이 적나라하게 드

[표 2] 내 마음의 서랍장 want-have 활동지 (1)

활동지	내가 원하는 것(want)과 가지고 있는 것(have)의 목록

생각의 방점

다음 활동지는 내가 원하는 것과 가지고 있는 것을 분류해보는 도표입니다. 내용은 어떤 항목이든 상관없습니다. 구체적인 물건에서부터 성격, 외모, 학과 점수, 자격증 등 어떤 것이라도 아무렇게나 마음대로 나열해 보세요.

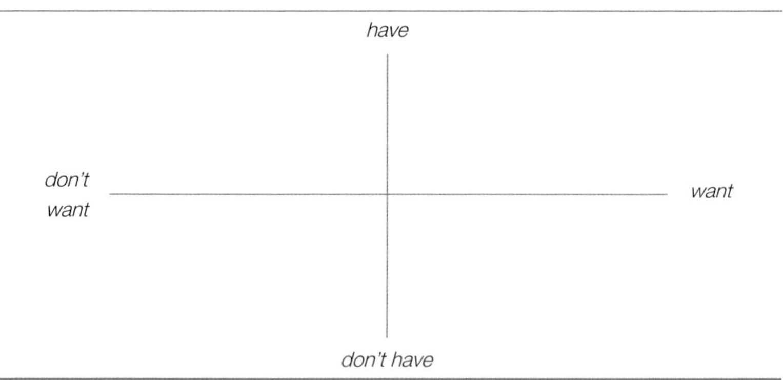

[표 3] 내 마음의 서랍장 want-have 활동지 (2)

활동지	want have 활동지
●want-have 영역 중 혹시 당신이 판단할 때 내 삶에 별로 도움이 안 되거나 의미 없는 것은 없는지요? 잘 판단해보고 목록을 작성해 보세요. 만약 그렇게 판단한다면 그것들을 정리할 생각은 없는가요?	
불필요한 항목	정리해야 한다면 어떻게?
●want-don't have 영역은 당신이 원하면서도 아직 성취하지 못한 것들입니다. 이 항목 중 당신의 인생에 정말 필요하고 의미 있는 것이라면 반드시 얻어내야 할 것입니다. 그렇다면 당신은 그것을 획득하기 위해 무엇을 하려 하는지요?	
정말 필요한 항목	그것을 얻기 위한 당신의 노력은?
●don't want-have 영역의 항목은 원하지 않으면서도 가지고 있는 것들입니다. 이 항목 중 당신의 인생에 정말 필요하고 의미 있는 것이라면 반드시 처분해야 할 것입니다. 어떤 계획이 있으신지요?	
불필요한 항목	정리해야 한다면 어떻게?
●don't want-don't have 영역의 항목 중에도 당신의 인생에 정말 의미 있고 중요한 항목이 있을 수 있습니다. 혹시 그런 판단이 드는 항목은 없나요? 그렇다면 이제부터라도 그것을 얻기 위해 무엇을 할 계획이신지요?	
정말 필요한 항목	그것을 얻기 위한 당신의 노력은?

러나고 그들의 고민을 볼 수 있다. 아이들은 큰 키, 동안 등의 외모 요소와 발표력, 축구 실력, 스마트폰, 게임 시간, 성격 등에 대해서 소중하고 맘에 든다고 했다. 가진 것 중에 버리고 싶은 것은 여학생들의 경우 살, 비만이 압도적이었고, 남학생들은 작은 키,

성적표가 많았다. 사춘기 아이들답게 외모에 대한 관심이 두드려졌으며 대체로 자신의 성격에는 후한 점수를 주었다. 현재의 성적에 불만이 많아 간절히 원하는 목록인 4사분면에 더 좋은 성적을 받고 싶다고 대부분의 아이들이 적어놓았다. 역시 성적에 대한 갈망이 높고 입시 스트레스를 받고 있음을 알 수 있었다. 그러나 내가 이 수업을 통해 의미 있게 본 것은 '가족'이란 단어였다. 거의 대부분의 아이들이 가족을 빼놓지 않고 썼는데 그에 대한 감정은 극과 극을 달렸다. 소중한 가족들이 있어 다행이라 생각하는 아이들이 있는 반면 그 수에 못지않게 진저리나서 버리고 싶다며 2사분면에 쓰는 아이들이 꽤 되었다. 개별 진로상담을 실시할 때도 느끼는 바이지만, 아이들에게 가족은 포근한 품이면서 동시에 숨 막히게 하는 족쇄이기도 하다. 수업 중 선생님들과 부딪치고 문제를 일으키는 아이들은 학교생활 자체에 문제가 있는 경우보다 가정에서 해결되지 않은 앙금들을 학교에서 폭발시키는 경우가 대부분이다. 가족들의 사랑과 관심을 갈구하지만 원활히 소통하지 못해 결국 부모에 대한 증오의 형태로 표출한다. 가족과의 정서적 문제에 봉착해 있는 아이들은 다른 생활을 정비할 에너지와 여력이 없다. 그만큼 가족은 그들에게 큰 의미이므로 가족을 포근한 울타리로 느낄 때 아이들은 그들의 에너지를 탁월하세 긍정적인 흐름으로 바꿀 수 있다.

　리스트 작성이 어느 정도 마무리되면 모둠활동을 통해 서로의 의견을 나누어본다. 가능하면 자기가 왜 이러한 단어들을 써놓았는지 숨겨진 이야기를 공개할 수 있는 분위기가 형성되면 매우 좋다. 아이들은 다른 아이들의 리스트와 스토리에 굉장한 관심을 보이며 남 얘기 같지 않게 충분히 공감하는 모습을 보인다. 딱딱한 학교 수업 중에 자기의 고민을 털어놓을 수 있는 수업시간은 흔치 않기 때문에 아이들은 생각보다 적극적으로 임한다. 이때 단순히 고민을 쏟아놓는 시간으로 끝나지 않도록 활동지를 하나 더 나누어주어 정리할 수 있도록 도와준다. 활동지의 내용은 다음과 같이 구성한다.

4. 불편해도 괜찮아 - 사회

사회 교과 수업의 개요

교과 융합 프로젝트를 통하여 인간 상호 관련성에 대한 이해와 실천을 기반으로 하는 학습능력을 배양함으로써 학생 상호간, 학생과 교사 간의 갈등과 대립을 해소시키는 융합형 교육과정으로 사회 교육과정 내용을 재구성했다.

고등학교 사회 교과서(이재복 외, 비상교육)의 대단원 'Ⅷ. 정치과정과 참여 민주주의'와 소단원 '3. 정치발전을 위한 시민의 정치참여' 단원에서 '정치발전과 나의 삶, 그리고 나의 꿈은 어떤 관련을 맺고 있으며 나의 행복을 위해 꼭 필요한 것은 무엇일까?'라는 막연하지만 원초적 질문을 던진다. 『불편해도 괜찮아』(김두식, 창비)를 모둠별로 읽고 각자의 수준에서 서로 토론과 설득을 통해 배우고 가르치는 과정에서 학생 상호 간의 협력을 이끌어내고 모둠과 모둠 간에도 합리적인 토론을 통하여 상호성을 이해하게 하는 방식이다.

수업의 핵심 주제는 학생들 스스로 삶의 의미 및 희망이 자신의 노력과 능력에 의해서만 주어지는 것이 아니라 사회적 현상에 참여함으로써 타인과 사회적 관계를 맺고 그 관계를 소중히 발전시키는 가운데 자신의 삶과 꿈이, 그리고 자신의 삶과 타인의 삶이 상호 연결되어 있고 그것이 타인을 존중하며 또 자신의 자존감으로 이어지며 나와 남이 또 꿈과 삶이 자연스럽게 이어지는 과정을 성찰하는 기회를 갖게 하는 것이다.

수업은 도서 『불편해도 괜찮아』와 영상자료 〈날아라, 펭귄〉(감독: 임순례)을 기본적으로 읽고 보게 한 후 모둠별 주제를 7개 선정하여 발제하고 발표하게 한다. 처음부터 무리하지 않게 적당한 분량(한 모둠에 3쪽~8쪽)을 정하여 『불편해도 괜찮아』의 제1장 '네 멋대로 해라'(청소년 인권 편)의 7가지 주제를 모둠별로 나누어 읽고 발제하고 발표하게 한다.

- 미쳐가는 아이들과 조기유학 (1모둠)
- 지랄총량의 법칙 (2모둠)
- 네 멋대로 해라 (3모둠)
- 미친 교육과 펭귄의 시대 (4모둠)

- 엄친아 이야기의 가장 큰 피해자는 엄친아 (5모둠)
- '천천히 대학가기' (6모둠)
- 옷이라도 자유롭게 입도록 하자 (7모둠)

각 모둠은 위의 주제를 가지고 모둠 대항 토론 수업을 진행했다. 토론 규칙은 모둠원 4명이 번갈아 가며 부모 입장과 청소년 입장에서 찬성과 반대 공방을 벌인다. '부모의 기대 욕구와 사회의 통제' vs '청소년의 욕구' 속에서 평화의 절충점은 어디쯤일까? 평화의 본질이 욕구의 충족과 욕구의 통제 속 어디쯤 존재할까?

수업에서는 인권에 대한 소재와 '불편함'이 어떤 관련성을 맺고 있는지 〈날아라, 펭귄〉에서는 가족 내의 혈연관계에 따라 무시되고 있는 아버지의 인권과 어머니를 비롯한 딸의 인권이 어떻게 공존할 수 있는지 상황에 따라 발표하게 한다. 인권 및 사회정의, 현대인의 일상에 따른 여러 주제를 나누어 모둠별 활동의 소재로 삼는다.

전 교과에 공통적으로 배치되어야 할 수업규칙 토론

수업에 들어가서 본격적인 인권수업을 하기 전에 수업시간에 이루어져야 할 수업 규칙에 대해서도 학생들에게 찬반 입장을 정해 토론하게 한다. 3월의 사회 수업시간 중에 공동체 내에서의 수업 규칙(시안)을 학생들에게 제시하고 학급자치회 시간과 사회수업시간에 제안을 하고 학생들의 토론을 거쳐 3월 중순에서 3월 말까지 교사, 학생의 수업 규칙(안)을 마련하고 학급별 서약 의지를 모은 다음 교실에 수업 규칙을 게시한다. 이는 생활협약과 수업협약에 대한 전 단계로서 학생들에게 상호성을 인지시키는 중요한 수업내용이다. 단 중요한 것은 수업규칙이 학생들에게 일방적인 의무인 양 강요되지 않게 교사의 학생에 대한 배려 규정과 함께 균형을 맞추는 것이 중요하다. 다음은 융합적인 통섭의 단계로서 교과담임 교사들의 합의하에 마련될 수 있는 수업 규칙의 예시 안이다. 각 교과시간에 수업 중 지켜야 할 기본철학과 구체적인 예시 안 및 방침을 나누어 제시하고 토론하게 한다.

● 수업 규칙(예시 안)

1) 교육은 지식의 축적이나 훈련, 조건화가 아니라 정신의 성장 및 발달이다.

2) 정신의 성장 및 발달을 위해서 학생을 존중해야한다. 존중받는 학생은 자연스럽게 교사도 존중하게 된다.
   － 모욕적인 언사나 거친 말은 교사에 대한 존중감을 약화시키고 학생의 반발심만 키운다.
   － 될 수 있으면 출석부를 뒤져서라도 번호나 '야'라는 호칭 대신 이름을 부른다.

3) 질서와 규율은 수업에서 꼭 필요하다.
   － 휴대폰은 꺼서 책가방에 보관한다.
   － 휴대폰이 수업시간 중 울리거나 교칙이나 수업규칙에 어

굿나게 무단 사용할 경우 일정기간 동안 학생회에 압류 보
관한다.
— 잡담을 자제한다.
— 교과서나 교재, 그리고 노트, 연필 등 수업준비물을 자발
적으로 준비한다.
4) 지루한 수업은 학생들을 잡담이나 수면으로 이끈다. 재미있
는 수업이 아닐지라도 수업 흐름의 변화가 필요하다.
5) 수업에서 학생들은 듣는 것만을 좋아하지 않는다.

또 다음과 같은 내용역시 교육과정 재구성시 교과교사들끼리
합의 한 후 학급 규칙(안)에 담아야 할 기본 철학을 다음과 같이
마련할 수 있다.

● 수업 규칙에서의 기본 철학
1) 학급 안에서 모든 학생은 잘 배울 권리가 있다
— 교사는 수업시간에 늦지 않도록(기준은 교사와 학생들의
의견을 수렴) 하며 학생 역시 종이 친 후에는 교실 자기 자
리에서 앉아 차분한 자세로 자리이동 및 수업을 준비하며
선생님을 기다린다.
2) 교사와 학생은 인격적으로 존중하는 마음을 가다듬고 수업
현장에 임한다
— 교사와 학생은 상호 존중하는 마음을 기본적인 자세로 인
식한다.

- 수업시간에 정해진 규칙을 준수한다.
- 교사와 학생은 인격모독이나 서로에게 상처를 줄 수 있는 행동 및 언어를 사용하지 않는다.
- 체벌하지 않는다.
- 차별하지 않고 모든 학생을 균형 있게 배려하는 자세로 수업한다.
- 배움은 교사나 다른 학생들의 말을 잘 듣고 자신의 지식과 정보와 연결시키려는 데에서 말하기보다 훨씬 효과적이다. (말하기보다 경청이 우선임)
- 학생들은 교사들의 강의뿐 아니라 학생들 상호 경청한다.

3) 배움은 교사와 학생사이 뿐 아니라 학생과 학생사이에서도 중요하다
- 학생들은 교사뿐 아니라 교실 내, 모둠 내의 다른 학생들과의 상호작용에 의해서 가르치고 배운다.
- 교사는 가르칠 뿐 아니라 학생과의 상호작용, 다른 교사와의 상호작용에서 배움을 얻는다.

4) 교사는 학습 뿐 아니라 생활지도에서 효율성보다는 교육적 인내심을 가지고 학생을 대한다.

5) 수업은 개방을 원칙으로 한다(수업 중 다른 교사나 학부모, 손님이 들어오더라도 어색해 하거나 동요하지 않고 수업에 자연스럽게 집중하는 습관을 들인다).

6) 교실 내에서 휴대폰 사용은 절대 금한다(교사들도 수업시간 중에는 휴대폰을 휴대하지 않고 교무실에 놓아두는 습관을

들인다).

7) 휴대폰 사용 적발 시 벌칙은 교사와 학급단위의 의견보다는 전체 학생회에서 의견 수렴한 대로 결정한다.
8) 수업규칙의 중요사항 및 벌칙조항은 교사들의 의견수렴과 학급학생들의 의견수렴절차를 거쳐 합의하여 시행한다.

이후 수업시간에 합의된 내용을 통하여 학생 자치 능력을 배양할 수 있고 학생들 전체가 스스로 토론하고 제정하는 수업협약과 생활협약의 모범을 창출할 수 있다.

수업시간의 교과 단원 내용과 수업시간을 전제하기 위한 수업규칙과 교실 수업 규칙을 학교 전체로 확산시키는 수업협약을 이어주려는 의도와 방법이 교과교사들 사이에 합의되는 과정이 중요하다. 또한 교사와 학생들 사이에서도 융합형 교육과정의 이해의 폭이 커지도록 피드백 과정을 거치며 여러 교과에서 다양한 방법으로 일관성 있게 추진할 때 '평화로운 학교 만들기'의 주제별 교과 융합 프로젝트 수업의 목적과 갈등과 대립이 자연스럽세 해소되는 협력 문화가 교실 안과 밖에서 지연스럽게 정착될 것이다.

5. 평화로운 고대국가 만들기 - 한국사

'내가 원하는 평화로운 나라 만들기'

'내가 원하는 평화로운 나라 만들기'라는 다소 거창한 주제가 떠오른 것은 한국사 수업을 시작하고 한 달여가 지난 시점이었다. 학기 초에 역사를 공부하는 이유부터 선사시대 사람들의 생활 등을 통해 나름대로 학생들과 즐겁게 이야기하는 시간을 갖다 보니 몇 주 후에 있을 시험의 압박이 슬슬 느껴지기 시작했고, 진도가 너무 늦은 것이 아닌가 싶어 시험에 나올 사항들 위주로 정신없이 '달려'보아야 할 때가 아닌가 하여 학습지에 줄치고 외워야 할 것들을 받아 적는 수업을 몇 차시 동안 숨차게 진행하고 있었다.

그러다 문득 학생들의 표정을 보니 학기 초의 설렘과 긴장, 활기 등이 점차 사라지고 어느새 지친 표정으로 내 수업을 바라만 보고 있었다. 이제 삼국시대가 시작되면 본격적으로 시험을 위해 외워야 할 것들이 쏟아져 나올 터인데, 과연 이런 상태로 학생들과 만나는 것이 정말 최선일까 하는 고민이 시작되었다. 그러다 이번 학기 교과 융합 주제인 '평화'를 삼국 시대가 본격적으로 시작되기 전 '고대국가의 형성' 관련 단원과 접목시켜볼까 하는 생각이 떠올랐고, 진도의 압박과 내용 구조의 엉성함 등의 고민을 뒤로 한 채 일단 한번 해 보기로 결심하였다. 해당 단원의 개략적인 내용은 다음과 같다.

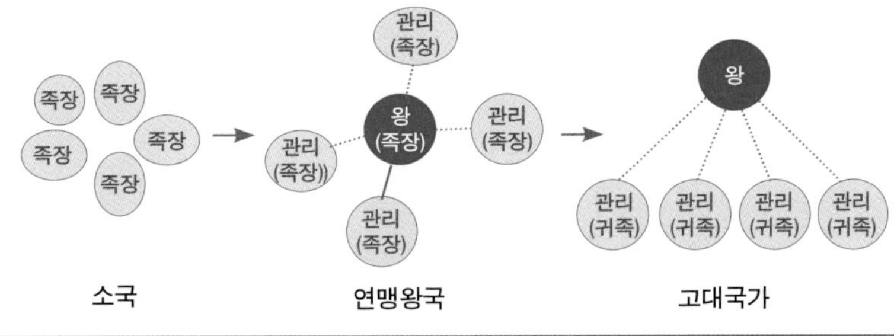

국가의 발전 과정을 도식화한 것이다. 소국들이 모여 연맹체를 이루고, 나아가 중앙 집권적 고대국가로 성장하는 과정을 보여준다. …… 고대국가의 단계에 이르러 왕은 왕위 세습권을 확립하였고, 족장 세력들을 중앙 귀족으로 편입시켰다. …… 이 시기에 삼국은 율령을 제정하여 국가 통치 체제를 성문화하였고, 기존의 토착 신앙 대신 고등 종교인 불교를 수용함으로써 국왕 중심의 지배 이념을 확립하였다.

— ‘삼국, 교류와 경쟁 속에서 발전하다’(『한국사 교과서』, 미래앤) 중

기존에 이 부분을 수업할 때에는 "연맹 왕국 단계에서 고대 국가로 발전하는 과정에서 왕권이 강화되어 왕위 세습권이 확립되고, 족장 세력은 중앙 귀족으로 편입되었으며, 율령 반포와 불교 수용 등을 통하여 국가를 통합하려는 시도가 진행되었으니, 여러분들은 삼국시대 각 나라들이 각기 어느 시기에 이러한 것들을 추진하였는지 잘 알아두어야 합니다."라는 식으로 언급만 하고 넘어갔었다. 하지만 이번에는 "여러분들이 만약 고대국가의 왕이라고 한다면 어떤 나라를 만들고 싶습니까?" 라는 질문으로 한 시간

의 수업을 진행해보기로 하였다. 여기에서 학생들에게 제시한 한 가지 전제는 '아무리 강력한 왕일지라도 단지 무력으로 백성들을 억누른다면 그 무력이 약화되는 순간 백성들은 이전까지의 억압에 똑같이 무력으로 저항하게 될 것이므로 무력을 넘어서는 수단을 반드시 생각해보자.'라는 것이었다. 이에 따라 학생들이 모둠별로 수행해야 할 과제는 다음과 같은 것이었다.

자신이 왕이라고 생각하며 고대 국가를 건설해 봅시다.

1) 나라 이름과 의미(자기 나라가 어떤 나라였으면 좋겠는가 하는 소망을 반영)

2) 옛날 족장 세력을 통제, 포섭하는 방식

3) 일반 백성들을 복종시키는 방식

4) 자신의 나라에 사는 모든 사람들의 생각을 하나로 모으는 방식

5) 이 외 나라를 다스리는 데 필요한 것들

한 시간의 모둠 활동은 예상대로 소란스럽고 어수선하게 진행되었다. 하지만 지난 몇 시간동안 시험 진도를 위한 수업을 할 때보다 훨씬 활기가 넘치는 분위기였다. 모둠 활동의 결과물은 상당 부분 장난기가 반영되었지만, 중간 중간에 나름대로의 고민과 번뜩이는 재치가 묻어나 있었다. 이중 학생들이 가상 즐겁게 이야기했던 부분은 아마도 '나라 이름과 의미'였던 것 같다. 장난기가 느껴지는 '이손나라', '바퀴벌레 – 끈질기게 오래 살자'부터 모둠원들의 이름을 딴 '정인유남제국 – 여럿이 모여 더불어 살아감', '정성지주', 담임선생님의 이름을 딴 '은현 – 은혜롭고 빛나는 나

자신이 왕이라고 생각하며 고대 국가를 건설해 봅시다.

1) 나라 이름과 의미(자기 나라가 어떤 나라였으면 좋겠는가 하는 소망을 반영)
2) 옛날 족장 세력을 통제, 포섭하는 방식
3) 일반 백성들을 복종시키는 방식
4) 자신의 나라에 사는 모든 사람들의 생각을 하나로 모으는 방식
5) 이 외 나라를 다스리는 데 필요한 것들

[사진 1] 고대국가 건설 모둠별 활동 결과

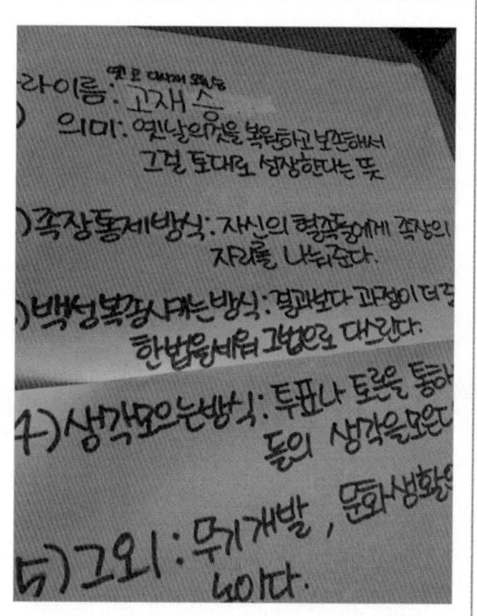
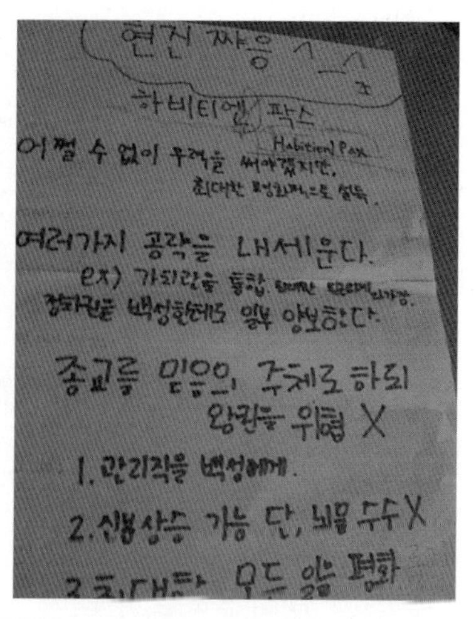

라’, ‘콩나물국 – 콩나물국처럼 속 시원한 나라’, ‘해장국 – 근심을 풀어내어 길이길이 이어지는 나라’, ‘무지개 나라 – 무지개처럼 화려하고 예술적인 나라’ 등 장난기 속에 나름대로 의미를 담으려 한 흔적들이 보이는 나라 이름들이 있었다. 이중 가장 인상적이었던 나라 이름은 ‘하비티엔 팍스(Habitienl Pax)’라는 것이었다.

라틴어로 '습관적인 평화'라는 뜻이라고 하였다. 이 이름을 말한 학생은 과연 어디에서 이런 말을 들었을까 무척 궁금하였다.

다음 2)~5) 항목은 질문의 의도가 분명히 전달되지 않은 탓인지 학생들이 엄밀하게 구분하여 정리하지는 못하였고, 역시 장난기가 다분히 묻어나는 답변들이 많았다. 그러나 그 속에서도 나름대로 자신들이 바라본 '국가'의 현 상태나 자신들이 원하는 나라의 모습이 상당부분 반영되고 있는 것 같았다. 옛날 족장 세력을 통제, 포섭하는 방식으로는 '무력으로 굴복시킨다.', '재산을 강탈하여 능력에 따라 월급으로 준다.', '결혼을 통해 동맹을 맺는다.', '높은 관직을 준다.', '인질을 잡는다.', '최대한 평화적으로 설득한다.', '왕족을 보내어 통제한다.' 등의 의견들이 나왔었다. 그리고 일반 백성을 복종시키는 방식으로는 '전쟁을 통해 왕의 힘을 과시한다.', '왕이 백성에게 친근하게 다가간다.', '강력한 법을 만든다.' 등이 있었는데, 이중 특이한 것은 '백성들에게 토지를 임대하여 국가와 백성이 수확물을 나누어 가진다.'는 식의 경제적 측면의 접근을 한 모둠이 있었고, '궁궐로 백성들을 초대하여 웅장한 공연을 보여줌으로써 백성들을 복종시킨다.'는 식으로 문화에 대한 언급을 한 모둠이 있었다는 것이다. 사람들의 생각을 하나로 모으는 방식으로는 크게 '왕이 곧 신이며 정의라는 생각을 피뜨린다.', '잔치, 제사 등을 통해 대동단결을 이룬다.'는 국왕, 지배층 중심의 통제와 관련된 의견들도 있었지만 대부분의 모둠에서 '설문조사, 백성과의 정기적인 면담, 백성들의 대표를 통한 의견 수렴', '정치권력의 일부를 백성에게 양도' 등과 같은 오늘날의 민주주의를 떠올리게 하는 의견들이 나왔었다. 마지막으로 나라를 다스리는데 필요한 것들에 대해서는 아주 다양한 의견들이 나왔었다. '강력한 무력', '신무기', '다른 나라와의 무역 및 교류', '충성스러운 신하', '신분 상승의 기회', '법을 제정, 집행하는 기관', '문화를 보급하는 기관' 등 나름대로의 고민이 묻어난 답변부터 '개념', '잘생긴 남자 혹은 여자' 등과 같은 장난기 어린 답변들도 다수 제시되었다.

이 수업을 진행하는 동안 나는 학생들의 발표를 어떻게든 교과서 내용과 연결시키려 하였다. '법률을 정해야 한다.'라는 내용은 율령 반포로, '왕이 곧 신이다'라는 생각은 '왕즉불(王即佛) 사상', 불교 수용 등으로, '강력한 무력'은 정복 전쟁의 확대로 정리해나갔다. 이러면서 나는 이런 과정을 통해 학생들이 교과서 내용을 보다 더 잘 이해하게 되리라 생각하였다. 그러나 지나고 나서 생각해보니 그것이 과연 옳았는지에 대하여 의문이 들었다. 모든 발표 내용 중 교과서와 연결되는 것만 중요한 것으로 설명하고 나머지 부분은 그저 흥미로운 '양념' 정도로 간주하는 태도가 혹시 학생들의 다양한 생각들을 내가 너무 쉽게 재단해버린 것이 아닌가 하는 의문이 들었다. 교과서 내용과는 별도로 학생들의 생각들을 있는 그대로 받아들일 수는 없었을까? 나름대로 고민해서 발표한 내용들을 교과서와 연결되지 않는다는 이유로 가볍게 넘어가버린 것이 혹시 학생들의 자유로운 생각을 가로막는 결과를 가져오지 않았을까?

어찌 되었든 이렇게 수업을 하고 보니 급하게 교과서 진도를 나갈 때보다 학생들의 표정이 한결 살아난 듯한 느낌이었다. 하지만 이제 또 다시 시험을 위한 진도를 나가야 하는데, 그렇게 되면 이 표정들이 다시 시들어버리겠지 하는 걱정도 지울 수 없었다. 고등학교 역사 수업에서 시험과 학생 참여를 접목시킬 수는 없을까 하는 것이 앞으로 내가 역사 수업을 하는 한 어쩔 수 없이 짊어지고 가야할 과제라 생각되었다. 이 과제에 대하여 언젠가는 답을 찾을 수 있을까?

6. '평화'와 함께 떠오르는 생각의 그물 - 특수교육(국어)

고민의 시작: '통합'과 '개별화', 무엇을 가르쳐야 할까?

특수교육 교육과정이라는 국가수준의 교육과정에 따라 교육활동이 이루어지는 특수학교와 달리 특수학급은 별도의 교육과정이 없다.

특수교육 교육과정에 따르면 특수학급에 배치된 특수교육 대상 학생은 소속 학교 해당 학년의 교육과정에 따르되 학생의 수준에 따라 특수학교 교육과정의 내용을 조정하여 운영할 수 있고, 이를 위해 특수교육 교과용도서 및 관련 교수·학습 자료를 활용할 수 있다고 되어 있을 뿐이다. 따라서 특수학급에 배치된 학생들을 위한 별도의 교육과정이나 교과용 도서가 없기 때문에 철저하게 학교 단위, 좀 더 정확하게 표현하면 특수교사 개인의 교육과정에 따라 교육이 이루어진다.

특수학급의 교과를 선정하고 교과별 연간 지도계획을 작성하는 것은 가르치고 싶은 내용을 재량껏 자유롭게 구성하는 무척 신나는 과정일 수도 있지만, 한편으로는 내용 구성의 기준이나 작성한 지도계획이 적절한지 검증할 수 있는 방법이 없기 때문에 매우 부담스럽기도 하다. 또한 연간 지도내용으로 각 학생별 학생의 수준에 맞는 개별화 교육계획(individualized education plan)을 작성해야하기 때문에 신중하게 계획해야 한다.

올해도 어김없이 연간 지도계획과 개별화 교육계획 사이에서 괴로움의 나날을 보내던 중 '교과 융합 프로젝트 수업'이라는 제안을 받았다. 사실 대부분의 특수교육 대상 학생들은 일반학급에서 이루어지는 수업시간 동안 그 수업에 의미 있게 참여하지 못하고 그저 자리만 차지하고 있는 경우가 많은데, 이러한 수업을 통해 특수교육 대상 학생들을 위한 통합교육이 단순한 물리적 통합을 넘을 수 있는 좋은 기회가 될 것이라는 생각이 들었다.

특수학급에서는 국어, 수학, 사회, 직업 등 교사의 재량으로 여러 교과수업을 하는데, '평화'를 주제로 한 수업은 그중 국어시간에 실시하였다. 수업은 '평화'를 주제로 떠오르는 다양한 생각을 자유롭게 발표하기, '평화'에 대한 짧은 글을 읽고 글의 내용 이해하기, 내가 실천할 수 있는 일을 문장으로 말하고 쓰기 등을 주요 활동으로 구성하였다.

꼬리에 꼬리를 무는 생각! – 생각 그물 만들기

평화 : 1. 평온하고 화목함

2. 전쟁, 분쟁 또는 일체의 갈등이 없이 평온함.

또는 그런 상태

— 국립국어원 표준국어대사전

"선생님, 화목한 게 뭐예요?"

"싸우지 않고 사이좋게 지내는 거야."

일상생활과 연관된 생활 용어에 익숙한 아이들에게 '평화'처럼 추상적인 개념을 이해시키는 것은 어려운 일이다. 그래서 먼저 사전에서 '평화'의 뜻을 찾아보게 하고, 구체적인 예를 들어 '평화'의 뜻을 이해하게 하였다. 다음으로는 '평화'를 주제로 '생각 그물 만들기'를 했는데 아이들은 '생각 그물'이라는 낯선 활동에 어려워만 할 뿐 선뜻 쓰려하지 않았다.

대부분의 지적장애와 자폐성 장애를 가진 아이들은 주로 구체적인 사물을 가리키는 명사형 대답, 혹은 정해진 한두 가지의 단답형에 익숙하다. 때문에 감정이나 느낌, 생각을 표현하는 것을 대단히 어렵게 생각한다. 이런 아이들에게 다양한 사고를 길러주기 위해 자주 사용하는 방법 중 하나가 바로 마인드맵이라고도 하는 '생각 그물'이다.

나는 우리 아이들과 '생각 그물' 수업을 할 때는 중심 이미지, 핵심 단어, 색, 부호, 상징 기호와 같은 '생각 그물'의 형식은 무시하

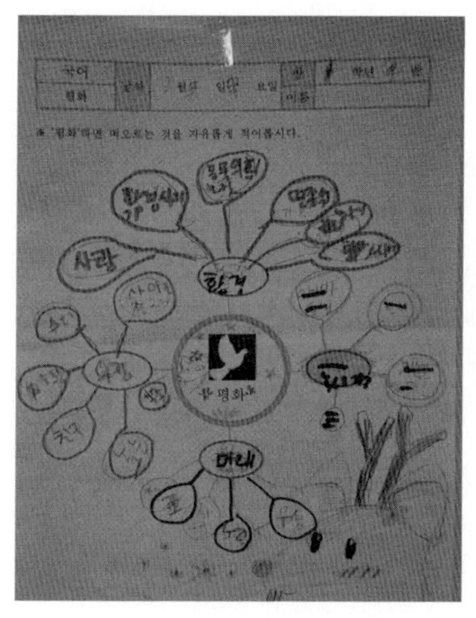

고, 자유롭게 끝없이 생각을 펼쳐볼 수 있도록 낙서처럼 만들어보게 한다. '생각 그물' 자체를 지도하는 것이 아니라 사고를 확장하는 것이 주된 목적이기 때문이다.

처음에는 자신 없어 주저하던 아이들이 곧 생활 속 자신들의 경험과 관련된 사소한 것에서부터 자신이 바라는 것 까지 꼬리에 꼬리를 무는 생각을 펼쳐내기 시작했고, 그 수업은 서로 자신의 '생각 그물'을 발표하려는 귀여운 다툼으로 마무리 되었다.

국어	날짜	월 일 요일	반	학년 반
			이름	

노벨 평화상과 김대중 대통령

노벨 평화상은 다이너마이트를 발명한 알프레드 노벨의 유언에 따라 노벨 재단에서 매년 평화 정착과 인권 향상 등에 공헌한 사람 또는 단체를 대상으로 한 시상으로, 다른 노벨상이 스웨덴 왕립 과학아카데미, 캐롤라인 의학연구소, 한림원 등에서 선정하는 것과 달리 노르웨이 노벨위원회가 선정과 시상 권한을 갖고 있으며, 이는 노벨상을 제정한 노벨의 유언에 따른 것으로 노벨 평화상은 노벨상 내에서도 최고의 권위를 인정받고 있다.

1, 2차 세계대전 기간 동안 20여 차례 적당한 수상자를 찾지 못해 시상을 거르기도 했지만, 공동수상인 경우도 있었다. 노벨 평화상은 40년대까지 정치인, 국제기구 창립자들이 주로 선정됐으나, 50년대부터는 인권 운동가, 단체에 주어지는 경우가 많았다.

2000년 노벨평화상은 한국과 동아시아에서 민주주의와 인권을 위해, 그리고 특히 북한과의 평화와 화해를 위해 노력한 김대중 대통령이 한국인 최초로 수상하였다.

1. 어려운 낱말을 쓰고 낱말의 뜻을 사전에서 찾아봅시다.

2. 노벨 평화상을 누구의 유언에 따라 만들어 졌습니까?

____

3. 노벨 평화상은 어떤 사람이나 단체를 대상으로 수상을 합니까?

____

4. 노벨 평화상의 선정과 시상 권한을 기지고 있는 곳은 어느 단체입니까?

____

5. 노벨 평화상이 1,2차 세계대전기간동안 시상을 거른 이유는 무엇입니까?

____

6. 2000년 한국인 최초로 노벨평화상을 수상한 사람은 누구입니까?
   또 수상하게 된 이유는 무엇입니까?

____

낱말의 뜻을 찾자

아이들과 인터넷으로 '평화'와 관련된 연관 검색을 하다 보니 노벨평화상에 대한 내용이 나왔다. 그래서 다음시간에는 자연스럽게 노벨평화상에 관한 짧은 글을 읽고 글의 내용을 파악하는 활동을 했다. 글감은 노벨평화상과 김대중 대통령에 관한 내용, 신문 기사 등을 참고하여 재구성하였다.

글의 내용 자체 보다는 어휘력과 독해 능력 향상에 중점을 두었고, 아이들은 사전에서 낱말 뜻을 찾아보는 활동을 매우 즐거워하였다. 그리고 자신이 이해한 내용으로 다른 아이들에게 낱말의 뜻을 설명했는데, 신기하게도 어떤 낱말은 교사인 내가 설명하는 것보다 아이들끼리 하는 설명을 더 쉽게 이해하기도 하였다.

우리 학급의 평화는 우리가 지킨다!

"그런데, 왜 평화에 대해 배워요?"

"평화는 친구들 사이에서도, 학교생활에서도 무척 중요한 거라고 했잖니. 우리 학교 학생 모두 처음 우리 학교를 다니는 거니까, 우리 학교 학생들끼리 싸우지 않고 사이좋게 지내려면 어떻게 해야 할까 생각해 보는 시간을 갖기 위해 배우는 거야."

학교 3주체 협약에 관한 토론회를 하기 전에 특수학급의 규칙을 정하는 시간을 마련하였다. 학기 초, 여러 학교 출신들이 모인 특수학급은, 처음이라 어색한 아이들끼리 생활하며 일어나는 크고 작은 갈등으로 조용한 날이 없었다. 그래서 학급의 평화를 지키기 위한 약속을 정하자는 교사의 회유 섞인 반강제적 제안으로 세 번째 수업을 진행하였다.

우선 친구들에게 바라는 점 한 가지씩 말하였는데, 정말 사소하고 구체적인 바람까지 나오는 통에 칠판이 모자랄 정도였다. 다음으로 그중 자신이 지킬 수 있는 것 한 가지씩 정하여 약속 판에 각자 자신의 약속을 직접 쓰게 했고, 모든 아이들이 자필로 작성한 약속 판은 아직도 우리 교실 벽면에 붙어 있다.

개교와 학기 초가 맞물린 어수한 시기에 정신없이 진행되었던 1기 프로젝트 수업은 아쉬운 점이 많았으나 주제 수업 2기와 3기를 거듭하면서 조금 더 정교해진 것 같다.

교사로서는 다른 교과 선생님들과 협의를 하며 특수학급과 특수교육대상학생들에 대한 정보를 자연스럽게 나눌 수 있었던 좋은 경험이었고, 아이들은 통합학급이나 특수학급에서 일관된 커다란 주제에 따라 수업을 한다는 점에서 색다른 경험이 되었던 같다.

7. 평화로운 학교를 만들자 – 주제 탐구

　우리 학교는 반별로 매주 창의적 체험활동 수업 1시간을 주제 탐구 프로젝트 수업으로 하고 있다. 학기 초 3월부터 철학, 진로, 사회, 한국사, 특수교육 교과 수업시간에 평화, 인권 관련 학습이 진행되면서, 동시에 학생 인권 생활 규정 제정과 관련된 다양한 학생 자치활동과 토론회 등을 해나가는 동안 4월 한 달 동안 4차시에 거쳐 주제 탐구 시간에 실제 평화로운 학교 만들기를 위해 일상생활 속에서 실천할 수 있는 활동을 하기 위해 학생들에게 세 가지 프로젝트 과제를 주고 반별로 또는 모둠별로 협력하여 수행하고 발표하게 하였다.

　1차시에는 평화로운 학교(학급) 만들기를 위해 친구들끼리 '평화와 사랑의 말 서로 나누기' 활동을 하였다. 먼저 학생 활동지를 나누어주고 우리가 언제 들어도 기분 좋은 말은 어떤 것이 있는지 알아보기로 하였다. 그래서 먼저 자신이 가장 듣고 싶은 말이나 친구에게 힘이 되는 말은 무엇인지 5개씩 써보고 모둠끼리 모여 앉아서 발표해 보라고 하였다.

　학생들이 쓴 것을 서로 발표하는 내용 중에는 대부분 "너 멋져!", "괜찮아", "기운 내", "파이팅!", "앞으로 좋아질 거야" 등 상대를 칭찬, 격려, 위로, 희망을 주는 말이 많았고, "열공", "많이 예뻐졌네.", "요즘 너 날씬해 보인다."처럼 학생들의 성적이나 외모에 관한 것도 꽤 있어 고등학생으로서 학생들이 입시와 외모에 많은 스트레스를 겪고 있다는 사실을 여기서도 잘 알 수 있었다.

이 활동을 진행하고 나서 학생들은 우리가 평화로운 학교(학급)를 만들기 위해서는 자신이 가장 듣고 싶은 말을 다른 친구에게 할 때, 친구도 기분 좋고, 우리 학급 분위기도 좋아질 것 같다는 이야기에 대부분 정서적으로 공감하는 것으로 1차시 프로젝트를 마무리하였다.

2차시에는 작은 학급별(15명)로 협동화 제작 프로젝트를 실시하였다. 15명씩 모여서 학급 회의를 한 후, 큰 종이에 작은 학급별로 평화를 상징하는 그림을 그리고, 모든 학생들이 그 안에 평화로운 학급 만들기를 위한 나의 약속을 하나씩 쓰게 하였다.

먼저 반별로 평화를 상징하는 그림을 그리라고 하였더니 재미있고 다양한 아이디어가 많이 나왔다. '거친 말을 하는 입을 조심해야 한다.'면서 붉은 입술을 크게 그린 학급, 평화로운 학급 만들기를 널리 알려야 한다면서 커다란 스피커를 그린 학급, 평화의 비둘기를 그린 학급도 있었다.

다음에는 평화를 상징하는 그림 안에 학생들 각자가 자신이 실천할 수 있는 약속을 적게 하였다. 학생들이 쓴 나의 약속 중에는 '수업시간에 떠들지 않기', '선생님께 인사 잘하기', '폭력을 사용하지 않기', '흡연하지 않기', '친구들과 웃으면서 인사하기' 등 주로 친구 관계나 교실 생활이나 수업시간과 관계된 것이 많았다. 고등학교 학생들이 적은 내용들이 관점에 따라서는 다소 유치하고 사소해 보일 수도 있지만 개인적인 실천의 문제에서 바라볼 때 나름대로 대부분이 아주 구체적이고 현실적인 약속을 적었다는 생각이 들었다. 이렇게 완성된 협동화는 4월 한 달간 교실 복도에 작은 학급별로 14개를 모두 게시하고 학생들이 자주 바라보면서 하루의 일을 성찰하고, 자신의 약속을 꾸준히 실천하도록 하였다.

3차시에는 학급별로 평화로운 학급 만들기 캠페인 활동을 위한 반별 토론을 진행하게 하였고, 하루 날을 잡아서 반별로 캠페인 활동을 한 다음, 캠페인 활동을 한 자료들을 모두 모아서 4차시 주제 탐구 수업시간에 발표하게 하였다.

학생들은 3차시 학급 회의 결정을 통해 반별로 특색 있는 캠페인 활동을 하루씩 하였는데, 어느 날은 교문 앞에서 '지각하지 말자'는 피켓을 들고 캠페인 활동을 하는 반, 또 교실과 복도에서 지나가는 학생들에게 "선생님께 예의를 지키자, 하루에 한 번씩 친구를 칭찬하자, 담배피지 말자!"는 구호를 외치며 캠페인 활동을 하는 반, 어느 날은 '식당에서 잔반 남기지 말기', '침 뱉지 말기', '선생님께 대들지 말기' 등을 적어 다른 반 학생들에게 서명을 받는 반 등 여기저기서 다양한 활동이 한 주 간 이어졌다. 한 주 동안 반별로 학생들이 나와서 이러한 캠페인 활동을 할 때마다 교장 선생님을 비롯하여 많은 선생님들이 나와서 많은 칭찬과 격려를 아끼지 않았고 학생들은 자신들의 이러한 활동을 쑥스러워하거나 대견해하는 모습들이었다.

4차시에는 학급별로 캠페인 활동 결과를 발표하는 시간이었다.

어느 반은 친구들의 장점을 서로 칭찬하는 모습을 동영상으로 만들어 발표하기도 하였고, 어느 반은 점심시간과 쉬는 시간을 이용하여 다른 반 학생들에게도 평화로운 학교 만들기 서명운동을 전개하면서 많은 학생들이 서명운동에 참여한 것을 뿌듯해하면서 이번 서명활동에 그치지 않고 앞으로 우리가 먼저 실천해서 평화로운 학교 만들기의 본을 보여야겠다고 말하기도 하였다. 이렇게 학급별로 자신들의 실천 활동을 돌아보고 다시금 평화로운 학교 만들기를 다짐하는 시간을 갖게 하면서 4월 주제탐구 프로젝트 수업을 정리하였다.

평화로운 학교 만들기를 위한 세 가지 주제 탐구 프로젝트 과제를 수행하면서 학생들은 교과수업 시간에 배웠던 인권과 평화의 가치와 문제의식에 대해 많은 회의와 토론 활동을 하게 되었다. 이러한 활동을 통해 학생들이 민주적인 방식에 의해 서로 의견을 조율하는 과정, 소통을 통해 협력하면서 문제를 해결해 나가는 과정을 배우게 되었고, 학생 스스로 자신을 성찰히고 학교 일상생활 속에서 작게나마 평화와 인권을 지키고 실천하고자 하는 생각과 의지를 갖게 한 것이 프로젝트 수업의 성과라고 생각한다.

4월 한 달 동안 계속된 주제탐구 수업은 교과융합 수업을 창의적 체험활동과 학생 생활 규정 관련한 행사로 이어지는 고리로 역할 함으로써 평화와 관련된 교과 융합 수업이 학생들의 일상생활 문제로 연결되어 본교 학생 생활 규정 제정과 3주체 자율협약을 이끌어 내는 데 큰 동력이 되었다고 평가하고 있다.

[사진 3] 주제 탐구 프로젝트 수업 활동

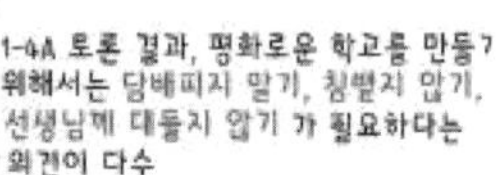

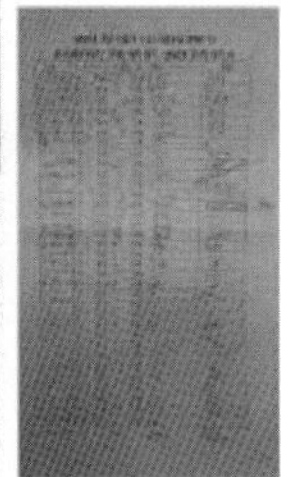

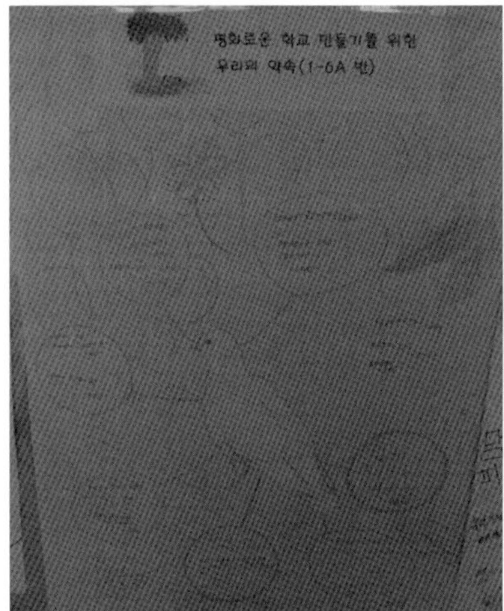

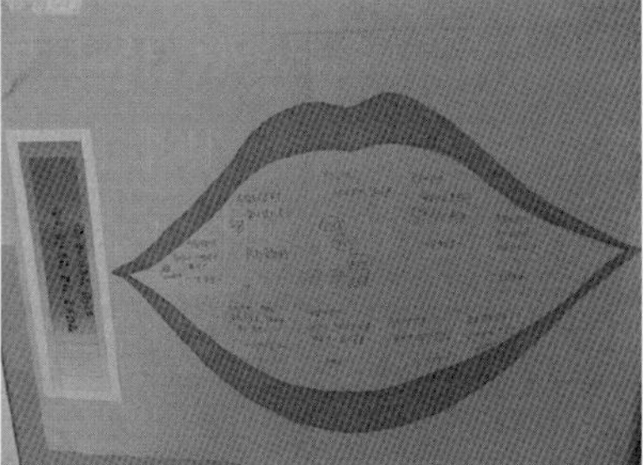

8. 휘봉고등학교 학생 생활 규정과 3주체 자율협약

학기 초 3~4월에 평화를 주제로 한 교과 융합 수업을 실시함과 동시에 학생 생활 규정 제정을 위한 학급 자치, 학생회 활동도 활발하게 진행되었다. 3월 한 달 동안 학생 생활, 수업 관련 설문 조사, 성찰을 통한 학급 회의와 대의원회를 거쳐 4월 10일 전체 학생 집중 토론회가 열렸다.

토론회에서는 5대 쟁점 부분이 중심이 되었는데, 생활협약 안건에서는 복장, 피어싱, 화장 등이었고, 수업협약 안건에서는 자리 배치, 책상 위 불필요한 물건 올려놓지 말기 등이었다. 대부분의 학생들은 이전의 학교생활과는 달리 올해는 자신들이 직접 학생 생활 인권 규정을 만드는데 주체적으로 참여한다는 사실에 대해서 무척 자랑스러워하는 모습이었다. 이날 토론회에서는 많은 학생들이 다양한 의견을 피력했으며 생각이 다른 일부 의견에 대해서도 합리적, 논리적으로 비판하는 성숙한 토론회 모습을 보여주었다. 학생들 발언 내용 중에는 교과 수업시간에 배우고 토론했던 내용을 근거로 자신 있게 말하는 학생들이 많았으며, 특히 특수학급 학생도 마이크를 들고 자신의 의견을 당당하게 말하는 모습이 인상적이었다.

이날 학생 대토론회를 지켜보던 학부모들과 교사들은 학생들의 토론회가 서로 다양한 생각들을 존중하고 경청하는 분위기였다고 입을 모았다. 자녀가 중학교를 졸업하고 고등학교에 들어와 얼마 지나지도 않았는데, 말하는 것을 보니 많이 어른스러워 진 것 같다고 대견하게 말하는 학부모도 계셨다.

학생들의 모습에 고무된 학부모와 교사들은 자발적인 모임을 통해 앞으로 학생들의 의견을 존중하면서도 학부모와 교사들의 의견을 수렴하여 3주체 대표 공청회 과정을 거쳐 학생 생활 규정을 제정하기로 의견을 모았다. 동시에 학생들에게만 학교 규칙을 지키라고 할 것이 아니라 학부모와 교사도 스스로의 모습을 성찰해보고 학부모의 약속과 교사의 약속을 만들고 모범적으로 지켜 학부모, 교사, 학생 간 상호 신뢰와 소통의 분위기에서 학교 문화를 이끌어 나가자는 데 합의를 하였다. 그래서 3주체 구성원들이 많은 토론과 합의를 거쳐 4월 20일 3주체 자율협약 공청회가 열렸으며, 5월 4일 개교식 행사 시 대강당에서 많은 사람들이 지켜보는 자리에서 3주체 자율협약을 선포하였다.

우리 학교 대다수 구성원들은, 학기 초에 '평화로운 학교 만들기'를 주제로 하는 교과 융합 수업을 통해 학생들이 평화와 인권에 대해 학습하고 소통, 공감, 탐구, 표현하는 다양한 프로젝트 활동을 함으로써, 주제 중심 교과 융합 수업이 '인권' 및 '평화'를 일상적인 학교생활 속에서 실천하는 민주시민 육성 교육으로서, 평화를 실천하는 인권 문제에 대한 실천 능력을 키우게 하여 학생들의 배움이 현실 생활과 유리되지 않는 데 큰 역할을 하였다고 믿고 있다. 특히 이러한 새로운 형태의 주제 중심 교과 융합 수업과 연계하여 학생 자치활동 등의 창의적 체험활동 시간 운영과 학생 생활 규정 제정, 3주체 자율협약을 위한 여러 가지 학교 행사를

학생생활 협약을 위한 전체 토론회	학생생활 협약을 위한 전체 토론회

3주체 자율협약 공청회 (학생, 학부모, 교사대표)	3주체 자율협약식(2012.5.4)

연결하는 통합 교육과정을 운영함으로써 학제적(學際的) 능력, 참여 능력, 문제해결 능력, 통섭적 능력을 기르고 협력적 인간관계를 육성한다는 생각을 갖게 되었다.

마지막으로 이와 같은 주제 중심 교과 융합 프로젝트 수업 및 통합 교육과정이 많은 학교로 확산되기 위해서는 특히 같은 학교 교사들끼리의 토론과 합의의 과정, 즉 '소통과 동료성'을 형성할 수 있는 참여와 협력의 학교 문화가 매우 중요하는 것을 다시 한 번 강조하고 싶다.

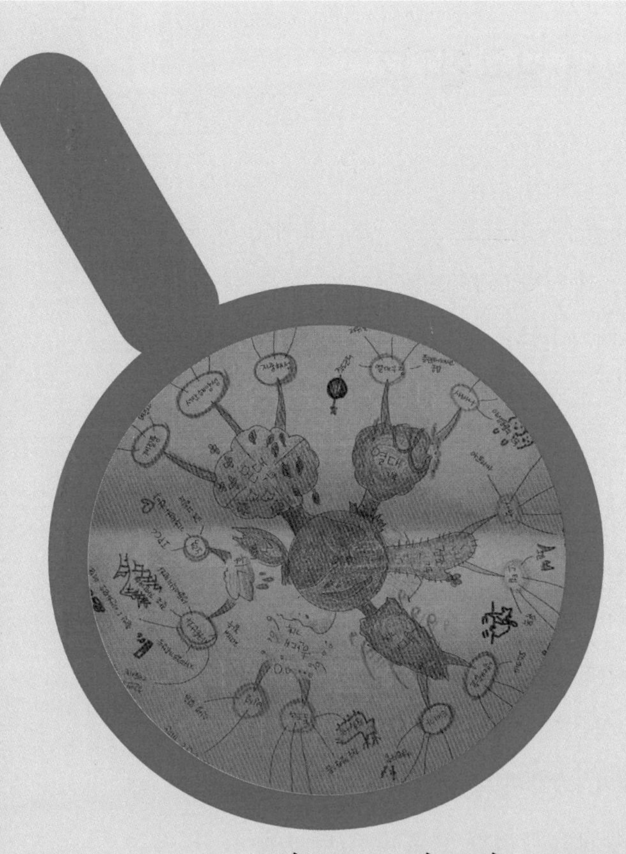

기후변화 주제
범교과 프로젝트 수업

1. 왜 통합적 지식이 필요한가?

2010년 7월 혁신학교 운영 지원을 공약으로 내세운 교육감이 당선되면서 서울에서도 혁신학교를 만들어가는 것은 단순한 꿈이 아니라 현실적인 과제가 됐다. 경기도의 학교들이 앞서 혁신 사례를 만들어 냈으나, 주로 시골 학교, 초등학교, 작은 학교 혁신 사례들이 중심이었으므로, 서울이라는 대도시를 기반으로 한 대규모 중등학교 모델은 새롭게 시작해야만 했다.

2010년 10월부터 12월까지 7주간 매주 토요일마다 서울교육연수원에서 서울시교육청이 주관하는 '혁신학교 토요 아카데미 직무연수'가 진행되었다. 서울형 혁신학교 정책을 추진하기 위한 교육청 차원의 첫 번째 공식적 연수였는데, 현재 삼각산고등학교에 있는 김정안 선생님이 여기서 중등학교 혁신 모델에 대한 발제를 맡게 되었다. '통합교육과정과 프로젝트 학습을 통한 학교혁신'이 주제로 선정되었는데, 이 두 요소를 축으로 서울이라는 지역의 특성을 살리면서 학교를 변화시켰던 경험을 가지고 있었기 때문이다.

'통합교육과정'은 주제, 역량, 기능 등 통합의 기준에 따리 어러 교과들을 연결하고 나아가 교과 외 교육과정을 결합시킨 교육과정의 방법과 내용을 의미한다. 다시 말하자면 교육에서의 통합이란 학문이나 경험 또는 학습을 그 모든 것의 전체성에 관심을 두고 접근하는 것이다.

왜 교과 간의 경계, 교과와 비교과 간의 경계를 가로지르는 통합교과적 학습이 필요하며, 그것이 어떻게 학교혁신의 동력이 될 수 있는가?

통합교육과정 문제에 관해 교사들과 이야기를 나눠보면 중등학교에서의 교과 간의 장벽이 꽤 높다는 점을 알 수 있다. 통합교육과정에 대한 거부감이나 회의는 이미 융합적 교과서를 사용하고 있는 과학 교사들보다는 주로 인문사회 담당 교사들이나 예술담당 교사들로부터, 특히 비교적 개별 교과 속에서 통합적인 주제와 내용을 많이 다루는 국어, 철학, 역사 교사들로부터 나온다. 통합교육과정의 필요성을 인정하는 교사들 가운데서도 개별 교과 수업이 완전해진 다음에야 통합 교과수업을 시작할 수 있다고 주장하는 사람도 있다.

역사 교사인 김정안 선생님의 경우도 역사 사실들을 전체사의 지평에서 이해하고 설명하기 위해 학제적 연구가 필요하다는 정도까지만 인식하고 있었다. 프랑스 혁명의 원인 설명을 예로 들어보자.

프랑스 혁명사에서 중요한 고비가 된 사건 중 하나가 여성들이 주도한, 빵을 위한 '베르사유 행진'이다. 혁명 초기인 1789년 10월 아이들의 굶주림을 보다 못한 여성들 7,000명이 루이 16세에게 빵을 요구하기 위해 허기와 추위, 폭우를 무릅쓰고 20킬로미터를 6시간에 걸쳐 필사적으로 베르사유까지 행진해 간 사건이다. 여성들은 루이 16세로부터 빵 지급 약속을 받아내는 데 그치지 않고 왕가를 파리 시내 튀일리 궁(Tuileries Palace)으로 귀환시킴으로써 더 이상 절대왕정으로 되돌아 갈 수 없도록 만들었다. 김정안 선생님은 부르주아 혁명인 프랑스 혁명이 부르주아지의 특권적인 이데올로기, 권력의지뿐 아니라 여러 가지의 구조적 원인들과 직접적인 원인들에 의해 중첩적으로 결정된 것이며, 특히 하층여성들을 혁명의 주체로서 참여하게 만든 원인이 빵 문제와 굶주림이었음을 학생들에게 설명해주곤 하였다. 역사적 사건에 대해 다원적, 종합적으로 설명하는 것, 거기까지가 역사 교사로서 통합적 지식을 만들어 내는 최선의 노력이었다.

그러던 중에 2006년 국내외 교육개혁 동향을 주제로 전국교직원노동조합이 주관한 연수에서 정미숙 선생님은 독일의 지속가능발전교육 프로젝트(BLK Program 21)수업에 관해 주제 발표를 했다. 이것은 현재 삼각산고등학교에서 함께 통합교육과정을 연구하고 있는 몇몇 교사들에게 교육문제에 관한 새로운 지평을 열어준 계기가 되었다. 독일 연방정부와 주(州) 연합으로 추진하는 국가 차원의 이 프로젝트는 교사들과 교육전문가가 중심이 되어 기존의 '교과 지식 위주'의 학교 교육과정에 '간학문적 지식', '참여학습', '학교 구조 혁신'이라는 3개의 모듈 과제를 중심으로 '지속가능한 사회를 위한 교육과정'을 만들어 낸 것으로, 개혁의 핵심축이 바로 '문제해결 실행능력 중심'의 범교과적 프로젝트 수업이었던 것이다.

한번 이러한 통합교육과정에 착안하자 많은 사례들이 보이기 시작했는데, 특히 독일 헬레네 랑에 학교의 통합교육과정 프로젝트 수업은 아주 흥미로웠다. 이를테면 학생들은 프로젝트 학습

기간에 쓰레기, 자전거, 물, 청소년, 건강한 식사 등 자유롭게 주제를 정해 다양한 활동들을 수행하는 것이다. 수업의 목적은 세상의 사물들과 현상들이 서로 연결되어 있음을 깨닫게 하고 나아가 현실에 참여하는 법을 익히도록 하는 것인데, 수업의 성과는 PISA 테스트 최우수 성적으로 나타나고 있었다.

'빵'을 주제로 여러 교과가 결합하여 통합적인 교육과정을 구성한다면 어떨까? 예를 들어 역사 교과에서는 빵을 통해 서양 중세에 귀족은 왜 밀로 된 흰 빵을 먹고, 농노는 검은 귀리 빵을 먹었는지 학습할 수 있을 것이다. 사회수업에서는 현재의 메이저 곡물 기업들이 세계의 빵 시장을 어떻게 지배하는지, 비료와 농약 중심의 현대 대량 농업 방식이 생태계와 산업구조를 어떻게 바꾸었는지, 우리 밀을 경작하고 구매하는 것이 어떻게 해서 온실가스를 줄일 수 있는지 등 빵을 둘러싼 다양한 사회경제적 연결고리들을 학습할 수 있을 것이다. 수학수업에서도 빵과 관련한 어떤 수치와 방정식이 사회적인 배경과 연결됨을 찾아낼 수 있지 않을까? 그렇다면 빵 하나를 놓고 세상을 공부하는 것이 되지 않겠는가?

이러한 주제 중심의 통합교과적 접근에 대한 1차적 도전은 삼각산고 이전에 김정안 선생님과 김버들 선생님이 서울여고에서 2007년과 2008년에 걸쳐 10개 교과의 30명의 교사들과 더불어 평화 주제 중심 통합교육과정 프로젝트 학습으로 시도되었다. 교육과학기술부의 '역사교과실을 토대로 한 역사교육강화' 정책 과제로서 추진된 것이지만 김정안 교사는 다른 교과교사들을 설득하여 주제 중심 통합 교육 활동을 실천한 것이다. 처음에는 자신의 교과에서는 평화수업이 어렵다던 교사들도 함께 공부를 해나가는 가운데 멋진 아이디어들을 쏟아냈고, 돌아가며 평화 관련 교과 수업을 공개했다. 한 수학 교과는 집, 교실, 한반도의 평화 지수를 계산하는 수업을 진행했으며, 또 다른 수학 교사는 부등식을 이용해 기업가들이 아동노동을 선호하는 이유를 보여주었다. 사회과 수업에서 학생들은 비정규직 여성노동의 현실에 관해 조사해 발표했다. 김버들 선생님은 사서교사와 함께 정보 불평등과 여성인권 문제를 다루었고, 또 다른 역사 교사는 한반도 대운하 사업의 타당성을 주제로 독일의 운하와 비교하며 토론 수업을 전개했는데. 강물 속의 생명체와 인간의 공존 문제 역시 평화의 영역에 포함된다고 보았기 때문이다. 김정안 선생님은 종교적 관용의 힘으로 팔레스타인과 이스라엘의 평화적 공존을 모색하는 모의협상 수업을 진행하였다. 각 학교마다 6월에 의무적으로 실시하는 통일 관련 대회들도 동북아 평화의 관점에서 한반도 평화 문제를 생각하는 대회로 바꾸었다.

그 외에도 역사 교사들은 학생과 학부모가 가정에서 평화 문제를 놓고 대화할 수 있기를 바라며 평화 주제 학부모 아카데미를 진행하였다. 학생과 학부모를 대상으로 외부 강사 초청 강연을 열어 학생과 학부모가 한 자리에서 평화와 인권 문제를 함께 토론하는 자리도 마련했다. 학생들의 강연 소감은 그대로 글감이 되도록 하였으며. 우수한 글들은 교지에 실었다. 교지에는 학생 수업과 강연 내용들을 중심으로 '전쟁과 여성 인권'이라는 주제의 특집도 마련됐다.

또한 이러한 평화라는 주제의 교육활동은 축제에도 연결시켜 교사, 학생, 학부모가 함께 버마 난민 및 이재민 돕기 바자회를 열었고 버마 민주화운동가 초청 강연도 진행되었다. 학생들과 학부모들은 버마 난민들이 우리 이웃이라는 점을 깨달았고, 버마의 민주화가 이루어져 그들이 고국에 돌아갈 수 있기를 희망하였다. 평화수업을 계기로 학생과 학부모들은 아름다운 가게나 동사무소에서 봉사활동에 나섰고, 학생들은 나눔의 집으로 '위안부' 할머니들을 찾아뵈었다.

이러한 경험을 통해 교사들은 수업과 특강, 행사들을 주제 중심으로 엮어 여러 교사들이 협력적으로 운영한 결과 학교 전체 교육활동과 수업이 바뀌고 그리고 교사와 학생 그리고 학부모까지도 변화함을 확인할 수 있었다.

한편 2011년 삼각산고에서 근무한 장인혜 선생님도 이미 자양고에서 환경, 시간관과 공간관을 주제로 다른 교과교사들과 함께 통합교과수업을 진행한 바 있디. 이 과정에서 관련 교사들은 통합교과수업의 교육학적 가치를 사리매김하기 위해 교육과정에 관한 본격적인 연구 모임을 조직해 특별히 교육과정이나 학문 간의 통합, 통섭, 융합에 관한 이론 연구와 실천을 지속해 나갔다.

독일, 호주, 캐나다 등을 필두로 OECD내의 많은 교육선진국들은 이미 1990년대 말부터 2000년대 초반 시범 운영을 거쳐 '지속 가능한 발전을 위한 교육' 또는 '역량중심 통합교육과정'이라는 이름으로 교육개혁 재편을 상당히 진전시켜 왔고 현재는 거의 정착되고 있는 상황이다. 특히, 호주의 퀸즐랜드(Queensland) 주는 10년간의 시범 운영 기간을 거쳐 기존의 개별 교과의 틀을 완전히 대체하는 통합교육과정을 운영하고 있다.

교육 선진국들이 이러한 정책을 펼치는 것은 통합교육과정을 통해 분산된 지식을 재구성하는 목적이 '미래 능력' 육성에 있기 때문이다. '미래 능력'이란, 점점 더 상호의존적이며 불확실해지는 현대사회에서 살아가는 데 필요한 종합적인 세상 이해 능력과 협력적 문제 해결 능력, 사회 참여 능력 등을 말한다.

수년전 우리는 광우병 소고기, 줄기세포, 한반도 대운하 등을 놓고 혼란과 갈등을 겪은 바 있으며, 제주도 해군기지 설립이나 원전개발 여부 등은 지금도 걸려 있는 문제이다. 이러한 문제들은 소수의 전문가 집단이 정답과 해결책을 제시할 수도 없고 그래서도 안 된다는 것을 보여주고 있다.

이와 관련해 흥미로운 것이 홍성욱이 소개하는 제롬 라베츠(Jerome Ravetz)의 '탈정상과학'(post-normal science) 개념이다. 라베츠에 따르면 과학전문가 집단이 실험실에서 사실을 발견하고 시민들은 그 결과를 그대로 수용하는 '정상과학'의 시대는 이미 지났고, '탈정상과학'('사실'은 불확실하고 '가치'는 논쟁 중이며 '위험부담'은 크고 '결정'은 시급한 과학)의 시대에 과학의 주체는 과학자 공동체가 아니라 주민과 이해집단을 포함하는 '확장된 공동체'이다. 홍성욱은 '확장된 공동체'가 불확실성이 많은 위험문제들을 현명하게 해결하려면 과학을 둘러싼 과학자 사회와 시민 사회의 대화와 신뢰, 정부와 시민 간의 합의가 중요하다고

주장한다.[1]

'확장된 공동체'가 그처럼 질 높은 집단지성을 갖출 수 있게 하려면 무엇보다도 학교가 통합적 지식을 갖춘 역량 있는 시민을 육성해야 한다. 신설 삼각산고등학교가 혁신학교로 출발할 때부터 통합교육과정을 핵심 교육과정으로 선택한 것은 이러한 이유에서이다.

2. 주제를 어떻게 선정했는가?

21세기 지식 기반 사회를 맞아 각국은 종래 학교에서 가르쳐온 분절화 된 교과교육 중심의 교육 내용들을 전면적으로 재검토하고, 지식기반사회에서 요구하는 지식과 역량을 학교교육에 통합시키려는 교육과정의 변화를 시도해오고 있다.

지식기반사회에서는 전통적인 교과 지식과는 달리 폭발하는 정보와 지식의 신속성, 다양성, 복잡성, 중첩성 등을 조직하고 관리하는 '연계망적 지식'(networking knowledge, cross-linked knowledge) 혹은 능력이 중요하게 부각된다. 지식 기반 사회에서 요구하는 이러한 능력은 학교 교육 내용의 성격에도 의미 있는

---

1. 홍성욱, 『과학 에세이-과학, 인간과 사회를 말하다』, 동아시아, 2008, pp. 178~179.

변화를 요구하고 있다.

21세기 우리나라 청소년의 상황은 어떠한가? 그들은 이전 세대와 비교할 수 없는 '과학기술과 정보통신의 빠른 발달, 그에 따른 광범위한 사회의 변화, 세계화 등으로 국제경쟁의 심화, 불확실성의 증대, 가족관계 및 가치관의 변화, 물질적 풍요와 성장 중심 개발로 인한 전(全) 지구적 환경위기, 그리고 넘쳐나는 지식의 홍수 속에서 방향감각을 잃고 불안과 혼란이 더욱 가중'되는 현실적 상황에 처해있다. 하지만 한국 교육의 현실은 대다수 학생들을 여전히 분절화 된 교과 지식 중심의 대학입시교육에 갇혀 있게 만들고 있다.

한국의 학교 교육은 개별적인 교과지식 위주의 학교 교육과정, 전달식 수업, 표준화된 지식 평가제도, 경쟁의 원리, 위로부터 아래로의 의사전달 구조에서 벗어나지 못하고 있다. 이는 청소년들이 미래 사회에 나아가 접하게 될 사회적 변화와 삶의 문제에 대한 고민이 교과과정에는 없다는 것이다. 오로지 교과 지식의 전수에만 치중해 오고 있다. 이에 뜻있는 일부 교사들이 학교에서 개별적으로 수업 개선을 통한 학교 개혁을 시도해 왔으나 학교교육 체계의 복잡성 등으로 인해 학교 혁신에 이르지는 못하였다.

2011년 3월에 개교한 신설 혁신학교인 삼각산고등학교에서 학교교육이 새로워지기 위해서는 현재의 학교교육 체계를 이루는 주요 요소들을 변화시키는 체계적이고 집단적인 노력이 필요하다는 판단 아래 혁신학교 연수 등에 참여한 교사들이 통합 교육과정을 구성하는 과정에 자원하였다. 2011년 2월 중순에 일반 발령으로 학교에 오게 된 교사들이 학교교육계획 워크숍을 통해 통합교과적 교육과정 운영과 참여와 협력 중심의 수업 혁신 방안들을 잠정 합의하였다.

삼각산 고등학교의 교훈은 성장과 나눔, 평화이고, 비전과 희망의 5대 혁신과제 추진 계획으로 다음의 목표들을 설정하였다.

1) 교과교실제와 통합교육과정 운영으로 미래능력을 기르는 학교
2) 참여와 배려로 함께 성장하는 아름다운 학교
3) 진학과 진로 탐색의 길잡이 학교
4) 학생 인권 존중 및 돌봄의 학교
5) 예술과 생명, 평화를 배우는 학교

이러한 목표들을 이루기 위해 10개 운영 원리와[2] 함께 교육과정의 혁신과 새로운 교육과정에 적절한 새로운 학습 방법의 구안을 학교 혁신을 위한 두 가지의 핵심 과제로 설정하였는데, 교육과정에 대해서는 "통섭과 융합을 통한 미래 능력의 육성, 특성화, 공공성, 협력과 과징싱, 유연성과 자율성, 예술성"을 혁신의 원리로 중시하면서[3] 범교과적 방식으로 운영하는 계획을 세웠다. 학생들이

---

2. 삼각산고의 10개의 운영원리는 "전인적 성장 권리의 보장, 수업 혁신을 통한 학교 혁신, 학습자의 현재의 삶을 중시하는 교육의 실현, 미래능력을 기르는 학교, 협력을 통한 배움과 협력적 지식을 중시, 개인과 집단의 조화 추구, 집단적 창발성의 학습 조건 형성, 오감을 통한 학습 중시, 배움과 가르침을 돌아보기 위한 평가, 학생의 참여와 자율성의 존중"이다. (김정안 외, 「서울형 혁신학교 고등학교 모형」, 『조상식 외, 서울형 혁신학교 중등학교 모형 연구 – 5대 영역 15대 전략』, 서울시 교육청, 2011.3, pp. 54~56)

3. 김정안, 「혁신학교의 범교과적 교육과정과 참여적 수업」, 『2011 중등 서울형 혁신학교 직무 연수 자료집』, 서울시 교육청, 2011. 8, p. 33

복잡하고 역동적인 현대사회에서 살아갈 미래 능력을 기르기 위해서는 세계의 복잡성을 이해하는 것이 필요하므로 기존의 교과 중심의 분절적인 지식 체계에서 벗어나 사물과 현상의 상호관련성에 바탕을 두고 통합교과적인 교육과정 운영이 필요하다고 판단했던 것이다.

그리고 범교과적 주제 통합 프로젝트 교육과정의 개발과 실행 절차는 김대현의 간 학문적 주제중심 통합교육과정 개발 7단계 모형[4]을 기본으로 작성하였다. 구체적인 절차는 〈표 1〉과 같다.

외국에서는 이미 지금까지의 교육 목표와 내용 및 교수·학습 방식들에 대한 총체적이고 근본적인 검토를 통해 범교과적 지식 및 역량을 핵심 축으로 세우는 메타 교육과정으로서의 범교육과정(cross-curricular)의 중요성을 인식하고 다양한 주제의 프로그램을 진행하고 있다. 이러한 범교과 교육과정은 "학생들의 현재의 삶과 밀접한 연관성을 가지면서, 사회변화에 따라 제기되는 국가, 사회적 요구와 미래 사회를 대비하기 위하여 학습자에게 필요하고 요구되는 것으로, 단일 교과 차원을 넘어서서 여러 교과에 걸쳐 교수·학습되어야 할 것들"[5]을 내용으로 한다.

학습자의 삶과 직결되는 현대사회 문제들은 복잡하고 급변하고 있기 때문에 특정 교과나 교과군(群)이 포괄하기 어려우므로

---

4. ① 주제 선정, ② 주제 관련 학습, ③ 주제와 교과와의 연계망 만들기, ④ 교과 내, 교과 간 교육과정 통합을 위한 협의, ④ 아이디어와 교육과정 목표 수준과의 연계, ⑤ 교과별 수업 활동 계획안 작성, ⑥ 실행, ⑦ 평가

5. 최홍원, 「범교과 학습의 의미에 대한 비판적 고찰」, 『범교과학습의 체계화 방안 탐색을 위한 세미나 자료집』, 한국교육과정평가원, 2009, p. 58

[표 1] 기후변화 주제통합 프로젝트 수업 개발 단계

절차	기준 및 방법	적용 사례
1단계 : 통합주제 선정	〈통합 주제 선정 기준〉 ① 타 학문 영역과의 관련성 ② 단일 학문 영역에 적용되는 경우에도 적용 범위가 넓은 것 ③ 학문의 기본 성격 이해에 도움을 주는 것 ④ 개별 학문을 구성하는 하위영역이나, 학문간 유사성과 차이점을 잘 드러나는 것 ⑤ 학습자에게 매력적인 것	〈'기후변화' 주제 선정 이유〉 ① 미래세계에 생태적, 경제적, 사회적으로 가장 큰 영향을 미칠 요인으로 평가 ② 다른 교과와의 연계 범위가 넓은 지구적 차원의 환경문제
2단계 : 주제 관련 내용 학습 및 아이디어 수집	●관련 분야 학습 및 자료수집 (연수 또는 학습 모임) ●브레인스토밍을 이용한 아이디어 수집 ●아이디어들을 질문의 형태로 변환	●기후변화 교육 학습 연수 (쟁점 이해) ●관련 각종 교육 자료 수집 ●쟁점 관련 아이디어 수집
3단계 : 아이디어와 교과 내용 연계	●동일교과 속에 포함되는 아이디어 결합 ●간학문적 통합	●기후변화 관련 아이디어의 교과 내 논리적 관련성 찾기
4단계 : 아이디어와 교과 내 논리적 관련성 찾기	●아이디어와 교과별 내용체계 연계 ●다학문적 통합 수준	●기후변화 원인, 영향의 과학적 원리, 자연적, 사회적, 경제적 현상, 문제해결 실천 관련
5단계 : 아이디어와 교육과정 목표 수준 연계	●교과별 체계를 연결하는 아이디어들과 교육과정 목표의 행동 수준 연계 ●다른 교과 속 아이디어간의 연결	●교과별 기후변화 수업 활동의 목표와 행동 수준 연계 ●교과 간 아이디어 연결 가능성 탐색(팀티칭 등)
6단계 : 종합활동 계획안 작성	●주제, 교육과정 목표, 통합교육과정의 설계방법, 교수학습활동, 교수-학습자료, 평가방법, 소요시간, 참고문헌 등 기술	●교과별 또는 교과 간 수업 활동 계획안 작성 실행
7단계 : 실행	●실행과정상의 문제에 대한 부분적 조정 ●성취결과물 발표를 통한 통합적 이해 강화	●실행과정에서 등장하는 새로운 요인 파악과 대응 ●상황판단의 변화와 조정
8단계 : 평가	●교사 간, 학생 간 평가 방식의 다양화를 통한 풍부한 피드백	●교사이 자기평가 및 학생평가(소감문, 설문지, 심층 인터뷰) ●교사 상호간 평가와 피드백

범교과적인 교육과정으로서 구성되고 학습되어야 하기 때문이다. 또한 학습자는 주어진 문제를 여러 교과를 넘나들며 전체적 연관 구조 속에서 이해하고 습득함으로써 새롭고 복잡한 상황에 적응할 수 있는 학습 능력과 연결망의 세계 속에서 조화롭게 살아가는 능력을 기를 수 있다.[6] 즉, 범교육과정 운영의 목적은 학습자의 삶과 직결되는 문제들의 탐구와 미래능력의 육성이다.

이런 범교육과정에 적합한 주제를 찾기 위해 많은 논의가 이루어졌고, 그 논의 끝에 '기후변화(생태)'를 주제로 한 주제통합 프로젝트수업을 기획하게 되었다. 이는 청소년의 미래에 가장 큰 영향을 미칠 시급한 주제로서 모든 교과를 아우를 수 있는 주제가 무엇일까 하는 고민에서 시작된 것이다.

기후변화는 오늘날 전(全) 지구적인 관심일 뿐 아니라 미래세계에 가장 큰 변화를 가져올 것임에도 가장 준비가 안 되어 있는 문제이다. 현재 밤낮이 없는 거리의 네온사인과 산업 현장의 불빛, 수많은 자동차들, 대량의 화석연료 소비를 기반으로 자연의 사계절을 거슬러 살아가는 인간의 모습은 자연의 한계를 극복한 인류의 위대한 업적을 상징하는 동시에, 지구적 위기의 한 축인 기후변화에 의한 기상이변의 또 다른 모습으로 나타나고 있다. 화석연료 사용으로 인한 이상 기온, 그로 인한 폭염과 폭설, 잦은 홍수와 가뭄, 이러한 기후변화로 인한 사회 기반시설의 파괴와 농작물 피해뿐 아니라 지구온난화로 인한 기존 생태계의 변화와 교

---

6. 김정안, 같은 책, p. 35

란은 사라져가던 전염병 발병의 확산 등으로 인류의 건강마저 위협하고 있다.

그러나 이러한 기후변화를 막기 위한 인간의 노력은 1997년 선진국 국가별 온실가스(이산화탄소) 방출을 감축하기 위한 교토의정서(Kyoto Protocol) 체결이 2005년에 가까스로 발효되었고, 교토의정서 이후인 2013년 이후체제에 대한 진전된 국제적 합의는 계속 미뤄지고 있다.

이런 가운데에도 독일을 중심으로 한 유럽과 일본은 신재생에너지 기술 개발과 사용에 집중적인 투자와 교육을 통해 에너지 소비 절감의 사회적 구조개선에 전력을 다하고 있다. 유럽연합의 에너지 시스템 전환 시나리오에 의하면 2050년까지는 2000년에 비해 에너지 소비가 60% 줄고, 전체 에너지의 80% 이상을 재생에너지가 담당할 것이라 한다.

세계 석유 수입 4위, 에너지 소비 10위, 온실가스 배출 9위, OECD 국가 중 GDP 당 에너지 소비량이 최고인 한국정부는 이러한 에너지 문제 및 기후변화의 문제해결이라는 명목으로 원자력 발전을 '녹색성장'의 주축산업으로 설정하여 사회적 논란을 초래하고 있다. 이러한 상황에서 발생한 2011년 일본 후쿠시마 원자력발전소 폭발사고는 전 세계적으로 원자력발전의 안전 신화와 원자력 확대 정책에 대한 새로운 전환을 요구하고 있다.

기후변화의 시대를 살아가는 인류에게 가장 큰 문제점은 에너지 소비 습관에 있다. 특히 석유 한 방울 나지 않는 우리나라는 석유 값 폭등에도, 일본의 핵에너지 사고의 심각한 위협을 지켜보면서도 정작 기후변화와 에너지 문제를 해결하기 위한 정부와 시민의 새로운 노력이 그다지 두드러지게 나타나고 있지 않다. 2010년 발표된 기후변화 인식에 대한 환경부 설문 결과를 보면 청소년의 인식이 가장 낮게 나왔다. 이는 현재의 학문 중심 교과 지식 위주의 학교 교육과정 운영의 문제점을 분명하게 보여주는 것이다. 현재의 교과 중심의 분절화 되어 있는 교과 지식 중심의 현재의 교육과정은 인류의 미래, 특히 청소년들의 미래에 가장 큰 영향을 미치게 될 기후변화와 같은 범교과적 생활 환경문제들에 대한 인식 및 복합적인 문제 해결 역량들을 함양시킬 교육과정 접근을 현실적으로 어렵게 한다.

이러한 문제의식 속에서 1학기 주제 영역인 생태 주제와 관련하여 청소년과 인류의 가장 시급한 도전 문제로 기후변화 문제를 프로젝트 주제로 선정하게 되었다. 기후변화 문제는 원인과 영향, 문제해결 측면에서 과학적, 경제적, 사회적, 생태적, 문화적, 국제적, 지역적, 가정적 차원이 광범위하게 연결되어 있어 범교과 통합 수업의 주제로 가장 적합성이 높았기 때문이다. 이에 따라 범교과 프로젝트 수업의 개요를 다음과 같이 기획하였다.

① 프로젝트 수업 목표 : 현대문명의 토대인 생태자원 및 화석연료의 과소비로 인한 지구온난화, 기후변화와 연계된 제 요인에 대한 통합적인 이해와 문제해결을 위한 사고력과 참여능력 기르기.
② 프로젝트 학습 기간 : 6월 초 환경 주간을 전후로 연계
③ 참여 교과 : 과학과 사회를 중심으로 진로와 직업, 생활과 철

학, 역사, 국어, 과학, 영어 등 다양한 교과 참여

④ 교수 - 학습 방법 : 개인별 탐구 학습과 모둠별 협력학습의 결
합, 글쓰기, 토론, 발표, 인터뷰, 예술적 표현, 현장 체험 및 실
천 등, 교과별로 혹은 팀티칭으로 진행

⑤ 과목별 수업 계획 상호 협의

3. 주제에서 무엇을 교육하고자 했는가?[7]

통합 수업, 즉 기후변화라는 하나의 주제에서 무엇을 교육하고
자 했는가 하는 문제는 기후변화라는 공통된 주제를 설정하고 구
체적 교과수업에서는 교과별 특성에 따라 또는 교사의 관심과 역
량에 따라 다양한 소주제들과 교수방법들이 기획되었다. 따라서
주제에서 무엇을 교육하고자 했는지는 통합 수업에 참여한 각 교
과별로 살펴보는 것이 타당할 것이다.

---

7. 2011년 우리 학교의 '기후변화' 주제 범교과 프로젝트 수업에는 과학 교과 김추령, 김경태 선생님, 지
리 교과 유영길 선생님, 역사 교과 김버들, 김정안 선생님, 국어 교과 장인혜, 이수미 선생님, 철학 교과
이진주 선생님, 영어 교과 이병일, 남경면 선생님, 미술 교과 김혜화 선생님, 진로 교과 정미숙 선생님이
참여했다.

과학 교과

　전통적으로 기후변화 주제의 학습은 과학 교과를 중심으로 기
후변화의 과학적 원리에 대한 이해를 주로 다루어왔다. 그러나
이것은 학습자에게 기후변화 문제에 대한 원인을 제시하는 것으
로 그쳐 기후변화가 우리 삶에 미치는 영향을 구체적으로 살펴보
거나 기후변화를 해결하기 위한 대안의 모색 및 실천이라는 부분
에 대한 실질적 고찰로 연결되지 못하였다. 따라서 기후변화에
대한 통합교과 학습을 통해 과학 교과는 1차적으로, 기후변화의
문제를 에너지의 관점으로 바라보고 이해하는 것에 중점을 두어
기후변화의 과학적 배경에 대한 호기심 유발수업전략을 위해 영
화 〈투모로우〉(The Day After Tomorrow, 2004)를 활용해 전 지
구적 순환에 의한 에너지 평형의 원리와 기후변화를 연관 지어 고
찰하게 하는 동시에, 탄소순환 보드게임을 통해 탄소순환의 실제
를 인식하게 하는 것이었다. 나아가 온실효과와 탄소배출권 거래
제도를 연결해서 이해할 수 있게 철학과와 연계하여 탄소배출권
의 분배를 위한 월드카페식 토론방식을 팀티칭으로 실행하여 기
후변화 문제와 관련해 학생들이 갖고 있는 지식을 통합적으로 심
화시키고자 했다.

지리 교과

  기후변화의 위협이 거세지고 있는 21세기의 화두는 단연 환경이라고도 말할 수 있다. 교육과정에서도 이를 반영하여 여러 교과가 환경을 다루기 시작하였고, 오랜 동안 인간과 환경과의 관계를 다뤄온 지리 교과 역시 기후와 기후변화는 중요한 주제 중의 하나이다. 학생들은 초등학교 때부터 환경과 관련하여 많은 지식을 쌓아왔고 기후 변화의 원인과 그 해결방법도 알고 있다. 하지만 문제는 실천이다. 행동으로 옮겨지지 않는 박제된 지식만 쏟아 붓는 건 더 이상 교육이 아니라고 생각하였다. 기후변화 문제가 전 지구적으로 연결되어 있음을 자각하고, 다함께 환경 실천의 방법을 찾아 현실의 삶에 적용해야 했다. 따라서 지리 교과는 기후변화 방지에 보다 효과적으로 접근하기 위해서 단원을 통합하고 지식의 기반 위에 실천을 더하는 프로젝트 수업을 구상하게 되었다. 교과과정상 4월쯤 다루어야 할 기후 단원과 2학기 말에 다루게 될 환경 단원을 통합하여 1학기 중간고사가 끝난 5월 중순부터 1학기 기말고사 전까지 10차시에 걸쳐 프로젝트 수업을 실시하기로 하였다.

역사 교과

  역사 교과는 '조선사회의 변화와 서양 열강의 침략적 접근'이라

[사진 1] 지리 교과 기후변화 수업 진도표

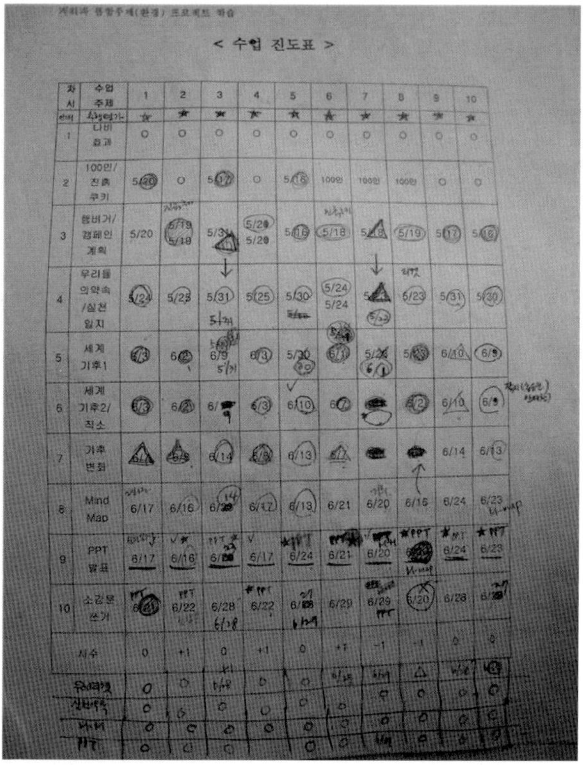

는 대단원에서 서양의 근대화, 자본주의의 성장과 산업사회, 제국주의 열강의 식민지 개척이라는 소단원을 다루고 있는 가운데 '기후 변화로 인한 피해를 줄이기 위해 당장 우리가 할 수 있는 전(全) 지구적 착한 소비 –공정무역–에 관해서'라는 주제를 별도로 설정했다.

이러한 주제 설정은, 19세기 말부터 등장한 제국주의 열강에 의해 식민지로 전락한 뒤 일본 자본주의와 제국주의 성장에 자양분이 되었던 한국이, 해방된 여타 식민지국들과는 달리 해방과 한국 전쟁을 거치며 급속한 산업화와 경제 성장으로 세계 10위권에 근접한 경제 대국으로 성장한 가운데 한국의 위상은 어떤 것인지에 대한 성찰의 의미를 포함하고 있다.

급속한 산업화 과정에서 한국인들의 소비 패턴과 밥상 문화도 현격히 달라졌다. 대량소비 사회의 단면을 보여주는 대형 할인매장의 급성장과 치열한 가격 경쟁 등은 누군가의 출혈로 보상되는 불공정 거래를 기반으로 성장하는 측면이 알려지고 있다. 특히 밀, 옥수수(사료), 설탕, 면제품 등 저개발 국가들에서 생산되는 수입품들은 저가를 유지하기 위해 생산자들이 싼 원료를 공급하게 되는 불공정무역 구조와 그 과정에서 아동노동을 비롯한 노동착취 및 생태계 파괴 등의 문제들이 제기된다. 과거에서 현재까지 형태를 달리해서 이어지는 이러한 제국주의-식민지배적 무역 질서에 한국은 한편으론 제국주의적 면모를 보이고 있다는 점에서 현재의 무역체제와 환경문제를 한국사를 비롯한 세계 역사 속에서 역사적으로 고찰하고자 한 것이다.

따라서 한국사를 통해 과거 식민지 국가로서 경험한 아픔을 돌아보고, 저개발 국가들의 자립을 위해 세계 10위권의 경제 대국의 위상에 걸맞는 소비 형태를 새롭게 정립할 필요가 있다고 판단했다. 이에 학생들에게 이러한 사실을 인식시키고, 환경과 인류의 공영을 생각하는 대안 무역인 공정무역에 대해 소개하고, 접하게 하는 수업을 기획한 것이다.

국어과 A

　국어과A는 1차시와 2차시로 나누어 수업을 기획했다. 1차시에서는 교과서 대단원 3. 해석과 전달 〈생각을 넓게, 생각을 깊게-'오래된 미래'〉와 관련된 동영상 및 읽기 자료를 통해 서구의 산업 문명이 우리 삶에 끼친 영향을 이해하고, 라다크(Ladahk) 청년 '다와'의 의식과 행동을 통해 문명과 편리를 추구한 삶이 최선의 삶인지, 지금보다 더 나은 삶이 있다면 그것은 무엇인지 모둠별로 토의해 보았다. 2차시에서는 심화자료로서 1970년대 인광석 수출로 1인당 소득 3만 달러의 최부국이었으나 인광석이 바닥난 지금은 가난과 성인병에 신음하고 있는 '나우루 섬 이야기'의 동영상을 시청하고 난 후 글쓰기를 통해 경제성장을 위한 개발과 기후 변화의 문제를 연계하여 성찰하면서 학생들이 현대의 자신의 생활 방식을 깊이 성찰하고, 앞으로 인류가 지속 가능한 발전을 이루어 나가기 위한 방법과 노력을 생각하게 하는 것이었다.

국어과 B

　국어과B 수업의 주제는 교과서 대단원 3. 토론과 문제해결 (1) '환경 보존과 경제 성장'에 대한 토론수업이었다. 현대 사회가 직면한 두 개의 가치와 관련된 문제해결의 관점에서 환경보전과 경제 성장은 양립할 수 없는 가치선택적 문제인가 아니면 양립가능한 상호보완적 가치로 보는가에 대한 논쟁적인 의제를 다룬다. 이것은 통합교과 주제인 '기후변화의 원인과 심각성을 어떻게 바라볼 것인가'의 입장과 더불어 문제해결의 방식과 우리 삶과 사회의 발전 방향을 근본적으로 다르게 설정하게 하는 현대사회의 핵심적이고 논쟁적인 주제다.

이러한 논쟁적 주제는 자칫 지나치게 도덕적이나 상투적으로 취급되거나 혹은 주관적 욕망에 의해 아전인수 격으로 취급되기 쉽기 때문에 논쟁 당사자가 갖고 있는 입장의 전제와 가정에 대한 심도 있는 연구와 분석을 바탕으로 주제에 접근하여야 한다. 그러기 위해서는 여러 교과와의 연합적인 접근이 필요하다. 기후변화 현상을 비교적 객관적으로 접근하게 되는 과학, 지리 교과를 통한 현상에 대해 객관적인 이해에서부터, 인간의 이기심과 욕망과 사회적 공익과의 관계를 다루는 철학교과를 통해 가치문제에 대한 철학적인 이해에 이르기까지 본 수업의 주제의 하위전제에 해당하는 수업을 통해 현대 사회의 가장 중요하고 논쟁적인 두개의 가치를 대하는 올바른 지식과 관점, 입장을 분석하고 토론하는 과정을 통해 논리적 사고력과 깊이 있는 성찰을 통한 문제해결력 배양을 의도하였다.

철학 교과

기후변화의 심각성을 해결하지 못하는 것은 크게 보면 기후변화의 원인인 탄소 배출 문제가 개인과 국가의 편의와 개발(발전)이라는 욕망과 결부되어 있기 때문이다. 이처럼 개인과 집단의 이익이라는 명분 앞에서는 도덕성이 힘을 잃는 경우가 많다. 기본적으로 인간관의 문제, 인간의 욕망 문제, 집단의 도덕성 문제, 정의와 분배 문제는 철학과에서 전통적으로 다루어왔던 문제이다.

철학과에서는 탄소배출을 둘러싼 국가 간 갈등 문제가 왜 해결하기 어려운지와 관련하여 1학기 철학수업의 큰 주제였던 '인간을 바라보는 관점'과 '경쟁'의 문제를 기후변화 문제와 연계하여 성찰하고자 했다. 산업혁명 이후 인간의 본성을 합리적이고 이기적인 개인으로 보고, 이 개인이 자유로운 경쟁을 추구하여 부를 쌓는 것은 지극히 당연한 것으로 간주되어 왔다. 기후변화 문제는 이러한 각자의 욕망에 충실한 개인들이 만들어 낸 것이라고 볼 수 있다. 아담 스미스의 '보이지 않는 손'과 자유로운 개인의 이익 추구가 사회전체의 부를 증대시킨다는 신화에 충실한 현대 자본주의 사회가 어떠한 한계를 가지는가의 문제를 존 내쉬의 게임이론과 공유지의 비극, 죄수의 딜레마 등을 통해 다루면서 협력의 중요성과 티포탯 전략과 이타적 경제행위의 사례들을 통해 대안을 성찰하고자 했다. 기후변화의 문제를 직접적으로 교사가 던지기 보다는 철학 수업에서 다루는 딜레마들과 관린 있는 시회현상으로써 탄소배출권 감축 실패 문제를 학생들이 유추할 수 있게 한 후, 과학과와 팀티칭 월드카페 토론 수업을 통해 학생들이 탄소배출권 분배 문제에 대해 서로 의견을 교환하고 지혜를 모으는 과정을 훈련하고자 했다.

영어과A

현대의 먹거리는 대량생산과 대량소비를 구조화한 식품산업의 산업화와 세계화 과정으로 공급되고 있다. 이것은 생산과정에서의 화석연료를 원료로 하는 화학비료와 농약의 대량 사용, 화석연료에 의한 농기구 사용과 저장 및 운송 단계에서의 화석연료 사용 등의 기후변화 문제와의 연관성은 물론 단일작물 재배를 위한 생태계 건강성 파괴 등 기후변화 문제는 물론 및 환경 및 건강 문제와 다양한 연결고리를 가지고 있다.

영어과A는 현대의 대량식품산업이 초래하는 음식문화와 건강 문제와 관련하여 공장 가공식품에 고춧가루처럼 들어가는 '백색첨가물(White Additives)'을 대상으로 현대 청소년의 음식문화와 건강이라는 문제를 '병적 허기의 악순환 (A Vicious Circle of Unnatural Hunger)'이라는 주제로 미시적으로 살펴봄으로써 '기후변화'라는 거시 주제를 다루는 다른 과목과 연계하였다. 이를 위해 1학년 교과서(이찬승 외, 능률교육)의 Lesson 6. Food and Health와 Lesson 11. Living Green 단원을 통합 프로젝트 수업을 위해 교과서 순서와 관계없이 미리 정규 수업 시간에 배치하였다. 그리고 '슈퍼마켓이 우리를 죽인다(Death By Supermarket-Nancy Deville)'의 일부 내용을 편집하여 특별수업의 하나로서 '기후-환경-음식'이라는 삼각관계를 연결시켰다.

Sierra Club.
Homepage : www.sierraclub.org
How it StartedIt was founded on May 28. 1892 in SanFransisco, California by the conservationist and preservationist John Muir.
What do they do?
1. Beyond Coal
2. Limiting Greenhouse Emissions
3. Clean Energy Solution
4. Green Transportation
5. Resilient Habitats
6. Safeguarding Communities

SungQJun
: waste
: trash
On the street
Ha!
Ha!
쓰레기
(garbage)

United Nations Environment Program
Site name: http://www.unep.or.kr/ (Korea Commission)
Establishment Purpose
Activity Content
What We Can D If About Environment?
Don't trash Throw away every where!
Don't use of disposable product

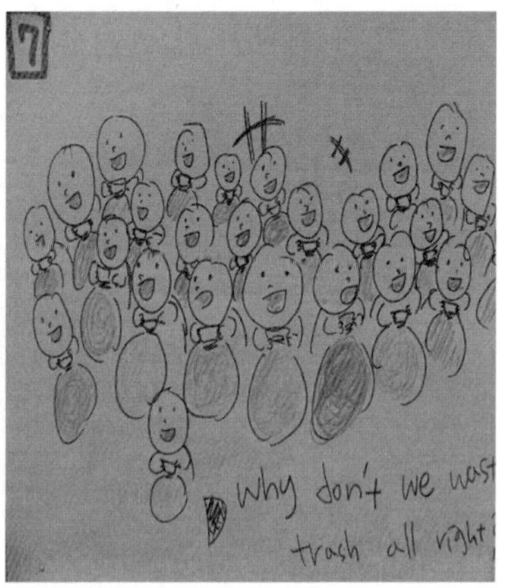
Why don't we wast
trash all right

영어과B

영어B에서는 기후변화에 관련하여 6차시에 걸쳐 수업을 계획하였다. 환경 관련 주제는 교과서 진도 상 2학기 수업에 포함되어 있었지만, 통합교과 수업을 위해 1학기 기말고사 전후로 수업을 변경하였다. 기후의 반격이라는 다큐영상을 도입부로 하여 환경보존 논리와 경제성장 논리를 다룬 교과활동 후, 우리 주변 환경을 조사하고 그것을 소주제로 정해 모둠학습을 하여 환경을 위해 무엇을 할 것인지 토론하고, 실천방향을 캠페인으로 만들고, 국내외 환경단체를 조사하여 발표하고 수행평가 점수를 부여했다.

미술 교과

기후 변화에 대한 관심은 세계의 환경을 국가와 세계적인 안전의 문제라고 생각하게 되었다. 따라서 기후 변화에 대한 학습은 미래를 준비해나가는 학습자들에게도 중요한 의미를 가진다. 이에 따라 기후변화에 대한 통합교과 프로젝트와 미술교과의 연결은 동시대에 이루어지고 있는 캠페인, 퍼포먼스, 작품 등과도 밀접한 연결고리를 갖는다. 이는 미술 교과에서 다루어지고 있는 사회적 역할이며, 자신이 살고 있는 장소에 대한 인식의 변화와 세상과의 소통이며 대화다. 또한 또 다른 시각의 확장과 창의적인 사고의 유연성을 길러주는 기회를 제공할 수 있다. 이에 미술

[표 3] 미술 교과 차시별 수업 지도안-에코 디자인, 플립북 만들기

가) 1차시 수업 지도안

주제	내용
에코 디자인이란 무엇일까요?	1. "에코(eco)?" 어디서 들어봤지?? 2. 우리 생활 속에서 볼 수 있는 에코(eco)는 어떤 것일까? 3. 예)를 들어 보자~!
에코 디자인이란?	제품의 전 과정에서 생길 수 있는 환경 피해를 줄이면서 제품 기능과 품질 경쟁력을 높이도록 하는 환경 친화 디자인이다. 유해물질을 사용하지 않으면서 긴 수명으로 오랫동안 사용이 가능하고, 사용이 끝난 것에 대해서는 분해 재이용, 폐기하기 쉽도록 설계하고, 생산 및 사용 시에 에너지 소비가 적은 제품 환경에 영향을 배려하여 제품과 포장을 설계하는 것.

가) 4차시 수업 지도안

주제	내용
애니메이션이란?	여러 장의 화면을 연속 촬영, 조작하여 움직이도록 보이게 만든 영화의 일종이다. 만화영화 또는 동화라고도 부른다. 3차원 모델링을 통해 컴퓨터 화면상으로 재현된 영상의 경우도 애니메이션에 포함된다.
컴퓨터 애니메이션	모든 작업을 컴퓨터 프로그램으로 처리하는 애니메이션이다. 그림을 그리기 위한 도구로 사용하기도 하며, 3차원 모델을 이용하기도 한다. (2D, 3D)
플립북(flip BOOK)이란?	한 권의 종이 묶음에 연속적인 그림을 그려 넣은 다음 연달아 순간적으로 보여주어 움직임을 만들어내는 기법.
플립북(flip book)만들기	아이디어-스토리구성-주제선정-스케치-채색, 완성 단계
플립북 동영상 감상	■ http://blog.naver.com/anileej/60043297662 ■ http://vimeo.com/6555161 ■ http://vimeo.com/993998
환경보호를 위해서 내가 할 수 있는 실천방법	1. 쓰레기 발생을 줄이고 발생된 쓰레기는 재활용과 쓰레기장에 버리는 것을 분리하여 처리한다. 물돈 불법 투기는 하지 않는다 2. 수돗물의 낭비를 막고 생활하수 발생을 줄인다. 3. 동물성제품보다는 식물성제품을 사용한다. 4. 환경오염물질 배출시설에 대한 관심을 자지고 위반 사항이 발견되면 즉시 신고하여 시정하도록 유도한다. 5. 가까운 거리는 걷거나 자전거를 이용한다. 6. 먼 거리를 이동할 때도 대중교통을 이용한다. 7. 일회용 용기나 용구 사용을 하지 않는다. 8. 알루미늄 은박지등은 재활용으로 분리하여 수거한다. 9. 버려진 재활용품은 수거하여 처리한다.

교과는 기후변화를 줄일 수 있는 하나의 방편으로 우리 생활 속에서 사용할 수 있는 물건 또는 자연적인 모티브가 되는 친환경디자인 제품을 만들어보는 에코 디자인이라는 주제와 플립애니메이션을 통해 기후 변화를 대비할 수 있는 구체적인 학습 방법과 실천 방법을 계획해보았다.

진로 교과

기후변화 문제는 유한한 석유자원으로 무한한 풍요와 편리를 누릴 것으로 착각하게 만든 현대 산업문명의 발전의 결과로서 석유고갈 문제와 동전의 양면의 성격을 지닌다. 지구온난화로 인한 기후변화의 문제는 역사상 유례가 없는 급격한 변화이기 때문에 그 대응이 복잡하고 어렵다. 지구온난화 관련 또 다른 측면의 심각한 문제는 현대의 과학문명과 사람들의 생활방식이 화석연료인 석유에 절대적으로 의존하고 있다는 사실이나. 앞으로 중국과 인도 등 개발도상국은 물론 선진국에서소차 경제성장을 위해 더 많은 에너지, 즉 화석연료를 필요로 한다. 하지만 국제에너지 기구는 2010년~2020년 사이에 오일피크(석유생산정점)가 올 것으로 예측하였다. 그러면 그 이후에는 어떤 일들이 벌여질 것이라고 예상해야 하는가?

이에 진로 교과는 2008년 KBS에서 제작된 석유고갈의 위기를 다룬 '호모 오일리쿠스' 3부작 다큐 영상과 오일피크를 맞은 '대한

민국 2018년'이라는 미래 시나리오를 통해 오일피크 시대에 가장 큰 타격을 받게 될 가능성이 큰 4개 분야의 위기를 살펴보았다. 이후 오일피크 시대를 준비하는 다른 나라 사람들과 지방자치 도시들의 다양한 분야의 노력과 변화를 소개하는 '중독에서 깨어나다'의 영상을 시청한 후, 기후변화 및 오일피크 시대에 성찰해봐야 할 현대 문명의 발전과 소비문화를 어떻게 변화시켜야 할 것인지 미래세계를 전망해보았다.

'진로와 직업' 교과의 3~4월 교육과정인 '자기이해와 진로', '미래세계와 직업 세계의 변화' 단원을 기후변화 통합 프로젝트 수업과 연결하여 기후변화와 오일피크 시대에 따른 미래 예측과 직업 세계의 전망으로서 환경관련 'green job'의 세계를 특화하여 탐색하여 발표하고자 했다.

4. 교과 교육과정과 어떻게 연결하려고 했는가?

교과 통합 수업의 취지는 기존의 교과의 특성을 유지하면시도 그 영역들을 넘어서서 하나의 새로운 통합적인 교육을 만들어 내는 것이다. 주요 참여 교과인 과학과 지리 교과목을 중심으로 역사, 생활과 철학, 국어A, B, 영어A, B, 미술, 진로와 직업 교과가 참여하여 수업실행을 하였고, 수학 교과는 교육안만 개발하였다.

지리 교과나 과학 교과는 기후라는 주제 자체가 기존 교육과정 중에 포함되어있는 상태라 수업 프로그램을 짜는 데는 큰 어려움은 없었다. 특히 과학 교과의 경우 기후변화라는 주제가 친숙하다.

과학 교과와 관련하여 기존의 지배적인 생각은 기존 교과서에서 배우는 내용들이 객관적 사실로서 가치중립적이라는 것이다. 그러나 현대 과학기술에서는 객관적 과학 지식이 기후변화 문제와 같이 선택을 위한 가치판단과 필연적으로 연결된다는 점이다. 과학이 객관적 사실만을 다룬다는 생각은 학생들이나 교사, 그리고 일반적으로 성인들이 가지고 있던 과학에 대한 선입관으로서 깨져야 할 부분인 것이다. 과학지식은 이제 토론의 대상이 되어 쟁점화 하는 것이 필요한 시기인 것이다. 과학 교과에서는 이런 가치판단 문제를 해결하기 위해 철학 교과와 연계를 도모했다. 가치판단의 문제나 토론 등은 철학 교과에서 많이 다루는 부분이기 때문에 같이 연계해서 수업을 공동으로 진행하게 된 것이다. 기존의 과학 교과에서 다루고 있는 기후변화 문제도 실제로는 단순히 어떤 객관적인 법칙들과 같은 지식들을 전달하는 것이 아니라 인간의 가치판단이 개입해 있는 주제다. 그렇기 때문에 과학 교과와 철학 교과에서는 기존에 가르치던 방식이 아닌 다른 방식의 수업이 필요하다는 인식의 공감대가 있었다.

과학과 같은 경우에는 배경지식을 굳이 제공할 필요가 없는 다른 교과와는 달리 배경지식이나 기초 지식을 제공해야 했다. 따라서 다른 과목보다 수업을 미리 시작했다. 기후변화라는 통합교육과정에서 다루고 있는 과학 교과의 기초 배경지식의 예를 들면 온실효과가 대표적이다. 온실효과로 인해 파생되는 해류의 변화, 대기흐름의 변화가 있다. 그리고 에너지 문제가 있다. 기후변화와 에너지 문제는 늘 결부되어 있다. 즉, 인류는 지금까지 화석연료를 주로 사용하고 있어 기후변화가 많이 일어나고 있다고 알고 있다. 만약에 이 인과관계가 맞는다면 우리는 화석연료를 대체할 수 있는, 기후변화를 덜 유발할 수 있는 대체에너지를 사용해야 된다. 그렇다면 미래 대체에너지는 무엇이 있는지 고민하고 논의하는 내용이 배경지식으로 전제되어야 한다.

그런데 과학교과의 경우 기후변화 내용이 하나의 단원으로 교과 교육과정 안에 있다. 그리고 일반적으로 학습 시기가 2학기에 설정되어 있다. 하지만 주제통합 수업이 1학기에 기획되어 있기 때문에 단원 순서에 뒤쪽에 있는 부분을 주제통합 수업 시기에 맞춰 진행했다. 그렇다고 단원의 흐름에 방해가 되거나 하지는 않았다. 1학년 과학은 크게 6개의 단원이 있다. 6개의 단원 중에 한 단원이 에너지와 기후변화다. 그런데 6개의 단원 중에 앞의 3개의 단원은 어떤 논리적인 순서에 연관성이 있지만 에너지와 기후변화가 포함되어 있는 뒤의 3개의 단원은 순서상의 연계성은 없다. 그렇기 때문에 수업 진행에 별무리가 없었다.

그리고 기후변화는 고등학교 1학년 안에서 선후 관계를 가지는 것보다 중학교 때의 과학지식이 영향을 끼치는 경우가 많다. 실제로 그 에너지와 기후변화 단원에 해당하는 어떤 내용들을 우주의 진화 내용에서 거의 다루지 않는다. 기후변화는 해류, 대기, 지각에 대해서 이해를 해야 되기 때문에 오히려 지구과학 쪽의 지식들이 많이 필요하다. 이는 중학교 때의 지식만으로도 충분하다.

지리 교과 역시 기후변화라는 주제가 교과와 관련성이 높고 관련된 주제가 이미 기존 교육과정 안에 포함되어 있다. 그러나 지리 교과에서 기후변화와 관련된 단원은 4월에 다루는 '기후', 그리고 2학기에 다루는 '환경'으로 분리되어 있다. 그래서 기후변화 프로젝트 수업 시기를 환경의 달을 기념하여 6월로 잡고, 4월에 다루어야 할 기후 단원과 2학기 말에 다루게 될 환경 단원을 통합하여 1학기 중간고사가 끝난 5월 중순부터 기말고사 전까지 10차시에 걸쳐 프로젝트 수업을 실시하고, 기말고사 이후 11차시에 전교 대상 발표대회를 개최했다.

또한 지리 교과는 학생들의 환경 실천 활동을 수업에 도입했다. 기후변화라는 주제와 연결되는 것이면 무엇이든 다양한 방법을 시도해 보고 그것을 반드시 실천으로 확장해보고자 하였다. 그리하여 환경과 관련하여 평소에 관심을 갖고 있었던 분야들, 예를 들면 그린 스타트(우리들의 약속 내걸기), 자원 재활용(아름다운 가게 연계 활동), 음식물 쓰레기 줄이기(빈 그릇 운동), 나눔과 구호활동(100원 동전 모아 기부하기), NIE(환경신문 만들기), 에너지 절약, 분리수거, 환경관련 퍼포먼스 등을 수업에 도입하였다. 그리고 이러한 활동 과제들을 모둠별로 선택하게 하면서 가능하면 활동이 중복되지 않게 조정하였다. 학급 내에서 이루어지는 다양한 활동을 통하여 학생들은 참여의 폭을 넓히고, 기후변화를 방지하기 위해 우리가 할 수 있는 활동들이 늘 가까이 다양하게 존재하고 있다는 사실을 체험하게 하였다. 지리 교과에서는 '기후변화' 프로젝트 수업을 진행하면서 학생들에게 이러한 과제를 제시하고, 그 활동 과정과 결과를 UCC 동영상과 PPT로 제작하여 발표하도록 하여 이를 수행평가에 반영했다.

국어 교과는 교과서 내용 중에 지속가능한 성장과 환경보호가 공존할 수 있는지에 대한 토론이 텍스트 주제로 토론 공부방에 나와 있다. 또한 자연의 순환과정처럼 의식주를 해결하는 전통적인 삶의 방식 자체가, 현대 문명과 전혀 연계되어 있지 않은 채 재생·재순환·재활용을 통해 공존하고 있는, 〈오래된 미래〉에 소개된 라다 라마르크의 삶도 교과서에 있다. 이를 재구성하고 다양한 조명을 통해 학생들에게 실질적으로 다가갈 수 있게 구성하였다.

영어 교과에서는 '음식과 건강'과 '환경과 관련한 건축 주거양식의 변화'라는 주제의 교과 단원을 미리 앞당겨서 기후변화 주제통합 수업과 연결시킨 다음 식품에 첨가하는 설탕이 어떻게 환경 파괴 및 기후변화와 악순환 구조를 형성하는지를 탐구하는 수업을 실행하였다.

직업 진로 교과에서는 미래 세계의 변화에 따라 미래의 새로운 전망 있는 직업들에 대한 고찰이 이루어졌다. 미래 세계 변화의 주요 키워드 중에 하나가 기후변화나 환경문제 녹색성장 등이기 때문이다. 진로와 직업 교과서에도 미래세계 변화에 따라서 새로 생길 직업, 주목받는 유망 직업에 환경 분야 직업이 중요하게 소개되고 있다. 기후변화 전문가, 에너지 관련 전문가들 에너지 진단 재생에너지 연구원 등 기후변화와 에너지 관련 직업들이 대표적인 예이다.

<기후변화 주제 교과별 학습 내용 개요>

과목		배움 내용	시기
진로와 직업	활동 주제	●미래사회의 변화 탐색 - 기후변화 시대와 동전의 양면인 오일피크 시대의 미래 시나리오 예측을 통한 미래세계의 사회적, 경제적, 환경적의 변화 예측 ●환경관련 그린 잡(green job)의 등장	5월 ~ 6월
	수업 목표	●기후변화 문제의 이면에 존재하는 또 다른 문제로서, 석유자원에 전적으로 의존하고 있는 현대 문명 및 우리 생활방식의 문제점 성찰 ●지구적 차원의 환경 위기와 그것을 극복하기 위한 다양한 분야의 변화의 방향을 이해 ●미래세계 및 직업세계의 변화의 한 축을 담당하게 될 green job의 직업세계 탐색	
	활동 내용	●오일피크 관련 미래 시나리오 영상 시청과 활동지 작성 ●환경문제 관련 미래의 유망 신생직업 조사, 발표	
생활과 철학	활동 주제	●이기적 전략의 한계(아담스미스 국부론, 존 내쉬의 게임이론) ●딜레마 모형을 통한 사회문제의 성격 이해(공유지의 비극, 죄수의 딜레마) ●협력적 이타적 경제행위의 의의 및 사례(티포탯 전략, 공정무역, 사회적 기업) ●탄소배출권 논쟁	5월 ~ 6월
	수업 목표	●여러 가지 딜레마 모형을 통해 그동안 철학 수업에서 해왔던 경쟁, 인간관의 문제를 기후변화문제와 연결하여 이해 ●동영상 자료를 통해 딜레마와 관련 있는 사회 현상(탄소배출권 감축 실패 문제)를 유추 ●토론 수업을 통해 국가 간 탄소배출권 분배 문제에 대해서 다양한 의견을 교환	
	활동 내용	●EBS 지식채널 <국부론 제11장>, 영화 <뷰티풀마인드>를 보고 이기석 전략(아담스미스 국부론)이 지니는 한계와 문제점 이해 ●강의식 수업을 통해 '공유지의 비극'과 '죄수의 딜레마'의 성격, 성립조건 소개. 관련 동영상 시청(무한도전 <사생결단> 편) 및 학습지활동을 통해 딜레마 상황을 이해하고 관련 사회 문제(기후변화)를 유추 ●이기적 전략의 모순에 대한 대안으로써 이타적 전략(티포텟 전략)의 개념과 성격을 이해. 실천 사례로써 이타적인 경제행위(그라민 은행, 공정무역)의 의의 고찰 ●과학교과와 협력하여 탄소배출권 분배 문제에 대한 토론식 수업을 진행. '월드카페'라는 가상의 국제 토론장을 가정하고 모둠별 역할 분담을 통해 토론 참여를 유도. 토론 후 모둠닐 토론 내용에 대한 학생 평가 실시.	

국어 A	활동 주제	•'오래된 미래'와 '나우루 섬'의 변화 과정 (환경-기후변화, 경제 구조, 삶의 변화) 이해를 통한 인류의 지속가능한 삶에 대한 성찰 및 노력	5월
	수업 목표	•동영상 및 읽기 자료를 통해 서구의 산업 문명이 우리 삶에 끼친 영향 고찰 •모둠 토론을 통해 개인별 글쓰기 활동을 통한 현대 산업 문명의 혜택과 폐해 고찰, 지속가능한 미래를 위한 삶의 방향 논의	
	활동 내용	•교과서 읽기 자료 '오래된 미래'(문명과 편리를 추구한 라다크 청년 '다와'의 의식과 행동)'를 읽고 산업화에 따른 라다크 사회의 변화에 대해 고찰 •EBS 지식채널e '사라진 숲'을 시청한 후 라다크 청년 '다와'의 의식과 행동 분석. 산업 문명의 편리와 풍요함이 사람들의 삶(환경, 경제, 가치관 등)에 미친 영향에 대해 모둠별로 토의. •TV 다큐 (재앙3부-미래를 위한 선택-지구의 축소판, 나우루 섬) 시청 후 개인별 글쓰기 활동을 통해 라다크 사회와 나우루 사회를 비교. 유한한 자원과 개발 의존적인 풍요가 초래한 변화에 대해 비판적 성찰. 지속가능한 미래를 위한 삶의 방향 논의	
국어 B	활동 주제	•환경 보존과 경제성장의 양립 가능성, 지속가능한 경제 발전의 실현 가능성에 관한 토론	
	활동 목표	•'환경 보존과 경제성장이라는 가치의 양립가능성'에 관한 상반된 입장의 글을 통해 양측의 주장, 근거, 전제, 가정 분석 및 파악, 타당성과 적절성 평가 •하위 쟁점의 하나인 '기후변화의 원인 및 심각성'이라는 문제를 '생태적 삶'의 의미 및 가능성이라는 문제와 연관하여 파악 •환경과 경제의 가치 비교를 바탕으로 개인의 삶의 방식 및 사회의 전 방향에 대한 의미 있는 결론 도출 •토론을 통해 상대방을 설득하고, 자신의 입장의 한계와 보완점을 파악하여 이후 탐구 과제로 설정	
	활동 내용	•"환경보존과 경제성장 중 선제적인 가치는 무엇인가'에 대한 두 개의 글을 읽고 내용 요약, 양측 입장 정리, 하위쟁점 도출 •하위 쟁점으로써 '기후변화의 원인과 심각성'에 대한 양측의 전제와 가정 정리 각 입장에 대한 보조 읽기자료의 이해 •하위 쟁점별 찬반토론(토론 개요서 및 토론 보고서 작성, 제출)	
영어 A	활동 주제	•중심주제 : 병적허기의 악순환(Vicious Circle of Unnatural Hunger), •일반 주제 : 사회적으로 널리 용인되어있는 '백색 첨가제'(설탕과 미원 등)의 부작용, 기후변화 •언어 주제 : 수통태	

영어 A	활동 목표	●기후 변화, 환경 파괴로 인한 '병적 허기의 악순환 (A Vicious Circle of Unnatural Hunger)' 과정 이해 ●가공식품에 사용되는'백색 첨가물(White Additives)'을 주제로 '기후-환경-음식'이라는 삼각관계를 연결	
	활동 내용	●'FlashFlashFlashIt', 'Paper Plane'등 활동수업을 다양하게 전개하여 학생들의 흥미를 도출 ●'Cross-word Puzzle' 및 'Jigsaw Reading' 그리고 'MatchMatchIt'등 활동 수업을 이용하여 협력수업을 전개 ●학생 흥미 도출을 위해 '첨가물(백설탕)'을 달리한 음식(떡볶이)을 즉석에서 만들어 시식하고 그 선호도를 투표하여 백색 첨가제인 설탕의 중독성과 그 부작용을 강조	
영어 B	활동 주제	●환경 주제 관련 교과 활동, 환경단체 조사, 환경 실천 운동	3월 ~ 7월
	수업 목표	●교과서 내 환경 관련 단원 연계, 기후변화를 주제로 다양한 교과 활동 진행 ●교과 수업 및 조별 과제 활동을 통해 우리 주변의 환경 문제 및 이를 해결하기 위한 사회적 노력의 필요성 이해 ●우리가 환경을 위해 할 수 있는 일에 대해 토론, 실천 방향 모색	
	활동 내용	●다큐멘터리 〈재앙1부(기후의 반격)〉을 시청한 후 환경문제에 대한 경각심 고취, 토론을 통해 소감 및 의견 공유 ●환경문제에 대한 관점차를 이해하고, 환경보전논리의 관점에서 경제성장논리에 대한 반박문 작성 ●모둠별로 국제환경단체의 환경운동에 대해 조사, 발표 ●모둠별로 친환경 먹거리를 주제로 공익 캠페인을 제작, 발표	
역사	활동 주제	●기후변화로 인한 역사적 피해 사례 ●20세기 산업 구조 변화와 생태계이 인위저 변형과 인위적 생대게 변형이 인간에게 미치는 영향 ●환경 실천 방안 모색 및 실천	
	수업 목표	●기후변화 문제의 원인과 그 영향에 대한 역사적 고찰 ●기후변화문제가 비단 환경뿐만 아니라 노동, 경제 문제 등 다양한 사회 문제와 연관되어 있음을 인식 ●주제통합교과 수업을 통해 다학제적 관점에서 기후변화문제에 접근, 이에 대한 다양한 원인, 현상, 해결 방안이 있음을 주지 ●기후변화 관련 실천 활동을 통해 학습 내용에 대한 실천 능력 강화	

역사	활동 내용	• 이스터 섬 사례를 통해 기후변화로 인한 역사적 피해 사례 고찰. • 현대인들의 소비생활 고찰을 통해 20세기 급속한 산업 구조 변화가 생태계의 인위적 변형을 초래했음을 이해. 모둠활동을 바탕으로 북반구와 남반구의 빈부 격차, 자원 편중 문제, 유전자 변형 식품에 대한 학생 주도적 탐구 실시. • 생태계 파괴적인 현대 생산-소비 구조의 대안으로써 공정무역, 도시 농업의 개념과 의의를 이해 • 모둠별로 착한 소비를 증진시키기 위한 홍보물, 부착물 등을 제작, 실제 지역사회 및 학교에서 캠페인 실시 . 공정무역 제품 사보기와 같은 착한 소비 실천, 모둠별 실천 경험 발표	3월 ~ 5월
지리	활동 주제	기후 요소, 기후 요인, 쾨펜의 기후구분과 기후변화, 인간 활동과 기후변화, 환경 실천	5월 ~ 6월
	수업 목표	• 교과 내 기후 단원과 환경 단원을 연계하여 주제통합적 활동 실시 • 다양한 수업 주제를 통해 오늘날 기후변화가 우리에게 끼친 영향과 원인 고찰 • 환경 동영상 시청을 통한 학생들의 흥미를 유도. 기후변화 문제에 대한 경각심 고취, 자아성찰 • 개인별 실천 과제를 선정 및 이행. 그 과정과 결과를 평가에 반영하여 환경의식이 실천으로 확대되도록 유도 • 전 과정 협동수업을 통한 책임감과 협동심 육성, 수업의 참여 유도	
	활동 내용	• 인기 TV 프로그램 무한도전의 〈나비효과〉편을 보고 기후변화문제가 전 지구적으로 연결되어 있으며 그 원인이 자신에게 있음을 자각 • 〈햄버거커넥션〉, 〈쓰레기 제로 운동〉 동영상을 통해 육식 증가로 인한 온실가스 증가와 음식물 쓰레기 문제에 대해 고찰. 자신의 식생활을 반성. 빈 그릇 운동, 채식 운동, 일일 가게 등 식생활 및 소비 양식 변화를 위한 캠페인 실시. • 직소(협동)수업, Mind Map 그리기를 통해 기후 구분에 따른 세계의 기후 특색 및 식생 분포 특성을 이해. 기후변화로 인한 이상기후현상과 그 영향에 대해 고찰 • 개인별 실천 과제 5가지를 선정한 후 〈그린 스타트〉 전시회를 통해 실천 약속을 담은 손가락 그림을 학교 복도에 게시. 실천일지 작성을 통해 실천내용을 기록하도록 하여 지속적인 실천 유도 • 두레별 환경 실천 운동 구상, 전개. 환경보고서 작성 및 발표를 통해 학급 전체가 각 두레의 실천 내용을 점검, 평가	
과학	활동 주제	• 에너지 이론, 지구 내 에너지 평형, 탄소의 순환, 온실효과와 탄소배출권 거래제도, 기후변화로 인한 지구의 변화	4월

과학	수업 목표	●에너지 전환 과정에 대한 이론 및 사례 학습, 재생에너지 시설 체험을 통해 기후변화문제를 에너지의 관점으로 조망 ●기후변화와 전 지구적 대기 및 해류의 순환, 탄소순환과정, 지구 복사 에너지 평형, 온실효과에 대한 통합적 이해 ●참신한 학습지 구성과 환경 동영상 자료, 보드게임 등의 교구를 활용하여 학생들의 호기심과 흥미 유도, 기후변화나 환경문제에 대한 새로운 접근 방법 제시	7월 기말 고사 후
	활동 내용	●열역학 제2법칙을 통해 에너지의 비가역적 전환 과정의 에너지 감소 현상 이해 ●에너지 전환 사례 및 원리 학습. 옥상에 설치되어 있는 태양열 발전기, 태양광 발전기 관찰. 태양열 조리기 체험 ●대기 및 해류의 순환을 통한 전 지구적 에너지 평형 및 지구의 기후 조절 능력 이해. 영화 〈투모로우〉 동영상을 보고 바다의 심층 순환과 그 역할, 기후변화가 해류 순환에 미치는 영향 고찰 ●탄소순환 보드게임을 통해 전 지구적인 탄소순환에 대해 학습. 지구의 에너지 평형과 통합적으로 이해 ●온실효과와 지구온난화가 우리 생활에 미치는 영향과 원리 이해 ●철학과와 연계하여 탄소배출권 거래 제도를 바탕으로 탄소배출권 배분의 문제에 대해 토론 ●기후변화로 인한 재난 사례를 통해 그 심각성을 인식. 해수면 상승, 사막화, 빙하 감소, 극지역 변화, 생태계 변동 등의 현상과 과학적 원리 이해	
미술	활동 주제	●에코디자인 이해, 친환경 제품 제작, 플립애니메이션을 통한 환경보호 및 실천 방안 표현	3월
	수업 목표	●자연과 함께하는 디자인으로써 에코디자인의 개념, 가치, 특징 이해 ●생활 속에서 사용할 수 있는 에코 디자인 제품 구상, 제작, 사용 ●애니메이션기법을 통한 환경 실천 관련 메시지 표현	4월
	활동 내용	●강의식 수업을 통한 에코디자인의 개념, 가치, 특징 설명. 관련 사례 소개. 실제 재활용품 및 에코제품 시연. ●친환경 제품 제작을 위한 조별(혹은 개인별) 콘셉트 회의, 아이디어 스케치 진행. 실생활에서 사용할 수 있는 친환경 제품 제작, 완성 ●강의식 수업 및 동영상 시청을 통해 플립애니메이션을 활용한 작품 제작 과정 이해 ●자신이 실천할 수 있는 환경보호 실천방안을 주제로 플립애니메이션 작품을 제작, 발표	6월

창의적 체험활동 연계 (동아리 · 봉사 · 자치)	●도시농업으로서의 텃밭 가꾸기 ●장소1: 교내 옥상 및 화단 앞 주머니텃밭 가꾸기(그린트러스트 협력) ●장소2: 학교 앞 강북구청 소유 공터를 활용한 텃밭 가꾸기 ●참여 : 녹색 봉사반 동아리 주도하에 희망 학급, 개인별 학생 및 교사 　-친환경 도시농업과 기후변화 대응 활동 연결 심화활동 　- 텃밭 가꾸기를 통한 자연관찰 및 탐구	3월 ~ 11월
	●발명 동아리반 기후변화 관련 활동 ●손발전기 원리를 이용한 빛펜 만들기-에너지 절약 적정기술 배우기 ●'물의 미래' 책 읽고 세미나 ●기후변화 관련 교육 기구(보드 게임) 만들기	5월 ~ 9월
	●환경 동아리 녹색 봉사반 ●친환경 재배 채소 지역이웃 나눔 봉사 - 강북구세군종합복지관 연결 ●환경도서 읽기 및 토론 팀 - 혜화여고 녹색봉사단과 연합활동 ●기후변화 프로젝트팀 - 교내 에너지 낭비 사례 점검 후 에너지 감축 계획 수립 및 홍보(환경게시판 활용)	3월 ~ 11월
	WeStory반 방학 중 봉사활동 ●장소 : 마을 속 작은 학교 ●주제 : 지구의 미래를 생각하는 작은 실천 ●활동내용 : 환경문제 생각해보기, 우리가 할 수 있는 환경보호, 공정무역 이해와 마크 그리기, 바나나 초콜릿 만들기, 초콜릿 생산자 아동들에게 편지 쓰기 및 발표	8월
축제 계획	●먹을거리 주제 관련 기후변화 대응 활동 결과물 전시 ●1-2학기 교과별, 동아리별 활동 결과 종합 발표 전시	11월 초

5. 수업에서 무슨 활동이 어떻게 실행되었는가?

그린 스타트 – 우리들의 약속 내걸기

　지리 교사는 학생들에게 미리 6월 환경의 달을 맞이해서 10차시에 걸친 기후변화 프로젝트 수업을 자세하게 안내하고, 기후변화 방지 실천 활동에 대한 수행평가를 하겠다는 공지를 하였다. 각 반별로 다섯 명이 한 팀을 이루게 하고 그 팀들에게 기후변화와 관련해서 몇 가지 활동의 예를 제시한 후, 스스로 실천 할 수 있는 활동을 하나씩 정하게 했다. 그리고 원칙을 설명하였는데, 그 원칙은 한 반에서 중복되는 주제가 나오지 않도록 하는 것이었다. 같은 주제가 나오면 서로 비교가 되어 수행평가에도 불리할 뿐 아니라, 무엇보다 팀별로 이루어지는 각 활동이 다른 팀 구성원의 참여와 도움으로 진행되는 경우가 많아서 다양한 활동을 체험할 수 있는 기회를 주고 싶었기 때문이다. 이는 자연스럽게 학생들로 하여금 기후변화 방지를 위해서 할 수 있는 실천 방법들이 멀리 있는 것이 아니라 주변에 널리 다양하게 존재한다는 사실을 인식시키기 위함이었다. 또한 자기 팀 뿐 아니라 다른 팀의 협력까지 이끌어 내면서 기후변화라는 당면 문제를 모두가 함께 해결해 나갈 때 보다 효과적이라는 사실을 은연중에 깨닫게 하고 싶었다.

학생들은 실천 일지도 쓰면서 2주 동안 집중적으로 자신이 실천할 것을 적어보고 그것을 도대로 실천을 약속했다. 전교생이 각자의 다섯 손가락을 그리고 실천약속을 정해서 손가락 하나에 하나씩 다섯 가지를 적게 했다. 그리고 학급별로 모아서 전지에 붙인 후 학급이 정한 슬로건과 함께 학생들이 가장 많이 다니고 잘 보이는 1층에서 2층 올라오는 중앙 계단 큰 유리창에 반별로 붙이기로 했다. 기후변화 주제 통합 수업이 이루어지기 전인 5월 마지막 날에 보는 반이 약속을 내걸었고, 6월 1일 환경의 달 시작과 함께 "그린! 우리가 스타트하자!"라는 의미로 '그린 스타트'

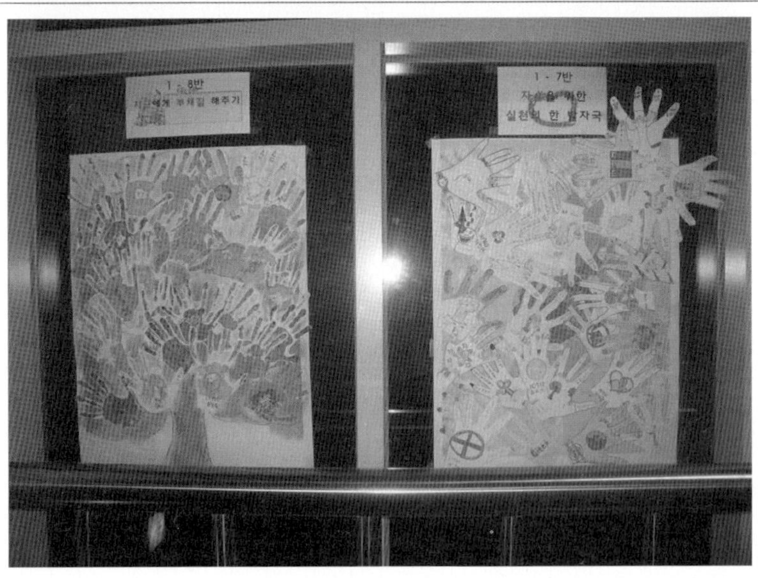

[사진 4] 지리 교과 활동지 – 두레별 환경실천 계획(3차시)

라는 이름을 붙였다. 거의 1년을 붙여 놓았는데, 학생들은 오가며 자신이 약속한 것을 찾아보면서 수업의 일환으로 이루어지는 일회성 실천이 아니라 평생 지속해야 할 습관이 들 때까지 자신의 약속을 되새기는 계기가 되도록 하였다. 그 후 1년이 지나고 다른 작품의 전시를 위해 '우리들의 약속'을 뗄 때 학생들은 지난날을 추억하며 무척 아쉬워했다.

자원 재활용 – '아름다운 가게' 연계 활동

  학생들의 활동 중에 많은 아이디어가 나온 것은 재활용을 하자는 것이었다. 하지만 재활용 실천은 실질적으로 학생들이 실천할 수 있는 운동이 아닌 구호에 그칠 수도 있고, 또 구체적이지 않으면 식상해지기 마련이다. 그 때 '아름다운 가게'와 연계를 하는 것이 어떠냐는 의견이 나왔다. '아름다운 가게'와 함께 일일 나눔 학교나 그와 유사한 가게를 해보자는 것이었다. '아름다운 가게'는 우리나라에서 환경과 나눔을 실천하며 자원 재활용의 대명사로 자리매김한 단체여서 학생들의 호응을 이끌어 내는데도 안성맞춤이었다. 마침 학교 근처에 '아름다운 가게'가 있어 연계도 쉬웠다. 각 반에 자원을 재활용하는 팀들은 친구들에게 안 쓰는 물건들을 지속적으로 수거하고 그걸 모아서 분류하고 '아름다운 가게'로 보냈다. 또한 6월 중순엔 삼각산고등학교 학생 대표들이 직접 '아름다운 가게' 수유점에 가서 판매하는 행사를 갖기도 했다. 거기에 참여했던 팀원들은 자기반 학생들의 재활용품을 수거, 분류하고 판매를 홍보하기 위해서 홍보 포스터도 직접 만들어 활동을 했다. 또한 일련의 과정을 UCC로 제작하여 발표대회에 참여함으로써 평화상(1등)을 받는 영예를 안기도 하였다.

[사진 5] 지리 교과 활동지-개인 실천일지 (4차시)

수행평가4.　　　　　환경(기후변화) : 실천 일지

1학년

실천약속	6/1 (수)	6/2 (목)	6/3 (금)	6/4 (토)	6/5 (일)	6/6 (월)	잘한순위
1 헌옷 같른 필요없는 물건 내기 (걷기)	○	○	○	○	○	○	3
2 물건 난 것의 명령표 만들고 아름다운 가게에 내기	○	○	○	○	○	○	3
3 쓸만한 (재활용가능한) 쓰레기 모아서 무언가 만들어 보기	△	○	○	○	○	○	5
4 분리수거하기	○	○	○	○	○	○	1
5 이면지 적극활용하기	○	○	○	○	○	○	2

소감: 헌 물건을 내는 친구가 거의 없어서 조금 안타까웠다. 하지만 헌 물건을 모으기 위해 홍보하는 과정과 분리수거를 하고, 이면지를 적극적으로 활용하는 과정을 통해 자원을 재활용하고 있다는 생각이 강하게 들어 좋았다. 또, 재활용가능한 쓰레기를 찾다보니 쓰레기에 관심을 가지고 보게 되었다.

실천약속	6/7 (화)	6/8 (수)	6/9 (목)	6/10 (금)	6/11 (토)	6/12 (일)	잘한순위
1 헌옷 같른 필요없는 물건 내기 (걷기)	○	○	○	○	○	○	1
2 물건 난 것의 명령표 만들고 아름다운 가게에 내오기	○	○	○	○	○	○	1
3 쓸만한 (재활용가능한) 쓰레기 모아서 무언가 만들어 보기	△	○	○	○	○	○	5
4 분리수거하기	○	○	○	○	○	○	1
5 이면지 적극활용하기	○	○	○	○	○	○	1

소감: [illegible]

빈 그릇 운동 – 음식물 쓰레기 줄이기

교과별로 기후변화 주제 통합 수업을 진행하면서 모든 학생들이 다 같이 함께 참여하면서 지속적인 실천을 할 수 있는 것, 그러면서 습관이 되는 활동이 필요하다는 생각을 했다. 여러 가지 의견이 많았지만 음식물 쓰레기 줄이기에 대한 아이디어가 있었다. 학교에서든 집에서든 음식물 남기지 않기 운동이 시작된 것이다. 즉, ‘빈 그릇 운동’을 시작한 것이다. 음식물 찌꺼기로 연간 25조 원이 낭비가 되고 음식물 찌꺼기를 태우는 과정에서 이산화탄소 배출도 많이 일어난다. 이 모든 것이 기후변화의 원인이 된다. 또한 음식물 쓰레기로 만든 사료를 먹고 많은 가축이 죽어가고 있으며, 음식물 쓰레기의 해양투기는 환경오염과 생태계 파괴에도 치명적이다. 그래서 일단 학교에서부터 급식을 남기지 않고 먹는 운동을 벌인 것이다. 이 과정에서 학급별로 빈 그릇 서명 운동이 이루어지기도 하였고, 실천 운동 과정을 사진으로 찍어 PPT를 만들어 발표대회에 참여하기도 하였다. 이 운동은 그 후 학교 차원에서 지속적으로 빈 그릇 운동을 전개하는 환경봉사단 활동의 모티브가 되었다. 환경봉사단 학생들은 학기 초 빈 그릇 운동 캠페인에 이어서 6월 환경의 달 기념행사를 기획하며 학교식당에서 환경 사진전을 개최하고 학생회를 비롯한 다양한 동아리의 참여를 이끌어 내며 다시 한 번 전교적으로 환경의식을 고취시키는 데 앞장섰다. 또한 매주 3회 점심시간마다 ‘빈 그릇 운동’에 참여하는 학생들을 체크하고 학교 식당과 연계하여 가장 많이 참여하고 실천한 개인과 학급에게 음식쓰레기가 줄면서 생긴 이익금으로 맛있는 간식을 제공해 주었다. 이 '빈 그릇 운동'은 1년 동안 계속 이어졌다.

나눔과 구호활동 – 100원 동전 모아 기부하기

그리고 상대적으로 기후변화의 책임이 없으면서 오히려 기후변화의 많은 피해를 보고 있는 아프리카 국가 등 제 3세계를 돕는 실천운동도 함께 이루어졌다. 일명 '100원 동전 모으기 운동'이다. 가방이나 책상, 사물함 혹은 저금통에서 사용되지 못하고 찬밥 신세가 되고 있는 100원 동전을 모아 기부하는 것이다. 이는 '진흙쿠키' 등의 동영상을 보고 난 후 자발성에 기초한 모금운동으로 전개되었으며, 학급별로 모여진 저금통은 국제구호 단체인 한국 JTS에 기부하기도 하였다. 그리고 이 활동은 학교 축제 때까지 확대되어 각 농아리 부스에서 나온 이익금을 기부 받아 '캄보디아에 학교 지어주기 프로젝트'로 발전하기도 하였다. 이런 작은 행위를 통해 학생들은 본교의 교훈 중에 하나인 '나눔'의 가치를 배우고 학교가 전체적으로 활성화 되는 계기가 되었고, 그로 인해 평소 어렵게만 생각했던 기부에 대한 마인드도 바꾸고 기후변화는 당사국만의 문제가 아니라 서로 함께 도우면서 해결해나가야 한다는 인식을 하게 되었다.

에너지 절약 BMW 운동

　기후변화 주제수업을 통해 함께 할 수 있는 활동의 경우는 대부분 실천 활동이다. 기후변화의 경우 흔히 환경오염을 줄이기 위한 규범적인 약속들을 세우고 함께 실천하고 점검하는 형태로 많이 전개가 된다. 하지만 삼각산고등학교 기후변화 주제통합수업의 실천 활동은 학생들이 실천 가능한 것, 의미 있는 것을 선택했다. 규범적인 약속의 형태에서 벗어나기 위해 교사들이 많이 지도했다.

　학생들이 생각한 실천 활동으로 제일 흔하게 생각하는 것이 에너지를 절약하고 에너지절약을 홍보하는 것이었다. 그래서 에너지 절약을 약속하는 서명운동을 하거나 홍보 포스터를 만들어서 곳곳에 붙이기도 했다. 또 어떤 팀은 빈 교실을 다니면서 전등 끄기 운동을 하기도 하였고, 홍보 동영상을 만든 팀도 있었다. BMW(Bicycle, Metro, Walk) 캠페인 운동을 펼친 팀도 있었는데, 이 운동은 에너지 절약을 위해 누구나 실천할 수 있는 부분을 학생들이 주도적으로 고민하고 실천항목을 만들었다. 그리고 이 운동을 동네 주민들과 함께하기 위해 짧은 인터뷰와 피켓홍보를 함께 진행했다. 그리고 활동의 내용을 사진과 동영상으로 찍어 UCC로 제작하였고, 애니메이션을 추가하여 발표대회에서 좋은 호응을 이끌어 내었다.

분리수거

 환경을 지키기 위해 일상생활에서 우리가 실천하는 행동들 중 아주 일반 적인 것은 분리수거다. 각 가정마다 실시되고 있을 뿐 아니라 거리에서도 실시되고 있기 때문이다. 하지만 쉽게 생각하는 만큼 습관화 되지 않고 실천이 잘 안 되기도 한다. 기후변화 주제통합 수업을 하면서 학생들은 스스로 실천할 수 있는 활동 주제를 찾았다. 그런데 주제통합이 실시되는 시기에 삼각산고등학교는 신생 고등학교여서 여러 가지로 부족한 점이 많았다. 그 중에 한 가지가 분리수거 통이 제대로 갖춰져 있지 않았다. 그것을 눈여겨 본 어느 팀이 실천 활동의 주제로 분리수거를 들고 나왔다. 팀원들은 다른 학생들이 분리수거를 잘 실천할 수 있도록 분리수거용 통을 만들어 교실에 비치하고 홍보했다. 팀원들이 스스로 직접 분리수거를 실천하기보다 많은 학생들이 함께 분리수거를 실천할 수 있도록 분리수거용 통을 만들어야겠다는 생각이 좋았다. 단순하지만 사려 깊은 실천 운동이었다.

환경신문 만들기

 조금 조용하면서도 학구적인 학생들은 환경신문 만들기를 선택하였다. 하지만 이 활동은 자칫 다른 팀과의 교류가 없이 실천 활동이 배제될 수 있는 약점을 갖고 있었다. 고민 끝에 신문의 생명이라고 할 수 있는 신선한 정보를 수록하도록 제안하였다. 전문가의 의견이나 기사를 인용하는 것도 필요하지만, 환경신문 팀원이 기자가 되어 반드시 자기 학급에서 이루어지고 있는 다양한 환경 실천 활동들을 취재하여 기사화할 것을 요청하였다. 대부분의 팀들이 이를 적극 수용하였고 덕분에 학급 친구들이 주인공이 된 따끈따끈한 기사를 수록하여 친근하고도 살아있는 신문이 되었다.

탄소순환게임

탄소순환게임은 게임의 형식을 빌려 다이아몬드나 흑연을 이루고 있는 C(탄소)원자가 어떻게 발생하며 우리 주변에 존재하는지, 어떻게 빙글 빙글 순환을 하는지를 알아보는 것이다. 이 게임은 주어진 활동카드에서 지시하는 특정 탄소웅덩이를 거쳐 출발점으로 빨리 돌아오는 게임이다.

◁ **게임의 규칙** ▷

① 게임보드, 주사위, 게임 참여자의 말, 활동카드, 별 스티커, 학습지를 준비한다.
② 게임보드에는 출발지, 이동하는 길, 거쳐가야 하는 탄소웅덩이[식물(생산자), 동물(소비자), 세균&곰팡이(분해자), 대기, 해양, 사체&유기물 덩어리, 발전소&자동차, 화석연료 등]가 표시되도록 한다.
③ 활동카드 앞면에는 탄소웅덩이의 종류 중 하나가 표시되고, 뒷면에는 카드를 뒤집게 되는 게임 참여자에 대한 지시 사항을

적도록 한다.

④ 게임 참여자는 정해진 순서에 따라 주사위를 굴려 자신의 말을 이동시키는데, 참여자의 말은 '식물(생산자)' 탄소웅덩이에서 출발한다.

⑤ 말이 출발하기 전에 그 말의 참여자는 '식물(생산자)' 활동카드를 뒤집어서 뒷면에 적힌 지시 사항을 큰 소리로 읽어 자신의 말이 거쳐야 하는 목적지 탄소웅덩이를 다른 참여자들과 함께 확인한다.

⑥ 목적지 탄소웅덩이에 도착하면, 말을 멈추고 도착한 곳의 탄소웅덩이가 앞면에 적힌 활동카드를 뒤집어서 뒷면에 적힌 새로운 목적지 탄소웅덩이를 마찬가지로 확인한다.

⑦ 활동카드가 지시하는 하나의 탄소웅덩이에 도착할 때마다 별 스티커를 학습지에 붙인다.

[그림] 탄소순환게임 보드

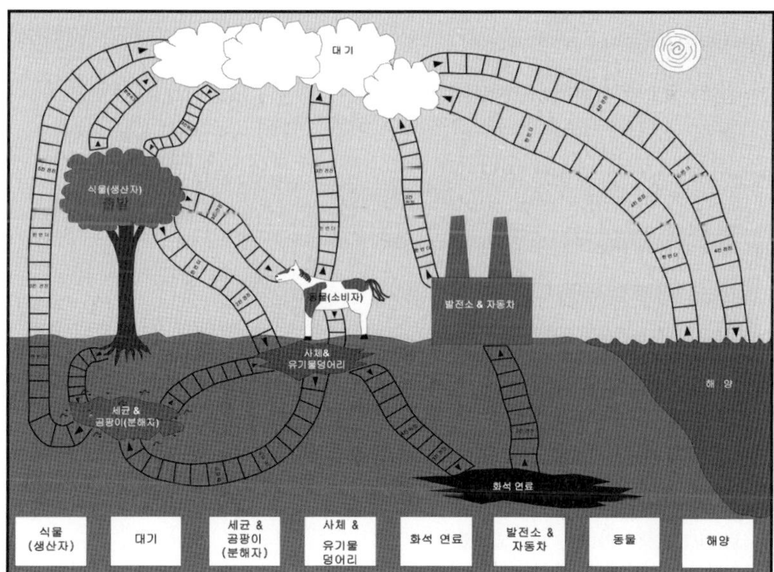

출처 : http://gk12.asu.edu/node/45

[표 8] 과학 활동지 - 탄소 순환 학습지

VI. 에너지와 환경
  VI-2. 탄소 순환과 기후 변화
    1. 탄소 순환과 광합성
	1학년 반 번
	이름

※ 다이아몬드나 흑연을 이루고 있는 탄소원자(C)는 우리 주변에서 다양한 모습으로 존재합니다. 또한, 여러 모양으로 변신하며 우리 주변을 돌아다니고 있지요. 자! 지금부터 모둠 구성원 각자가 탄소가 되어 지구를 여행해볼까요?

◁ 게임의 규칙 ▷

1. 먼저 각자의 말을 준비한다.
2. 준비된 말로 각 목적지를 돌고 가장 많은 별을 모으는 사람이 1등이다.
3. 각자의 말은 "식물(생산자)"에서 출발한다.
4. 각 목적지에서 다음 목적지를 정하기 위해 해당 목적지의 카드를 집는다. 출발지인 식물(생산자)에서는 식물 카드를 뒤집어 다음 목적지를 결정한다. 뒤집은 카드에 적힌 내용을 큰 소리로 읽고 다음 행동을 실행한다. 그리고, 해당되는 목적지를 향해 주사위를 굴려 이동하면 된다.
4. 각 목적지에서도 마찬가지 방법으로 카드를 뒤집어 다음 목적지를 결정하여 이동한다.
5. 하나의 목적지에 도착할 때마다 별 스티커를 학습지에 붙입니다. 가장 다양한 목적지를 경험한 사람이 1등입니다.

나의 별은 몇 개?

1. 탄소는 어떠한 형태로 지구에 존재하나요? 세 가지만 적어봅시다.
   힌트) 자신이 각 목적지에서 어떤 형태였는지 기억해보세요.
   1)
   2)
   3)
2. 인간의 활동에 의해 탄소가 줄어드는 곳은 어디일까요?

3. 인간의 활동에 의해 탄소가 늘어나는 곳은 어디일까요?

4. 여러분이 탄소가 되어 여기저기 길을 따라 움직였습니다. 500년 전, 산업혁명이 일어나기도 전에 없었던 탄소 길은 어디일까요?

5. 각 목적지에 존재하는 탄소의 양이 가장 많은 곳은 어디일까요?

6. 인간에 의해 새로운 탄소 길이 생기기 전에는 각 목적지에 있는 탄소의 양이 일정하게 유지되었습니다. 4의 탄소 길이 생긴 뒤로 유지되던 탄소의 양에 비해 가장 큰 비율로 탄소가 증가한 곳은 어디일까요?

7. 인간의 행동이 기후변화에 어떻게 영향을 끼쳤는지 탄소순환과 관련지어 적어봅시다.

환경 퍼포먼스

　기후 변화에 대한 급속한 관심 증가로 인해 많은 사람들은 지구 환경을 국가 및 세계적인 차원의 안전 문제라고 생각하게 되었다. 따라서 기후 변화에 대한 학습은 세계 시민으로서　미래를 준비해나간다는 의미에서 중요하다. 그리고 프로젝트 수업을 통해 다양하고 유연한 사고를 심어줄 수 있다.

　통합교과 프로젝트와 미술교과의 연결은 특히 퍼포먼스 면에서 밀접한 연결고리를 갖는다. 이를 통해 자신이 살고 있는 장소에 대한 인식의 변화와 세상과의 소통이며 대화, 시각의 확장과 창의적인 사고의 유연성을 길러주는 기회를 제공한다. 미술교과에서는 기후변화를 줄일 수 있는 하나의 방법으로 에코 디자인이라는 주제와 플립애니메이션이라는 구체적인 실천방법을 찾을 수 있었다.

　에코 디자인은 제품의 전 과정에서 생길 수 있는 환경 피해를 줄이면서 제품 기능과 품질 경쟁력을 높이도록 하는 환경 친화 디자인이다. 즉 유해 물질을 사용하지 않으면서 오랫동안 사용이 가능하고, 사용이 끝난 후에는 분해 재이용, 폐기하기 쉬우며, 또 생산 및 사용시 에너지 소비가 적도록 설계하는 것이다. 학생들은 에코 디자인 제품 만드는 것을 즐거워했으며, 주변에 친환경 제품이 다양하다는 것을 알게 되었다. 자신이 만든 디자인제품이 실제 상품으로 나왔으면 하고 바랬으며, 앞으로는 친환경 제품들을 사용해야겠다는 의지를 보여주었다.

월드카페 토론

과학과와 철학과의 통합수업은 '월드카페' 방식의 팀티칭 토론
수업으로 진행됐다.

'월드카페(World Cafe)'란 사람들이 카페와 유사한 공간에서 창
조적인 집단 토론을 함으로써, 지식의 공유나 생성을 유도하는 토
론 프로세스다. 즉, 지식과 지혜는, 딱딱한 회의실에서 만들어지
는 것이 아니라, 열린 공간에서 이루어지는 사람들 간의 토론을
통해 생성되기 때문이다. 카페와 같은 장소에서는 상호간에 긴장
을 완화할 수 있으며, 그를 통해 마음이 열리게 되어 처음 보는 사
람과도 부담 없이 이야기 할 수 있으므로 창의적인 아우라가 자연
스럽게 펼쳐질 수 있다.

월드카페는 최소 20명이상의 참여자를 대상으로 진행되며, 자
리를 옮겨 다니는 방식으로 토론이 진행된다. 월드카페는 보통 4
~5명이 한 테이블에 앉는다. 참여자들은 자유롭게 토론을 진행
하며 테이블보에 토론을 진행하면서 낙서를 하게 된다. 정해진
시간이 되면 테이블 주인(호스트)만 남겨두고 모두 다른 테이블
로 흩어져야 한다. 자신과 함께 했던 사람들의 지식까지 함께 가
지고 다른 테이블로 가게 되는 것이다. 몇 번의 테이블 이동만으
로도 전체의 지혜를 모두가 공유할 수 있다. 테이블 이동을 통한
지식의 공유가 끝나면, 월드카페는 그 지식을 취합하게 된다. 월
드카페는 강력한 질문을 통한 열린 토론 방식으로 진행이 되며,
그 질문의 결과를 집단 천재성을 통해 도출해 내는 것을 목표로

한다. 지식의 취합방식은 여러 가지가 있을 수 있지만, 보통은 그림으로 취합하거나 포스트잇으로 분류하고 있다.

삼각산고등학교의 기후변화 주제 월드카페토론 수업은 탄소배출권에 대한 주제로 이루어졌는데 다른 교과 기후변화 수업들과 마찬가지로 6월에 이루어졌다. 물론 월드카페 토론 방식에 대해 사전에 공지를 했고, 90여명이 넘는 세 개 반을 통합해서 동시에 진행했다. 4명 중 3명의 참여자가 자리를 이동해야 하기 때문에 자리를 이동하지 않는 호스트의 역할이 무엇보다 중요했다. 호스트는 자신의 테이블을 거쳐 가는 참여자들의 의견을 계속 축적하며, 토론을 진행하는 역할도 하기 때문에 호스트를 맡을 학생들은 사전에 토론 방식과 호스트 역할에 대해서 교육을 받았다. 새로운 참여자들은 호스트에게 그전에 있었던 내용을 전해 듣고 또 다른 의견을 내게 된다. 늘 3명은 다른 테이블로 이동을 하기 때문에 결과적으로 한 테이블에 만나는 4명은 항상 처음 만나는 참여자들이 된다. 교사들은 어떤 의견을 내거나 어떤 배경지식을 제공한다든가 하는 것 없이 주로 질문이 없거나 참여도가 적은 참여자들이 말문이 트이게 도와주는 역할까지만 했다. 이렇게 토론을 한 시간 동안 하고나면 수십 명과 토론을 한 효과가 생기는 것이다. 그리고 자연스럽게 다양한 의견들이 나올 수 있는 열린 활동이 되었다.

6. 평가와 과제

　다양한 환경 실천과 프로젝트 주제 수업을 진행한 지리 교과에서는 학생들이 수업에 적극 참여하는 모습을 보였다. 우선은 거의 모든 아이들이 수업에 열중하였다. 강의식 수업을 했더라면 많은 아이들이 흘려듣거나 심지어 졸거나 자는 경우도 있었을 것이다. 하지만 프로젝트 과정의 모든 수업활동에 수행평가와 연계되어 있었기 때문이기도 하겠지만 평소보다 열심히 참여하였고, 그런 만큼 즐거워하였다. 또한 수업 외에 이루어지는 다양한 실천 활동도 팀별 경쟁으로 활기를 띠고 적극적이었으며 결과물(활동지, 그린스타트 게시물, 마인드맵, PPT와 UCC 자료)들도 기대 이상으로 우수한 작품이 많았다. 평가지와 소감문도 긍정적인 내용이 다수였다. 이론으로만 진행되던 5~6차시 수업도 직소 수업으로 진행되어 모둠별로 협력 학습이 이루어졌고, 전문가로서의 책임감을 완수하는 과정을 통해 자부심과 함께 공동체 의식을 키워 나갔다. 이렇게 공부한 내용은 또한 2인1조로 협동심과 창의력을 동원하여 체계적인 마인드맵으로 정리하였다. 미무리 딘게에서 학급별로 뽑힌 환경실천 PPT와 UCC 자료를 모아 개최한 우수작품 발표대회도 반응이 좋았다. '나'와 친구들이 함께 만든 훌륭한 작품들을 감상하면서 자긍심을 키우고, 발표자와 관람자 모두 다시 한 번 배우고 점프하며 성장하는 기회가 되었을 것이다.

　그러나 개교 첫 학기부터 교과 통합 수업을 전 교과가 참여하는 형태로 크게 시도하면서 무리도 있었다. 교무, 행정업무와 학생 지도도 소홀히 할 수 없어 벅찬 와중에 다른 교과와 의 연계를 위해 모임도 자주 하다 보니 처음에 생각했던 것 보다 여력이 부족해지고 진행이 쉽지 않았다. 보완책으로 규모가 작게 재편되기는 했지만 하나의 주제를 여러 교과가 하기 위해서는 많은 시간적 준비와 여유가 필요하다는 것을 깨달았다.

그리고 수업활동 평가 면에서도 부족함이 드러났다. 기후변화 프로젝트 수업 또한 수업이며 활동이므로 학생들은 자신의 활동 내용을 제대로 평가받을 수 있어야 한다. 월드카페 토론수업은 토론 그 자체만으로 프로젝트의 목적을 달성했다고 볼 수도 있겠지만, 각 차시가 과학-철학과 프로젝트나 다른 교과 프로젝트에 전체 통합 교과 차원에서 어떤 역할을 했는지 평가할 근거가 없다. 각 차시의 수업이 기후변화에 대한 학생들의 인식에 어떻게 영향을 끼쳤는지에 대해서 체계적인 평가가 이루어졌어야 했다. 이는 교사 본인이 좀 더 발전된 방향으로 나가기 위해서도 필요하다.

같은 주제로 이루어지는 통합 수업인 만큼 평가도 통합해서 하는 것은 어떨까 생각하게 되었다. PPT는 동영상이든 보고서든 교과마다 평가서를 내는 것이 아니라 하나의 평가물을 가지고 분야별로 함께 평가를 하는 통합 평가 방식도 고민해 볼 필요가 있다. 학생들이 교과마다 과제물을 제출하는 것은 무리일 수 있기 때문이다.

아울러 통합 교육과정으로 수업을 진행하고자 할 때 주제에 대한 문제의식의 공유는 매우 중요하다. 교사들에게 자신이 맡은

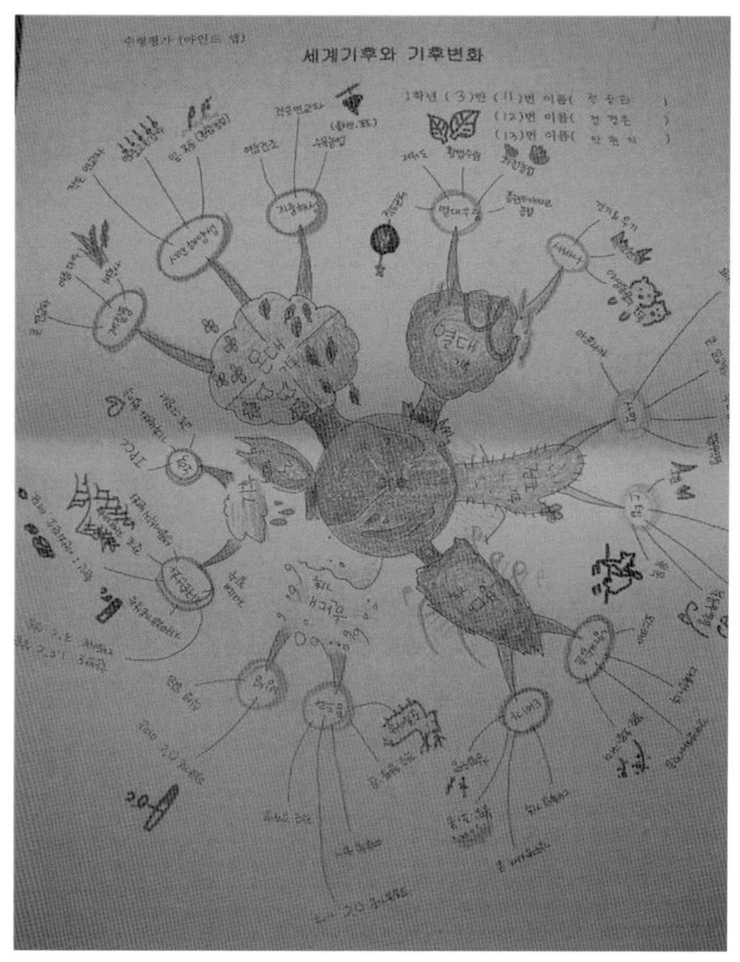

교과로부터 볼 때 주제가 낯설 수도 있다. 그럼에도 불구하고 다른 교과들과 함께 하고 싶다는 공감대가 충분히 일어나야 된다. 그리고 학생들 입장에서도 자신들의 생활과 밀접하고, 교육적으로 유의미하다고 느낄 수 있는 것이어야 한다.

그리고 무엇보다 고심해야 하는 것은 준비 시간부족을 해결하는 것이다. 현실적으로 교사의 수업 연구 투자시간보다 생활지도 시간이 훨씬 많다. 그럼에도 불구하고 통합 교과수업을 하려면 다른 교과 교사와의 협의와 공동연구를 위해 서로의 시간을 할애하는 단계를 반드시 거쳐야 한다. 통합 교과 수업을 하려면 다른 교과 수업의 특성에 대해서도 어느 정도 이해를 해야 하기 때문에 더욱 더 그러하다.

일반 인문계 고등학교에서 고3 수업을 하다보면 몇몇 학생들 외에 나머지는 많이 포기한다. 특히 강북에서는 꿈을 갖고 1학년 때 발랄했던 학생들이 고3이 되어 완전히 포기하는 경우가 많다. 공부를 해도 수능 성적이 오르지도 않으니까 포기를 하는 것이다. 그런 환경에서 수능 대비 수업은 교사, 학생 모두가 재미를 느낄 수 없으며, 이런 수업을 계속해야 하는지 갈등할 수밖에 없다.

그런 의미에서 혁신학교가 하나의 답이라고 할 수 있다. 삼각산고등학교에서 실시한 프로젝트 수업은 많은 시행착오를 겪기는 했지만 학생들이 미래 사회에서 필요한 역량과 가치에 대해 스스로 배워가는 의미가 있다고 생각한다. 좀 더 많은 시간을 교사들끼리 협의하고 논의하는 과정을 거쳐 더 새롭고 충실한 통합 프로젝트 수업을 통해 학생들로 하여금 미래사회에 대비토록 해야 한다.

주제
통합
수업

삶과 교육을 바꾸는
맘에드림 출판사 교육 도서

나는 혁신학교에 간다

경태영 지음 / 값 14,000원

공교육을 바꾸겠다는 거대한 희망을 품고 시작된 '혁신학교'. 이 책은 일곱 개 혁신학교의 이야기를 담고 있다. 지금 우리 교육이 변화하는 생생한 현장의 모습과 아이들이 꿈을 키우고 행복하게 공부하는 희망의 터로 새롭게 자리매김하는 학교들을 이 책에서 만날 수 있다.

혁신학교란 무엇인가

김성천 지음 / 값 15,000원

교육 공동체가 만들어내는 우리 시대 혁신학교 들여다보기. 혁신학교 전반에 관한 이야기를 다루고 있는 책으로, 공교육 안에서 혁신학교가 생기게 된 역사에서부터 혁신학교의 핵심 가치, 이론적 토대, 원리와 원칙, 성공적인 혁신학교의 모습을 보이고 있는 단위 학교의 모습까지 담아냈다.

학부모가 알아야 할 혁신학교의 모든 것

김성천, 오재길 지음 / 값 15,000원

학부모들을 위한 혁신학교 지침서!
'혁신학교에서는 무엇을, 어떻게 가르치고 있는지, 교사 · 학생 · 학부모는 어떻게 만나서 대화하고 관계를 맺어가는지, 어떤 교육 목표를 지향하고 있는지 등 이 책은 대한민국 학부모들의 궁금증에 친절하게 답을 한다.

덕양중학교 혁신학교 도전기

김삼진 외 지음 / 값 14,500원

이 책의 1부는 지난 4년 동안 덕양중학교가 시도한 혁신과 도전, 성장을 사실과 경험에 기반한 스토리텔링 방식의 성장기로 전개하고 있다. 그리고 2부는 지역사회와 협력하여 펼치고 있는 교육 프로그램, 배움의 공동체 수업 등을 현장 사례 중심의 교육적 에세이 형태로 담고 있다.

학교 바꾸기 그 후 12년

권새봄 외 지음 / 값 14,500원

MBC PD 수첩에 방영되어 화제가 되었던 남한산초등학교. 아이들이 모두 행복하고, 얼굴 표정이 밝은 아이들. 학교 가는 것을 무엇보다 좋아하고, 방학을 싫어하는 아이들. 수업과 발표를 즐겼던 이 학교를 졸업한 아이들이 그 후 12년의 삶을 세상에 이야기한다.

교사는 수업으로 성장한다

박현숙 지음 / 값 12,000원

그동안 교사는 수업에서 아이들을 만나지 못해왔다. 관계와 만남이 없는 성장의 결손을 낳았다. 그리하여 우리 아이들과 교사들은 모두 참 아프고 외로웠다. 이 책에서는 교사, 학생, 학부모, 지역사회가 공동체로서 서로 관계를 맺을 때에만 배움은 즐거운 활동으로서 모두가 성장하는 삶의 일부가 될 수 있음을 보여준다.

교사와 학부모가 함께 읽는 주제 통합 수업

김정안 외 지음 / 값 15,000원

'서울형 혁신학교'로 지정된 7개 혁신학교들이 지난 1~2년 동안 운영한 주제 중심 통합 교육 과정과 수업 사례를 소개한 책이다. 이 학교들이 교육과정은 전국적으로 이루어지는 혁신학교들의 성과를 반영하였고, 자신의 지역사회의 실제 환경과 경험을 살려 실제 수업에 적용한 것이다.

혁신교육 미래를 말한다

서용선 외 지음 / 값 14,000원

혁신교육은 2009년 이후 공교육 되살리기의 새로운 희망이 되어왔다. 이러한 정책을 입안하고 추진하는 데 기여해왔던 6명의 교사 출신 연구자들이 혁신교육 발전에 필요한 정책 과제들을 모아 하나의 책으로 제시한다. 이 책은 교육철학, 교육과정, 교육행정과 학교 운영(거버넌스) 등에서 주요 이슈들을 정리하고 혁신교육의 성과와 과제가 무엇인가를 보여준다.

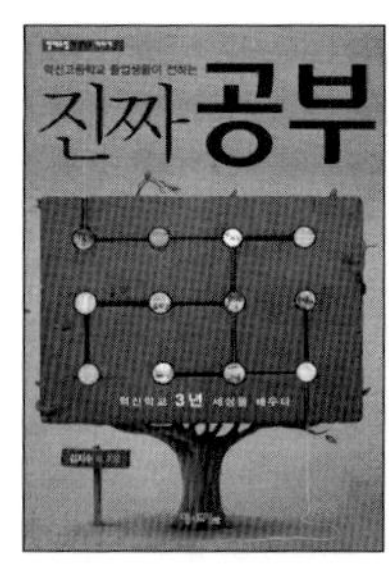

진짜 공부

김지수 외 지음 / 값 15,000원

혁신학교가 추구하는 '진짜 공부'와 '진짜 스펙'이 무엇인지 보여주는, 졸업생들의 생동감 넘치는 경험담. 12명의 졸업생들은 학교에서 탐방, 글쓰기, 독서, 발표, 토론, 연구, 동아리, 학생회 활동을 통해 자신들이 생각하지도 못한 진짜 공부를 경험했음을 보여준다. 이 책을 통해 수능시험이 아니라 정말로 청소년 스스로 하고 싶을 즐기면서 성장하는 것이 우리 사회에 필요한 것임을 새삼 느낄 수 있다.

수업 디자인

남경운, 서동석, 이경은 지음 / 값 15,000원

서울형 혁신학교의 대표적인 수업 혁신을 담은 이야기. 아이들이 서로 협력하면서 배우는 수업을 목표로 삼은 저자들은 범교과 수업모임을 통한 공동 수업설계를 대안으로 제시한다. 아이들은 교사의 설명을 통해 배우는 것이 아니라 서로 '옥신각신'하며 함께 문제에 도전할 때 수업에 몰입하고 배우게 된다. 이 책은 이러한 수업을 위해서 교사들이 교과를 넘어 어떻게 협력하고 수업을 연구해야 하는지 잘 보여준다.

아이들이 가진 생각의 힘

데보라 마이어 지음 / 정훈 옮김 / 값 15,000원

미국 공교육 개혁의 전설적 인물 데보라 마이어가 전하는 교육 개혁에 대한 경이롭고도 신선한 제언. 이 책은 학교 혁신의 생생한 기록을 통해 우리가 학교에서 무엇을 왜 가르치고 배워야 하는지에 대한 근원적인 성찰을 담고 있다. 아이들이 지성적으로 생각하는 마음의 습관을 배우는 것이 얼마나 중요하고 그것을 위해 학교가 무엇을 해야 하는지를 일깨워준다.

어! 교육과정? 아하! 교육과정 재구성!

박현숙 ·이경숙 지음 / 값 16,500원

교육과정 재구성을 고민하는 교사를 위한 현장 지침서. 이 책은 저자들이 학교 현장에서 교육과정 재구성이라는 화두를 고민하고, 실행한 사례들이 담겨져 있다. 책의 내용은 주제 통합 수업, 교과 통합 수업, 범교과 주제 학습, 교과 체험 학습, 프로젝트 수업 등 학교 현장에서 적용해 큰 성과를 본 것들을 세밀하게 소개하면서 교육과정 재구성 작업의 노하우를 펼쳐 보인다.

행복한 나는 혁신학교 학부모입니다

서울형혁신학교학부모네트워크 지음 / 값 16,000원

이 책은 학부모가 자신의 눈높이에서 일러주는 아이들의 혁신학교 적응기일 뿐 아니라, 학부모 역시 학교를 통해 자신의 삶을 고양시켜가는 부모 성장기라는 점에서 대한민국의 모든 학부모에게 건네는 희망 보고서이기도 하다. 혁신학교가 궁금한 학부모들이 이 책을 통해 혁신학교 학부모로서의 체험을 미리 하는 데 부족함이 없을 것이다.

일반고 리모델링 혁신고가 정답이다

김인호, 오안근 지음 / 값 15,000원

교육 환경이 열악한 지역에 있던, 서울의 한 일반계 고등학교가 혁신학교로서 4년간 도전과 변화를 겪으면서 쌓은 진로, 진학의 비결을 우리 사회 모든 학생, 학부모, 교사, 시민 등에게 낱낱이 소개해주는 책. 이 책은 무엇보다 '혁신학교는 대학 입시에 도움이 안 된다.'는 세간의 편견을 말끔히 떨어 없앤다. 이 책에서 저자들은 '결과' 중심 교육과정을 '과정' 중심으로 바꾸고, 교내 대회와 동아리 활동, 봉사 활동을 장려함으로써 대학 진학이란 놀라운 결과가 어떻게 이루어질 수 있었는지 보여주고 있다.

우리가 신뢰하는 학교, 어떻게 만들 것인가?

데보라 마이어 지음 / 서용선 옮김 / 값 15,000원

이 책의 저자인 데보라 마이어는 보수와 진보를 막론하고 미국 공교육 개혁 분야에서 가장 신뢰받는 실천가이자 이론가로 평가받는다. 학교 안에서 '신뢰의 붕괴'를 오늘날 공교육이 직면한 가장 큰 도전으로 인식한다. 이 책의 원제 'In Schools We Trust'에서 나타나듯, 저자는 신뢰할 수 있는 공교육의 조건이 무엇인지 자신의 경험 속에서 제안하고, 탐색하고, 성찰한다.

교사, 어떻게 살아야 하는가

김성천 외 지음 / 값 15,000원

오랫동안 교육 현장에서 교육과 연구를 병행해온 저자 5인이 쓴 '신규 교사를 위한 이 시대의 교사론'. 이 책은 학교 구성원과의 관계 맺기부터 학교 현장에서 맞닥뜨리게 되는 여러 가지 문제들과 극복 방법, 교육 개혁에 어떻게 주체로 설 수 있는지, 어떤 과정을 통해 개인의 성장을 도모해야 하는지 등 신규 교사의 궁금점에 대해 두루 답하고 있다.

리셋, 교육과정 재구성

서울신은초등학교 교육과정 연구회 모임 지음 / 값 16,000원

서울형 혁신학교인 서울신은초등학교 교사들이 1학년부터 6학년까지 모든 학년의 교육과정을 재구성하고 실천한 경험을 모두 담았다. 이 책에 소개된 혁신학교 4년의 경험은 진정한 학습이란 몸과 마음을 통해 경험함으로써, 생각이나 감정을 다른 사람과 주고받음으로써, 과거 경험을 새로운 지식으로 다시 생각함으로써 실현된다는 점을 잘 보여주고 있다.

다섯 빛깔 교육이야기

이상님 지음 / 값 16,000원

충북 혁신학교(행복씨앗학교)인 청주 동화초등학교의 동화 작가 출신 선생님이 아이들과 함께 보낸 한해살이 이야기다. 이오덕 선생의 "아이들의 삶을 가꾸는 교육"을 고민하던 저자가 동화초 아이들을 만나면서 초등학생의 특성에 맞도록 활동 중심의 교육과정을 재구성하는 한편, 표현 위주의 교육을 위한 생활 글쓰기 교육을 실천하면서, 학교 교육을 아이들의 놀이와 생활, 삶과 연결시키고자 노력한 교단 일지를 바탕으로 구성되었다.

만들자, 학교협동조합

박주희 · 주수원 지음 / 값 14,500원

이 책은 학교협동조합이 무엇인지, 어떤 유형의 학교협동조합이 가능한지, 전국적으로 현재 학교협동조합의 추진 상황은 어떠한지 국내외 사례를 통해 소개하고 안내하는 한편, 학교협농소합을 운영하는 원리와 구체적인 교육방법을 상세하게 풀어놓고 있다. 저자들의 실천적 지침들을 따라가다 보면 학교협동조합은 더 이상 상상이 아니라 학교 구성원의 필요와 의지, 실천으로 극복할 수 있는 실현 가능한 미래라는 점을 알게 된다.

땀샘 최진수의 초등 수업 백과

최진수 지음 / 값 21,000원

초등학교에서 20여 년간 아이들을 가르쳐온 저자가 초등학교 수업에 대해서 기록하고 연구하고 실천하며 쌓아온 경험을 바탕으로 초등학생들과 수업을 함께하는 방법을 담고 있다. 아이들의 학습 동기, 아이들이 수업에 참여하는 방법, 칠판과 공책을 사용하는 방법, 모둠 활동, 교과별 수업, 조사와 발표 등 초등학교 교사가 아이들을 가르칠 때 알아야 할 가장 기본적이면서도 가장 중요한 모든 것을 다루고 있다.

혁신 교육 내비게이터 곽노현입니다

곽노현 편저 · 해제 / 값 17,000원

서울시 18대 교육감이자 첫 번째 진보 교육감으로서 혁신 교육을 펼쳤던 곽노현은, 우리 사회 전반을 아우르는 주요 교육 현안들을 이 책에서 포괄적으로 다루고 있다. 2014년 3월부터 1년간 방송된 교육 전문 팟캐스트 '나비 프로젝트' 인터뷰에 출연한 전문가들과 나눈 대화와 그에 대한 성찰적 후기를 담고 있다. 이 책은 그야말로 우리가 '지금 알아야 할 최소한의 교육 이야기'를 포괄하고 있다.

무엇이 학교 혁신을 지속가능하게 하는가

권성호, 김현철, 유병규, 정진헌, 정훈 지음 / 값 14,500원

독일 '괴팅겐 통합학교', 미국 '센트럴파크이스트 중등학교', 한국 혁신학교의 사례들을 통해 성공적인 학교 혁신의 공통점을 찾아내고 그것을 지속가능하도록 만들기 위해서 필요한 것은 무엇인지를 보여준다. 독자들은 이 책에서 괴팅겐 통합학교의 볼프강 교장이 말한 것처럼 "좋은 학교"를 만들기 위한 학교 혁신에 세계적으로 보편적이라고 할 만한 공통점을 찾을 수 있다.

교과를 꽃 피게하는 독서 수업

시흥 혁신교육지구 중등 독서교육 연구회 지음 / 값 16,500원

이 책은 지난 5년 동안 진행된 혁신교육지구 사업의 일환으로 학교에서 고군분투하며 독서교육을 이끌어왔던 독서지도사들이 실천 경험을 엮어낸 것으로 청소년기 학생들에게 장래 진로, 사랑, 우정, 삶의 지혜를 찾는 데 도움을 주는 독서교육을 잘 보여주고 있다. 특히 이 책에 소개된 국어, 수학, 과학, 사회, 도덕, 미술, 역사 등 다양한 교과와 연계한 협력수업은 독서교육의 새로운 전망을 보여주는 결실이다.

혁신학교의 거의 모든 것

김성천, 서용선, 홍섭근 지음 / 값 15,000원

저자들은 이 책에서 혁신학교에 대한 100가지 질문에 답하면서 혁신학교의 역사, 배경, 현황, 평가와 전망을 구체적인 증거를 통해 설명하고 있다. 이 책에 서술된 혁신학교에 관한 100문 100답을 통하여 우리 사회에 필요한 교육은 무엇인지, 교사와 학생들이 더 즐겁게 가르치고 배우면서 성장할 수 있는 교육을 위해 필요한 것이 무엇인지, 그것을 위해서 우리 사회 시민 각자가 자신의 위치에서 무엇을 하면 좋은가를 더 깊이 생각해볼 기회를 얻을 것이다.

교실 속 비주얼씽킹

김해동 / 값 14,500원

이 책은 비주얼씽킹 기본기부터 시작하여 교과별 수업, 생활교육, 학급운영 등에 비주얼씽킹을 응용하는 방법을 설명하고 있다. 특히 교사들이 초등학교 1학년부터 고등학교 3학년까지 국어, 수학, 영어, 과학, 사회 등 모든 교과 수업에 비주얼씽킹을 활용할 수 있도록 수업 지도안을 상세하면서도 간결하게 제시하고 있다. 또한 독자들이 책 내용에 대해 더욱 풍부한 이미지와 자료를 접할 수 있도록 저자의 블로그로 연결되는 QR코드를 담고 있다.

교육과정-수업-평가 어떻게 혁신할 것인가

이형빈 지음 / 값 15,500원

이 책은 교육과정 사회학자 번스타인(Basil Bernstein)이 제시한 '재맥락화(recontextualized)'의 관점에 따라 저자가 장기간에 걸쳐 일반 학교 한 곳과 혁신학교 두 곳의 수업을 현장에서 면밀하게 관찰하고 심층 인터뷰와 설문조사를 통한 연구를 바탕으로 무기력과 불평등을 재생산하는 교실을 민주적이고 평등한 구조로 바꾸기 위해 교육과정-수업-평가를 어떻게 혁신해야 하는지 제안하는 내용을 담고 있다.

혁신학교 효과

한희정 지음 / 값 15,000원

이 책에서 혁신학교 효과를 살펴보기 위해서 저자는 혁신학교가 OECD DeSeCo 프로젝트에 제시된 '핵심 역량'을 가르치고 있는지, 학생·학부모·교사가 서로 배우는 교육 공동체를 이루고 있는지, 학생의 발달을 위한 다양한 교육과정을 운영하고 있는지, 교사의 자율성과 전문성을 강화하고 있는지, 자치적이고 민주적인 학교문화를 가지고 있는지, 지역사회와 협력하고 있는지를 다른 일반 학교와 비교하여 설명한다.

교실 속 생태 환경 이야기

김광철 지음 / 값 15,000원

아이들이 자연과 친해지고 즐길 수 있도록 교육하는 것은 쉬운 일이 아니다. 특히 도시 지역에서는 더욱 어렵다. 그래서 이 책은 도시 지역 학교에서도 쉽게 실천에 옮길 수 있는 다양한 생태·환경교육을 폭넓게 다루고 있다. 이 책에서 저자는 계절에 따라 할 수 있는 20가지 환경교육 프로그램을 제시하고, 그 방법, 순서, 재료 등을 상세히 설명해준다

이제는 깊이 읽기

양효준 지음 / 값 15,000원

교과서에는 수많은 예화와 발췌문이 들어가 있다. 이런 자료들은 교육부가 교육과정에서 요구하는 기준에 맞춰 어떤 이야기, 소설, 수필, 논픽션 등에서 일부만 가져온 토막글이다. 아이들은 교과서에 수록된 작품이나 이야기 전체를 읽지 못한 상태에서 단편적인 지문만 읽고 이해를 해야 하기 때문에 책을 읽으면서 생각하고 공감할 수 있는 기회와 흥미를 찾을 수 없게 된다. 이 책은 이러한 문제를 개선하기 위해서 한 권이라도 책 전체를 꾸준히 읽어가는 방법인 '깊이 읽기'를 대안으로 소개하고 있다.

인성의 기초가 되는 초등 인문학 수업

정철희 지음 / 값 15,500원

이 책은 아이들의 올바른 인성 교육을 위한 새로운 방법으로서 인문학 수업을 제시하고 있다. 이 책에서 설명되고 있는 인문학 수업은 교사가 신화, 문학, 영화, 그림, 역사적 인물의 일대기 등에서 이야기를 찾아 아이들에게 제시하고, 아이들이 그 이야기에 나오는 여러 문제와 인물 등에 대해 자신의 감정을 스스로 공책에 기록하고 일상의 경험과 비교하고 토의와 토론을 통해 자신의 생각을 발전시키는 수업이다.

수업, 놀이로 날개를 달다

박현숙, 이응희 지음 / 값 13,500원

이 책은 교육계에서 최근 가장 중요한 과제로 삼고 있는, OECD의 여덟 가지 핵심 역량(DeSeCo)에 따라 여러 놀이들을 분류해서 설명하고 있다. "놀이에 내재된 긴장의 요소는 사람의 심성, 용기, 지구력, 총명함, 공정함 등을 시험하는 수단이 되므로" 그것은 학생들의 역량을 키우는 수단이 된다. 이 책의 저자들은 수업이 놀이를 만났을 때 어떻게 핵심 역량이 강화되는지 이야기하고 있다.

더불어 읽기

한현미 지음 / 값 13,500원

교사의 성장을 위해서는 교사 자신의 깊은 사유와 성찰이 필요하다. 사유와 성찰에 독서만큼 훌륭한 수단은 없다. '혼자 읽기'에는 한계가 있다. 자기만의 협소한 틀과 사고방식에 갇혀 참된 성장을 이루지 못하게 한다. 이 책에서 저자가 강조하는 것은 단순히 독서, 토론에서 머무르는 것이 아니라 함께 배우고, 함께 실천하고, 함께 성장하는 학습공동체로 거듭나는 것이다.

독자 여러분의 소중한 원고를 기다립니다

맘에드림 출판사는 독자 여러분의 소중한 원고를 기다리고 있습니다. 원고가 있으신 분은 nurio1@naver.com으로 원고의 간단한 소개와 연락처를 보내주시면 빠른 시간에 검토하여 연락을 드리겠습니다.